Biricianis

Kernprovinz – Grenzraum – Vorland

Biricianis

Kernprovinz – Grenzraum – Vorland

Kontakte und Strukturen vom 1. Jh. v. bis zum 6. Jh. n. Chr.
im Bereich von Raetien, Noricum und benachbarten Gebieten

Beiträge zur Tagung in Weißenburg i. Bay.,
vom 28.–30. März 2019

Schriften der Museen Weißenburg 3
2022

Schriften der Museen Weißenburg 3
Hrsg. von der Stadt Weißenburg i. Bay.
durch Mario Bloier

WEIßENBURG in Bayern
Stadt Weißenburg i. Bay.
www.weissenburg.de

MUSEEN WEISSENBURG
Museen Weißenburg
www.museen-weissenburg.de

Lektorat und Redaktion: Mario Bloier, Katharina Heinrich, Mirijam Babel
Gestaltung und Layout: HUND B. communication, München
Endkorrektorat: Tina Sieber, Nünnerich-Asmus Verlag
ISBN: 978-3-96176-204-0

Umschlagabbildung vorne: Museen Weißenburg/S. Sulk
Umschlagabbildung hinten: Museen Weißenburg/S. Sulk

Bibliografische Information der Deutschen Nationalbibliothek
Die Deutsche Nationalbibliothek verzeichnet diese Publikation
in der Deutschen Nationalbibliografie; detaillierte bibliografische
Daten sind im Internet über http://dnb.dnb.de abrufbar.

Printed in Germany by Nünnerich-Asmus Verlag & Media
Weitere Titel aus unserem Verlagsprogramm finden Sie unter:
www.na-verlag.de

Nünnerich-Asmus Verlag & Media

Inhalt

Vorwort

Auch in einer Zeit, in der die Vernetzung und Globalisierung es uns ermöglichen, digital in Kontakt mit der ganzen Welt zu treten, ist der analoge Austausch auf Tagungen und Konferenzen für die Wissenschaft ein großer Gewinn.
Dies gilt besonders, wenn man dabei über den lokalen „Tellerrand“ in andere römische Provinzen blicken und den gemeinsamen Problemen und Fragestellungen auf den Grund gehen und – optimalerweise – gemeinsam Lösungen erarbeiten kann.
Die Tagungsreihe „Colloquium“ wurde aus eben dieser Motivation geboren, um gemeinsam antike und moderne Grenzen überschreitend bestimmte Aspekte des römischen Lebens genauer unter die Lupe zu nehmen und neue Wege zu beschreiten. Die vorhergehenden Tagungen befassten sich mit Römischen Bädern (*Lentia* 2010), dem *municipium Iuvavum* und seinem Umfeld (*Iuvavum* 2012), ländlicher Siedlungs- und Verkehrsinfrastrukturen (*Bedaium* 2015) und dem römischen Militär als Wirtschaftsfaktor und Kulturträger (*Lauriacum* 2016).
Der Anfrage zur Ausrichtung der fünften Colloquiums-Tagung in Weißenburg wurde mit größtem Wohlwollen zugestimmt. Bietet doch Weißenburg mit seiner langen Forschungstradition auf römischem Gebiet – begonnen mit Döderlein über Kohl und den regionalen und überregionalen Tagungen der letzten Jahre – eine nahezu natürliche Station.
Das fünfte Colloquium der Reihe zur provinzialrömischen Forschung fand vom 28. bis 30. März 2019 unter dem Titel „Kernprovinz – Grenzraum – Vorland. Kontakte und Strukturen vom 1. Jh. v. bis zum 6. Jh. n. Chr. im Bereich von Raetien, *Noricum* und benachbarten Gebieten“ statt. Es wandte sich dabei besonders den Themenschwerpunkten „Veränderungen, Wandel und Kontinuität“ seit der Einbeziehung des Alpen-Donau-Raumes in das *Imperium Romanum* zu.
Mit den aktuell laufenden archäologischen Grabungen in Weißenburg, der vor der Publikation stehenden Vorlage der Grabungen im West*vicus* (F. Kirch), die während der Tagung präsentierte Publikation zum Kastell „Auf der Breitung“ (C.-M. Hüssen), der in Arbeit befindlichen Dissertation über die Römischen Thermen (A. Opitz) bilden sich am Tagungsort stets neue Forschungsansätze und neue Fragestellungen für künftige Forschergenerationen. Daher war es auch ein großes Anliegen, einen kleinen *Biriciana*-Block in die Tagung aufzunehmen um bestehende Präsentationen und Vermittlungsorte – wie das 2017 wiedereröffnete RömerMuseum und die Römischen Thermen (Y. Reichel) – aber auch künftige Planungen zu präsentieren (L. Hegewald). Aktuelle großflächige Grabungen im *vicus*-Bereich – einem Gebiet das nahezu ungestört seit der römischen Besiedlung bestand – führten zur Aufnahme eines Beitrages über die Grabung im Quartier Steinleinsfurt (M. Arnolds/M. Hepa), der so auf die stete Erforschung *Biricianas* hinweisen soll.
Über drei Tage hinweg fanden 27 Vorträge sowie ein öffentlicher, abendfüllender Vortrag zu unterschiedlichsten archäologischen Themen statt, denen 117 BesucherInnen gebannt lauschten. Für die Publikation gelang es, von den ursprünglichen Vorträgen 17 AutorInnen für den vorliegenden Band zu gewinnen.
Wir danken allen AutorInnen für Ihre Beiträge, den BesucherInnen und ReferentInnen für die Vorträge und Posterpräsentationen – für die Gespräche und Diskussionen in den Kaffeepausen und nach dem „eigentlichen“ Tagungsprogramm. Ein ganz besonderer Dank gilt dabei auch den MitarbeiterInnen der Stadt und der Museen im Besonderen – ohne die all das nicht umsetzbar gewesen wäre.
Zu guter Letzt sei natürlich auch den Initiatoren – sozusagen den Motoren der Tagungsreihe – und den TeilnehmerInnen gedankt, ohne sie wäre aus einer Idee nie eine Institution geworden!

Jürgen Schröppel
Oberbürgermeister

Dr. Mario Bloier
Leiter Museen Weißenburg

Colloquium *Biricianis* 2019 – zum Geleit

Mario Bloier, Raimund Kastler, Felix Lang, Stefan Traxler

Mit der Tagung in Weißenburg wurden nun zum fünften Mal Phänomene der antiken Kulturgeschichte zwischen den Provinzen *Raetia* und *Noricum*, sowie deren benachbartem Umfeld in den wissenschaftlichen Focus genommen.

Nach Aspekten der römischen Badekultur (Colloquium Lentia 2010[1]), einer Zusammenführung des Forschungstandes zum *municipium Iuvavum* und seinem Umfeld (Colloquium Iuvavum 2012[2]), den ländlichen Siedlungs- und Verkehrsinfrastrukturen abseits der Villen (Colloquium Bedaium 2015[3]) und der Bedeutung des römischen Militärs als Wirtschaftsfaktor und Kulturträger (Colloquium Lauriacum 2016[4]), standen in *Biricianis*/Weißenburg Fragen zu den Dimensionen von „Innen" und „Außen" in der Lebensrealität einer Grenzprovinz im Norden des Reiches im Fokus.

Abb. 1: Eröffnung des Colloquium *Biricianis* 2019 (Museen Weißenburg/H. Beyer).

Diese betreffen sowohl im engeren Sinne das antike Leben und seine in archäologischen Funden und Befunden dokumentierten Spuren, wie auch unsere zeitgenössische Rezeption in der Wissenschaft und in deren Kommunikation nach außen. Wesentliches Anliegen der Scientific Community und der VertreterInnen der Denkmalpflege war es in den letzten Jahrzehnten nach dem Vorbild des Hadrianswalls und des Obergermanisch-Raetischen Limes auch die Grenzzonen des römischen Imperiums entlang der Donau in die UNESCO Liste des Welterbes zu inkorporieren. Dieser Ansatz fußte u.a. auch auf der Beobachtung, dass die Grenzregionen des römischen Imperiums durch starke Gemeinsamkeiten ausgezeichnet sind, die sie sowohl von der nicht römisch dominierten Umgebungswelt als auch von dem durch sie umschlossenen mediterran zentrierten Kerngebiet unterscheiden. Aus der zeitgenössischen Warte wurde damit eine Art gemeinsamer Identität für die nordwestlichen Grenzregionen des römischen Reiches geschaffen. C. S. Sommer (†) zeichnete in seinem Vortrag[5], die massiven Bemühungen zunächst in den Jahren 2016/17 in Bayern und Österreich, später unter Einschluss der Slowakei und von Ungarn, nach um die römischen Grenzzonen dieser Länder als Welterbe zu nominieren.

Auch in diesem Bereich stellten sich für die Einreichungsunterlagen an die UNESCO Fragen nach dem Innen und Außen einer Grenzregion, nach der Tiefe eines zu definierenden Limeshinterlandes und der damit zu inkorporierenden Denkmäler, nach Bezug zu Denkmälern im Vorfeld der antiken Grenzlinie. Die schließlich nach mehreren mühevollen Anläufen erst im Jahr 2021 erfolgte tatsächliche Aufnahme in die Welterbeliste musste aufgrund moderner politischer Realitäten auf Bayern, Österreich und die Slowakei beschränkt bleiben.

Gerade die Einschreibung archäologischer Zonen in die Liste des Welterbes bedingt eine Auseinandersetzung mit der Art und Weise der Vermittlung, zumal jene nach dem langfristigen Erhalt und dem damit verbundenen Site Management, eine der wesentlichsten Aufgaben im Bereich einer Welterbestätte ist. Die Art und Weise der Darstellung der Grenzprovinzen des Reiches, ihrer Bewohner und ihrer Lebenswelten waren und sind dabei bis heute sehr stark von Stereotypen geprägt. Anhand der Gattung der Schulwandbilder untersucht M. Bloier wie sich die Darstellung der Akteure im hier behandelten Teil der Grenzregion, vereinfacht also „Germanen" und „Römer", im ausgehenden 19. und im 20. Jahrhundert gestalteten und jeweils dem Einfluss von wissenschaftlichen Erkenntnissen aber auch politischen Strömungen angepasst wurden.

Diesen bis heute nachwirkenden Konstrukten (vgl. zur aktuellen Perspektive auf die Konfrontationen zwischen dem Mittelmeerraum und seinem Einflussbereich und den Völkern außerhalb die auf Netflix ausgestrahlte Serie „Barbarians") Erkenntnisse der Forschung gegenüberzustellen, war mit ein Aspekt dieser Tagung.

Mit der Einbeziehung des Alpen-Donau-Raumes in das *Imperium Romanum* vollzog sich unbestritten ein markanter Wandel in der Region. Man war nun Teil eines größeren Ganzen. Aus der auf den Mittelmeerraum zentrierten Sicht des Imperiums befanden sich die Gebiete hingegen geographisch und kulturell an der Peripherie. Die Einrichtung des „Limes" stempelte die Region vorgelagert zum Grenzbereich zu einem nun seitens Roms definierten anderen Kulturraum, dem „Barbaricum". Der Beitrag von N. Schlirf korrigiert die traditionell etablierte Ansicht der Außengrenze des Imperiums, des Limes, als einer undurchdringbaren Barriere in der Art des „eisernen Vorhangs" zwischen den Staaten der westlichen und östlichen Militärbündnisse des 20. Jahrhunderts. Keinesfalls handelt es sich beim Limes um eine zivilisatorische Grenze, vielmehr zeigen sich hier große regionale Unterschiede sowohl in den politischen, militärischen, wirtschaftlichen, linguistischen und ethnischen Voraussetzungen der Grenzräume, wie auch in den Verfahrensweisen der römisch imperialen Diplomatie. Vielmehr betont die jüngere Forschung, wie Chr. Rummel darlegt, mehr die Durchlässigkeit dieses Grenzsicherungskonzeptes, in dem Kontakte und Austausch von hüben und drüben nicht unterbunden, sondern gelenkt, reglementiert, institutionalisiert aber damit auch kontrolliert werden sollten. Die militärische Infrastruktur der römischen Grenzen ermöglichte Kontakte und den Austausch entlang der Grenzzonen, wobei vor allem die durch das Militär geschaffenen oder ausgebauten Verbindungen entlang der Grenzen und von dort in das Reichsinnere eine wichtige Rolle spielten. Militärische Standortwechsel und Detachierungen garantierten Mobilität von Menschen, Ideen und Gütern.

Das römische Heer bildete dabei unbestritten den maßgeblichen Faktor in den Grenzprovinzen. Dies wird auch exemplarisch am Tagungsort Weißenburg, dem antiken *Biricianis*, deutlich. Die Existenz der Siedlung wird der Stationierung der *ala I Hispanorum Auriana* um 100 n. Chr. verdankt. Deren davorliegende Aufstellungs- und Stationierungsgeschichte ist charakteristisch für das breit gestreute ethnische Substrat, dass in Gestalt „römischer" Truppen in die jeweilige Grenzregion kam. Die Einheit wurde spätestens in der ersten Hälfte des 1. Jahrhunderts aus der Bevölkerung der spanischen Provinzen ausgehoben. Im Jahr 61 war sie in *Illyricum* im Einsatz, um wenig später nach *Noricum* verlegt zu werden. Kurze Zeit danach wird die Truppe nach Pannonien transferiert, um dann 86 n. Chr. nach Raetien beordert zu werden. Vor Weißenburg war die Reitereinheit zunächst im Kastell Burghöfe an der Donau stationiert[6]. Da Ergänzungen des Mannschaftsbestandes zumeist lokal vorgenommen wurden, ergab sich mit der Zeit eine breite provinzialrömische Durchmischung der in der Truppe vorhandenen Ethnien.

Exemplarisch für die Entwicklung der Kastelle am norischen Abschnitt des Donaulimes kann der Befund *Arelape*/Pöchlarn am norischen Abschnitt des Donaulimes genannt werden. Die von S. Schmid bearbeiteten Ausgrabungen dokumentieren die Ablöse der in flavisch-trajanischer Zeit entstandenen Holz-Erde-Kastells durch ein mit einer Steinumwehrung gesichertes Lager zu Beginn des 2. Jahrhunderts. Die Grenzgarnisonen beginnen sich zu konsolidieren. Bei allen Gemeinsamkeiten des Ablaufs der Garnisonierungen am Limes und deren Umwandlung zu auf Permanenz angelegte Stationierung konnte Schmid zwischen West- und *Ostnoricum* bei allen Gemeinsamkeiten auch deutliche Unterschiede ausmachen. So kam es in *Westnoricum* wie in Raetien häufiger zu kompletten Neuanlagen von Garnisonen, während im Osten häufiger ältere Anlagen an neue Gegebenheiten angepasst wurden.

Die Verlagerung des militärischen Schwergewichtes in Richtung der als Grenzlinien genutzten Flüsse (bes. Rhein und Donau) bedeutet zunächst eine Verschiebung von Truppenpräsenzen und einen Wandel hin zu zivilen Zentren im Inneren der Provinzen. J. Kopf und K. Oberhofer beleuchteten dies für den raetischen Raum exemplarisch anhand der Gegenüberstellung der Befunde von *Brigantium*/Bregenz und *Augusta Vindelicum*/Augsburg. Während in Augsburg sich eine Platzkontinuität beim Wechsel vom militärischen zum zivilen Verwaltungszentrum abzeichnet, der Bereich der *principia* wurde zum Areal des späteren Forums, fand in Bregenz eine deutliche räumliche Verschiebung statt. Dabei gelingt es aus den beiden zeitlich auf einander folgenden

Abb. 2: Blick in den Vortragsraum im Söller des Gotischen Rathauses (Museen Weißenburg/H. Beyer).

Fallbeispielen eine Art „Norm work flow" für derartige tiefgreifende Wandlungen im Siedlungsgefüge herauszuarbeiten. Die Bedeutung, die derartige Prozesse für die dort vorhandene Bevölkerung und deren Wirtschafts- und Sozialleben besaß, lassen sich möglicherweise an jenen Umbrüchen nachvollziehen, die der Abzug von großen Teilen der im Gebiet der Bundesrepublik Deutschland stationierten Verbände der United States Armed Forces im späten 20. Jahrhundert auslöste.

Bei Orten, wie *Biricianis*/Weißenburg, bleibt trotz zunehmender Intensivierung ziviler Aktivitäten und verstärkter Bedeutung auch dieses Elements, das Militär in allen Lebensbereichen stets der tonangebende, gesellschafts- und wirtschaftsprägende Faktor. Y. Reichel illustrierte dies anhand der Befunde der beindruckend großen Badeanlage von Weißenburg, die trotz der mehrheitlich doch zivilen Bevölkerung (abgesehen von Veteranen) von *Biricianis*, primär auf die Bedürfnisse der stationierten Truppe ausgerichtet blieb.

Am Legionsstandort *Lauriacum*/Enns konnten von K. Freitag darüber hinaus noch andere Aspekte beobachtet werden. Grundlage seiner Überlegungen bildet ein neu zusammengestellter Gesamtplan aller bislang untersuchten Areale. Dabei zeichnen sich nicht nur klare Funktionsbereiche ab, sondern in den unterschiedlichen Zonen scheinen auch unterschiedliche architektonische Traditionen zum Tragen zu kommen. Der Kernbereich rund um das Lager erweist sich dabei als stärker von italischen Bauformen und Techniken geprägt, in den peripheren Siedlungsbereichen hingegen setzen sich auf vorrömische Siedlungsformen fußende Architekturen chronologisch diachron weiter fort.

Als Gegenentwurf zu militärisch begründeten bzw. dominierten Gemeinwesen kann die Siedlungsgeschichte von *Iuvavum*/Salzburg gelten, wie sie von P. Höglinger anhand von denkmalpflegerischen Grabungsmaßnahmen der jüngsten Zeit skizziert wurden. Aus zahlreichen Einzelbeobachtungen diverser Baustellen in Kombination mit den Ergebnissen älterer Forschung konnte, erstmals ein chronologisch differenzierter digitaler Stadtplan des antiken *municipium* erarbeitet werden.

Den Denkmalschutzgrabungen werden darüber hinaus aber auch wesentliche Einzelbefunde, wie jener von U. Hampel vorgestellte Töpferofenbefund aus der Getreidegasse in Salzburg verdankt. Das Verfüllmaterial des Ofens bestand aus Keramikabfall der ersten Hälfte des 1. Jahrhunderts, das in Formen und Macharten eine stark raetische Komponente für die frühe Phase der zur Provinz *Noricum* gehörenden (späteren) Stadt andeutet. Anhand der von L. Huber analysierten Gruppe der „streifenbemalten" bzw. „zonal bemalten Keramik" ließ sich die Bedeutung dieser kulturellen Beziehungen nach Westen verstärkt nachzeichnen.

Im Bereich der Verwaltungsspitze der Grenzprovinzen liefen militärische wie zivile Belange wieder zusammen. Die Analysen von F. Guffler zu den raetischen Statthaltern belegen, dass diese Provinz durch ausgewählte Persönlichkeiten geleitet wurde, die zuvor bereits militärische und verwal-

Abb. 3: Gruppenbild vor dem nachgebauten Nordtor des Kastells *Biriciana* (Museen Weißenburg/H. Beyer).

tungstechnische Erfahrungen in Grenzprovinzen, besonders in Afrika sammeln konnten. Gerade auch Raetien schien demnach prädestiniert um Karriereeinsteigern die Möglichkeiten zur Profilierung zu eröffnen. Die Wahl von Verwandten bzw. engen Vertrauten aus dem Umfeld des Kaiserhauses unterstreicht, welche geostrategische Bedeutung Raetien zwischen dem italischen Kernland und der nordwestlichen Limeszone zukam.

Für die beiden Provinzen *Raetia* und *Noricum* beinhaltet das Etikett „Grenzprovinz" noch eine weitere Dimension. Sie signalisiert nicht nur eine in Bezug auf das Zentrum, die *urbs, caput mundi*, periphere Lage an einer der Außengrenze des Reiches. Zwischen beiden Provinzen verlief auch markiert durch den Fluss Inn eine der innerrömischen Grenzziehungen, jene zwischen dem gallischen und dem illyrischen Zollbezirk.

Wie bereits oben anhand eines stark raetischen Bezugs in der Sachkultur im frühen *Iuvavum* angemerkt wurde, sind auch derartige Grenzen zeitlichem Wandel unterworfen. Welche Rollen spielten hier Mittelmeerraum und *Barbaricum* im Sinne eines Kulturtransfers?

Fälle klassischer Übernahmen aus dem Mediterraneum lassen sich natürlich nachzeichnen. Dabei musste nicht immer nur das zu *Noricum* und Raetien nahe gelegene italische Kerngebiet, die *regio X* als Impulsgeberin fungieren. K. Šmid konnte für eine Gruppe von Darstellungen aus dem Sagenkreis der Orestie deutliche Bezüge zu Werkstätten in Attika nachweisen. Demgegenüber sind jedoch oft auch als typisch für eine bestimmte Provinz geltende Erscheinungsformen durchaus zu hinterfragen. A. Piccioni, streicht heraus, dass die sog. raetische Trias (Merkur, Minerva, Apollon) gleichberechtigt auch in Obergermanien vertreten ist und daher eine speziell raetische Konnotation zu hinterfragen ist. Obendrein scheint die in den Bildnachweisen dieser Götterkonstellation sich abzeichnende Dominanz der römischen Minerva gegenüber dem im keltischen Bereich als „Hauptgott" tradierten einheimischen Äquivalent zu Merkur, die bisherige These einer dahinterstehenden einheimischen Kulttradition in Frage zu stellen.
Wenn es, wie beispielsweise im letztgenannten Beitrag zur „raetischen Trias", gelang, überkommene Denkweisen und Modelle zu Kontakten und Strukturen in der Grenzregion einer kritischen Prüfung zu unterziehen, dann hat das Colloquium *Biricianis* 2019 sein Ziel erreicht. Durch das Colloquium Veldidena/Innsbruck, das im Frühjahr 2022 die Bevölkerung und die Siedlungsstruktur in *Raetia* und *Noricum* unter die die Lupe nehmen möchte, ist die Vertiefung einiger in Weißenburg aufgeworfener Themen bereits avisiert.

---

[1] Traxler/Kastler 2012.
[2] Lang/Kastler/Kovacsovics/Traxler 2014.
[3] Pfeil 2016.
[4] Traxler/Lang 2020.
[5] Sommer 2021a und Sommer 2021b.
[6] Steidl 2019, 20.

LITERATUR

Lang/Kastler/Kovacsovics/Traxler 2014
F. Lang/R. Kastler/W. K. Kovacsovics/St. Traxler (Hrsg.), Collloquium Iuvavum. Das *municipium Claudium Iuvavum* und sein Umland. Bestandsaufnahme und Forschungsstrategien. Tagung im Salzburg Museum, 15.–17. März 2012. Archäologie in Salzburg 8/Jahresschrift des Salzburgs Museum 56 (Salzburg 2014).

Pfeil 2016
M. Pfeil (Hrsg.), Römische Vici und Verkehrsinfrastruktur in Raetien und *Noricum*. Colloquium Bedaium Seebruck, 26.–28. März 2015. Schriftenreihe des Bayerischen Landesamtes für Denkmalpflege 15 (München 2016).

Sommer 2021a
C. S. Sommer, Quo vadis, Welterbe „Grenzen des römischen Reiches", *Der Limes 19, 2021, Heft 2,* 38–41.

Sommer 2021b
C. S. Sommer, Raetischer und Donaulimes in Bayern und Österreich – UNESCO-Welterbe, *Acta Carnuntina 11/1,* 2021, 22–41.

Steidl 2019
B. Steidl, Limes und Römerschatz. RömerMuseum Weißenburg. Ausstellungskataloge der Archäologischen Staatssammlung 41 (Friedberg 2019).

Traxler/Kastler 2014
St. Traxler/R. Kastler (Hrsg.), Colloquium Lentia 2010. Römische Bäder in Raetien, *Noricum* und Pannonien. Beiträge zur Tagung im Schlossmuseum Linz, 6.–8. Mai 2010. Studien zur Kulturgeschichte von Oberösterreich 27 (Linz 2014).

Traxler/Lang 2020
St. Traxler/F. Lang (Hrsg.), Colloquium Lauriacum 2016. Das römische Heer – Wirtschaftsfaktor und Kulturträger. Beiträge zur Tagung im Museum Lauriacum – Enns, 22.–24. September 2016. Forschungen in Lauriacum 19 (Linz 2020).

Aufgerollt und aufgehängt!

Rezeptionsgeschichte von Römern und Germanen auf Schul(wand)bildern aus Weißenburg

Mario Bloier

Schulwandbilder haben ihren Ursprung im 18. Jahrhundert, wo sie meist zur religiösen Unterweisung eingesetzt wurden. Mit Erfindung der Lithografie war es ab dem Beginn des 19. Jahrhunderts möglich, diese in größeren Serien und ökonomisch erschwinglich herstellen zu lassen[1]. So wurden Klassensätze allmählich zur Grundausstattung von Schulen[2]. Ab der Mitte des 19. Jahrhunderts löste sich die Verflechtung von Schulbuchillustrationen und Wandbildern zunehmend auf. Letztere gewannen einen eigenen didaktisch-methodischen Status. Die Hochzeit der Schulwandbilder war das letzte Drittel des 19. bis über die Mitte des 20. Jahrhunderts. Sie wurden meist von weniger bekannten Künstlern unter der Anleitung von Pädagogen – seltener Historikern und Archäologen – entworfen.

Aus erziehungswissenschaftlicher Sicht spielten Schulwandbilder in der Forschung bis in die 1970er nur eine marginale Rolle[3]. Seither erleben sie, vor allem in universitären Forschungsstellen wie an der Universität Würzburg[4] sowie bibliothekskundlichen und musealen Forschungen[5] ein Revival und mündeten u.a. im gemeinsamen Forschungsprojekt „History Wallcharts"[6]. Dabei wurde auch ihr hoher historischer Quellenwert entdeckt. In ihnen spiegelt sich das gesamte (Schul-)Wissen einer Zeit sowie der Beeinflussung durch die politische Realität und Utopie ihrer Entstehungszeit. In letzter Zeit finden sie sich zudem vermehrt auf und in populärwissenschaftlichen Zeitschriften als Illustrationen[7] und als online publizierte und kommentierte Sammlungen von Museen[8], Bundesländern und entsprechenden Projekten[9].

Besonders aus archäologischer, aber auch historischer Sicht, können so damalige Fehlinterpretationen, aber auch damals aktuelle Forschungserkenntnisse nachvollzogen und eingeordnet werden[10].

SCHULBUCHBILDER

Als Vorläufer der Schulwandbilder kann die Bebilderung schulischer Sachbücher gesehen werden. Zweck war es, relevante Inhalte anschaulicher zu machen. Allgemein[11] wird heute das *Orbis sensualium pictus* (1685) des Johann Amos Comenius, als entscheidender Ausgangspunkt für die Entwicklung, auch der Schulwandbilder, angesehen. Vom 17. bis ins 19. Jahrhundert war dieses, mit zahlreichen Holzschnitten versehene – meist zweisprachige Werk (lateinisch/Landessprache) – ein in Europa weit verbreitetes Jugendbuch. Comenius wollte Kindern „alle Dinge der Welt" mit dem Wissen der damaligen Zeit vor Augen führen und benennen[12]. Ab dem 18. Jahrhundert diente es, aufgrund des Fehlens gleichwertiger Alternativen und der Fürsprache bedeutender Pädagogen[13], als das Schulbuch schlechthin. Das Werk behandelte die gesamte, von Gott ausgehende und bei Gott endende Welt.

Als ein nächster Schritt kann die 1821 in zwei Bänden erschienene und mit 12 Kupferstichen (Abb. 1) illustrierte „Weltgeschichte für Kinder" von Johann Heinrich Meynier[14] angesehen werden. Meynier illustrierte sie mit für ihn einschneidenden historischen – weniger religiösen – Ereignissen. Diese Konzentration auf die ›Schlaglichter der Geschichte‹ kann – bis heute – bei ergänzenden Illustrationen und auch der thematischen Schwerpunktbildung bei Reportagen und Dokumentationen beobachtet werden.

Angeblich soll dieses Werk als Weihnachtsgeschenk sogar Heinrich Schliemann zu seiner Suche nach Troja motiviert haben!

„PROTO-SCHULWANDBILDER"

Den eigentlichen Vorläufer des Schulwandbildes stellen die Basedowschen Kupferstiche[15] aus dem Jahre 1774 dar. Waren Schulbuchabbildungen lediglich schmückendes Beiwerk, handelte es sich bei diesen um eine Sammlung von 100 Kupfertafeln, die teilweise aus drei, seltener vier besetzten Feldern bestehen. Die Tafeln wurden im schulischen Unterricht verwendet und zeigen erstmals auch Szenen aus der alltäglichen ländlichen Lebenswelt.

Diese thematische Öffnung kann in Zusammenhang mit den Ideen der Aufklärung gesehen werden. Offenbar sorgte dies schon vor der Veröffentlichung für Bedenken, die der Verfasser gegenüber möglichen Zweiflern verteidigte[16]. Aus archäologisch-historischer Sicht sind vor allem die Abbildungen der römischen Kaiserzeit interessant. Tab. LXXV (Abb. 2)

Abb. 1: „Alexander bei der Leiche seines Feindes Darius" (Jerrer 1929, 324).

Abb. 2: „Der Triumph des Augustus" (Fritzsch 1909, Tab. LXXV).

zeigt so, unter der Rubrik „Historische Vorstellungen" den Triumph des Augustus[17].

Ähnlich der Darstellungsweise dieser Zeit[18] erscheinen Römer in rennaisanceähnlichen und nur römisch anklingenden Rüstungen, die wohl zeitgenössische Adaptionen der Abbildungen auf stadtrömischen Denkmälern[19] darstellen. Römer, wie Griechen, erscheinen dabei in ihren offenbar klassischen ›Situationen‹, wie Triumphzug, Bildhauerei, Philosophie, Olympischen Spielen. Germanen treten, bis auf eine Ausnahme, nicht in Erscheinung: auf Tab. LXXVI (Abb. 3) werden diese, bei der vermeintlichen Eroberung Roms durch die Heruler[20], in orientalisch-türkischer Tracht den knienden und sich ergebenden Römern gegenübergestellt.

Als Urahn der Schulwandbilder können die „Methodischen Bildertafeln" von Reimer und Wilke[21] aus dem Jahr 1837 gesehen werden. Eingesetzt wurden sie „zunächst nur [für] den Zweck, taubstumme Schüler mit den gebräuchlichen Zeit- und Eigenschaftswörtern bekannt zu machen"[22]. Schnell wurden sie jedoch in den allgemeinen Unterricht übernommen und fanden weite Verbreitung.

Abb. 3: „Die siegenden Heruler vor dem Tore der um Gnade flehenden Römer" (Fritzsch 1909, Tab. LXXVI).

Schuldwandbilder blieben ungeachtet ihrer interpretativen Darstellung bis „weit ins 20. Jahrhundert [...] oft die einzige Möglichkeit zum Kontakt mit Gegenständen außerhalb des täglichen Erfahrungskreises"[23].

Bis zum Ende der Schulwandbilder stammen die meisten Darstellungen aus den Fächern Religion, Biologie und Geographie. Geschichte, Ethnologie und besonders Archäologie gingen vor allem in der Kategorie „Geografie" auf. So umfasst beispielsweise die 1892 erschienene 72-teilige Serie „Geographische Charakterbilder", herausgegeben im Wachsmuth-Verlag Leipzig vom Schuldirektor Adolf Lehmann, neben Indianerdarstellungen und Landschaftsbildern auch geschichtliche Darstellungen.

DIE ERSTEN KLASSISCHEN SCHULWANDBILDER

Immer stärker wurde natürlich auch das Interesse, historische Situationen, Scheidepunkte oder Ereignisse in den Unterricht einzubauen. Fungierten anfangs noch die Werke der Historienmaler[24] als Vorbilder, entwickelte sich rasch eine vielschichtige Beziehung zwischen Schule, Wissenschaft, Kunst und Verlag, die teils unterschiedliche Interessen verfolgte.

Das Ergebnis waren zu Beginn oft stark verkünstelte Darstellungen, die möglichst viele Informationen, verständlicher Weise aus Sicht, Methodik und Bildsprache der Entstehungszeit wiederspiegelten und – so den vorherrschenden Zeitgeist in die dargestellte Epoche transferierten.

Eines der ältesten Schulwandbilder im Fundus der Museen Weißenburg ist der zweiteilige Zyklus „Triumphzug Julius Caesars 46 v. Chr." (Abb. 4).

Die Bilder entstammen der Serie „Lohmeyer, Wandbilder für den geschichtlichen Unterricht"[25], aus dem Leipziger Schulbilderverlag F. E. Wachsmuth und entstand an der Wende zum 20. Jahrhundert. Die Vorlage bildeten sowohl die Bilder „Julius Cäsars Triumphzug" von Andrea Mantegna (zwischen 1484 und 1492), dessen Interpretationen durch Peter Paul Rubens (1608) sowie die Interpretationen der Chiaroscuro-Holzschnitte „Der Triumph von Julius Caesar" (1598) durch Andrea Andreani (1584–1610), mit denen sich

Abb. 4: „Triumphzug Julius Caesars 46 v. Chr." I. und II. Teil (Inv.Nrn. Wbg. 10038 f.; Museen Weißenburg/M. Bloier).

schon Goethe[26] ausführlicher beschäftigte. Dargestellt ist der Triumphzug Caesars[27], detailreich nach antiken Quellen gestaltet, jedoch gefiltert durch deren Bearbeitung in humanistischer Zeit und der freien Interpretation des Künstlers.

Auffällig ist die, im Vergleich zu den genannten Vorlagen, freie Adaption sowie Translozierung in den stadtrömischen Bereich, ersichtlich am rechten Bildrand durch eines der Stadttore. Als vermeintliche Kriegsbeute werden neben Vercingetorix und keltischen Gefangenen auch Kleopatra[28] und eine mythische Gruppe mitgeführt. Diese Gruppe erinnert stark an Virgil und seine Aenaeis: ein älterer, graubärtiger Mann mit einem Knaben – Anchises und Askanios!

So entsteht der Eindruck, dass nahezu die gesamte römische Vorgeschichte an Caesars Triumphzug teilnahm. Gerahmt wird dieses Bild durch römische Truppen in einer ähnlichen Staffage, wie sie von den etwa zeitgleichen Lindenschmitt´schen Figuren bekannt ist.

IM EINFLUSS POLITISCHER STRÖMUNGEN

Die Untersuchungen A. Bienzeislers[29] zeigen, dass sich „das Wandbild [durch zahlreiche zeitabhängige Faktoren] weit von der historischen Realität entfernt". Somit entstehe eine „Geschichte aus zweiter Hand [...], die eher aussagekräftig im Hinblick auf den zum Zeitpunkt seiner Entstehung herrschenden Zeitgeist, oder die ideologische Befindlichkeit seines Herstellers, als für das dargestellte historische Geschehen selbst"[30] ist.

Geschichtsunterricht – und mit ihm die Schulwandbilder – als Vermittlungsmoment der Präsentation von Römer- und Germanenbildern, wird allgemein eine „zentrale Bedeutung für die gesamte ideengeschichtliche Entwicklung eines Volkes zuerkannt"[31]. Hierbei verdichten sich Gedanken, Meinungen, Ideen, Vorstellungen und Vieles mehr, die einer Epoche als Zeitgeist das typische Gepräge verleiht.

Aufgrund reformpädagogischer Konzepte des späten 19. und frühen 20. Jahrhunderts genoss das Schulwandbild eine weite Verbreitung und man war allgemein der Ansicht, dass die Bilder „Inhalte anschaulich und nachhaltig"[32] vermitteln konnten. Durch die Darstellung ›epochaler Momente‹ wiederholten sich verständlicherweise im Lauf der Zeit die Motive. Dadurch ist es heute möglich, den Einfluss des jeweiligen Zeitgeistes auf Technik, Farbgebung, Bildgestaltung und vieles mehr herauszuarbeiten. Besonders gut gelingt dies bei historischen Darstellungen, die bereits des Öfteren für Ausstellungen und Abhandlungen[33] verglichen wurden.

Betrachtet man zunächst die **Wilhelminische Zeit**, in welche die Anfänge des klassischen Schulwandbildes fallen, so kann festgestellt werden, dass sich die Darstellungen „deutlich dem herrschenden Zeitgeist, der preußisch-monarchischen Vorstellung von Ordnung, Tugend, Recht und Sitte, wie der Hinwendung zu einer idealisierten und ästhetischen Überhöhung der Wirklichkeit im Sinne eines erwachsenen emotionalisierten Kunst- und Pädagogikverständnisses"[34] unterordnen. Sowohl das „Germanen- [wie auch das Römer-]bild der Kaiserzeit war so vielseitig, wie die politischen Bewegungen dieser Zeit"[35].

Abb. 5: „Im Römischen Lager" (Inv.Nr. Wbg. 10037; Museen Weißenburg/M. Bloier).

In diesem Sinne kann auch das Schulwandbild „Im römischen Lager" (Abb. 5) gesehen werden. Wohl in den 1920er Jahren im Leipziger Schuldbilderverlag F. E. Wachsmuth erschienen, trägt es den klassischen Aufbau der wilhelminischen Ära: „Die dargestellten Personen sind in stattliche Gewänder gehüllt und tragen (nicht selten) die Prunkuniformen ihres Heeres. Blick, Gestus und Statur drücken Bedeutsamkeit aus. In der Mimik spiegelt sich – je nach Thematik – Heldentum, Mut, aber auch Opferbereitschaft und Fürsorge"[36]. Durch den Bildaufbau und die perspektivische Blickführung wird oft eine politische, oder auch religiöse Stärke betont: der (siegreiche) Feldherr steht in der rechten Bildhälfte in vollem Ornat, umgeben von seinen Stabsoffizieren in Galauniform, während am linken Bildrand die geschlagenen und gefangen genommenen Gegner (Germanen/Kelten?) aus dem Blickfeld geführt werden. In diesem Zusammenhang ist auch der verletzte und blutende Legionar zu sehen – er war bereit ein persönliches Opfer für den Sieg zu bringen.

Ganz der erzieherischen Absicht gewidmet, dass „Geschichte und Geschicke von Persönlichkeiten gelenkt und geleitet werden"[37], und der Blick des Betrachters immer wieder auf eben diese Person gelenkt werden soll, kann man den Legionär im linken unteren Eck sehen: er blickt nahezu ehrfurchtsvoll auf den siegreichen Feldherrn – sogar einer der Gefangenen, während alle anderen stoisch geradeaus blicken, sieht schon beinahe neidisch auf diesen.

Archäologisch-historisch ist das Bild kaum einzuordnen. Tragen die Legionäre die lindenschmitt´sche Adaption augusteischer (und späterer) Rüstung, wirkt die ›Barbarenburg‹ im Hintergrund mittelalterlich, die Landschaft uncharakteristisch. Die Standarten nennen eine 1. und 5. Kohorte. Der auf zwei Standarten dargestellte Hund (wohl Wolf!) könnte auf die *Legio II Italica* hindeuten. Die am Boden liegende Eberstandarte und *carnyx*(?), scheinen einen keltischen Gegner anzudeuten – die vom Unterfeldherrn(?) gehaltene *draco* hingegen frühe östliche Gegner. Der Brustpanzer des Feldherrn ist stark an die Statue des *Mars Ultor* in den Kapitolinischen Museen angelehnt und somit, wie die Physiognomie, uncharakteristisch.

Abb. 6: „König Geiserichs Vandalenzug nach Afrika" (Inv.Nr. Wbg. 10049; Museen Weißenburg/M. Bloier).

Im Großen und Ganzen ein schönes Bild, das von dem/n siegreichen Römer/n zeugt!

Die Untersuchungen A. Bienzeislers[38] zeigten weiter, dass in der **Weimarer Republik** die Themenbereiche nicht mehr so einfach auf bestimmte Intentionen reduziert wurden, wie zuvor. Generell konnte ein Aufbrechen der alten Denkstrukturen beobachtet werden. Ein Teil der Bilder lässt ein neues Staats- und Demokratieverständnis, mit neuen künstlerisch-darstellerischen Mitteln und Methoden erkennen. Diesen stehen zahlreiche Bilder in der Tradition der Kaiserzeit gegenüber, welche weiterhin die alten Ideale wie Deutschtum, Heimatgedanke, Heldentum und die preußische Obrigkeits- und Moralvorstellung zeigen. Vermehrt kommen nun, neben den vaterländischen Heldengeschichten, der weiteren Betonung der deutschen Sagenwelt und der Geschichte der Monarchen[39], verstärkt kulturgeschichtliche Abbildungen, „die das Leben ganzer Volksgruppen zum Inhalt haben und Aussagen über deren gemeinsames Handeln und geschichtliches Wirken machen [vor]. Seltener als in der Wilhelminischen Ära tritt hier eine bestimmte Person in den Vordergrund, vielmehr wird das dargestellte Ereignis oder die historische Leistung von der Gruppe getragen"[40].

Die größten Auflagen hatten Schulwandbilder zur Kulturgeschichte, die sich auf das kulturelle Leben der Griechen und Römer, oder allgemein auf eine chronologische Entwicklung bezogen. Dies zeugte „von der Verehrung der Kultur der Klassik als Basis für die Entwicklung der europäischen Kultur. [...] Gerade im Zeitalter eines befürchteten Kulturverfalls scheinen diese Inhalte wichtig"[41].

Problematisch ist bei einer entsprechenden Zuweisung das Veröffentlichungsdatum, das selten vorliegt. Allgemein wird das Schulwandbild „Im Römischen Lager" (Abb. 5) in die Zeit der Weimarer Republik datiert[42], formal gehört es jedoch eindeutig in die Wilhelminische Zeit – ähnlich ist es bei Bildern, die im Dritten Reich Verwendung fanden und auch große Beliebtheit erfuhren. Sie entstanden noch in der Zeit der Weimarer Republik, enthielten und verbildlichten aber bereits NS-Gedankengut, wie das Schulwandbild „König Geiserichs Vandalenzug nach Afrika" (Abb. 6).

Drittes Reich. Spätestens mit der ›Machtergreifung‹ veränderte sich, entsprechend dem staatlichen und ideologischen Selbstverständnis, der Blick auf die Geschichte grundlegend: sie diente fortan ausschließlich der ideologischen Zielsetzung und Rechtfertigung[43].

Als wesentliche Stütze erfuhr dabei der Geschichtsunterricht eine völlige Um- und Neugestaltung: „Man lernt Geschichte, um in ihr eine Lehrmeisterin für die Zukunft und für den Fortbestand des eigenen Volkstums zu erhalten"[44].

Sie war eine der zentralen Fragen, wo der kulturschaffende deutsche Wille durch Ereignisse und Persönlichkeiten geschwächt oder gestärkt wurde[45]. Dem Weimarer Historismus wird nun die NS-Rassenlehre gegenübergestellt und der damalige Geschichtsunterricht mit seinem angeblichen Internationalismus, Weltgewissen und Pazifismus als Phantasterei abgetan.

Die NS-Geschichtsbetrachtung stützte sich so vor allem auf das idealisierte Leben, die Kultur und den Kampf der germanischen Vorfahren um Lebensraum. „Blut und Boden als Ausdruck von Rassenzugehörigkeit [werden] Inhalt, Ziele und Methoden untergeordnet"[46].

Der ›Rassenkampf‹ bildet nun das Antriebsmoment der Welt- und Kulturgeschichte. Das Geschichtsbild wurde auf ein Freund-Feind-Muster reduziert und als ideologisches Erklärungsmodell missbraucht: die Neandertaler begründeten die nordische Rasse und die Indogermanen verteilen sie als Kulturträger in alle Teile der Welt. Dem folgt auch die Aussage, dass es einfach nicht wahr sei, „daß unsere germanischen Ahnen eine wilde Horde gewesen sind, zu denen erst das Licht der Kultur aus dem Süden oder Osten gekommen ist. Ebenso grundfalsch ist der Gedanke, daß unsere Vorfahren primitive Götzenanbeter gewesen seien, denen erst wandernde Missionare Gesittung und veredelten Gottesbegriff beigebracht haben"[47].

Folglich musste auch die Verehrung der Kulturideale der antiken Griechen und Römer modifiziert werden: beide waren nun mit dem nordischen Menschen ›rassisch‹ verwandt. Entartungen entstanden vorrübergehend durch Blutvermischungen, grundsätzlich sei das Volk der Griechen aber ein vom Norden her eingewanderter Stamm[48] gewesen.

Die Schulwandbilder zeigen weiterhin die „alten deutschen" Werte: Nationalbewusstsein, Personenkult, Gemeinschaftssinn, Heldentum, Sauberkeit, Ordnung. Sie dienen nun aber als Grundlage für die Führerideologie, den überzogenen Germanenkult, den Antisemitismus, den Feindbildaufbau sowie das Bild von Macht und Stärke der Deutschen.

So wurden nationale kriegerische oder politische Ereignisse auch dann als Höhepunkte hervorgehoben, wenn es sich um historisch relativ unbedeutende Geschehnisse handelte, die jedoch gut in das ideologische Konzept passten[49].

Besonders gut eigneten sich hierzu Eroberungszüge und Expansionsbestrebungen aus der Zeit der Völkerwanderung, aber eben auch religiöse und gesellschaftliche Darstellungen aus der „frühen germanischen Zeit".

Der ersten Kategorie, der „Eroberungszüge und Expansionsbestrebungen" gehört das Schulwandbild „König Geiserichs Vandalenzug nach Afrika" (Abb. 6) an. Es erschien noch vor der ›Machtergreifung‹, spiegelt jedoch schon deutlich die

NS-Ideologie und Darstellungsweise wider, auch wenn es nur etwas später[50] als das Wandbild „Im Römischen Lager“ (Abb. 5) erschien.

Dargestellt ist der Zeitpunkt vor dem Übersetzen der Vandalen nach Afrika. Im Vordergrund links sitzend König Geiserich. Er wirkt in sich gekehrt, ruhig, planend und abwartend. Im Hintergrund erkennt man die spanische Küste, die wartenden Boote und leicht verschwommen, die afrikanische Küste. Die Situation erscheint organisiert und geplant – ganz wie eben die germanischen, i.e. die deutschen Tugenden. Besonders augenfällig erscheint die im Bild liegende Ruhe und Ordnung, die mit der sprichwörtlichen Art der Vandalen in deutlichem Kontrast steht.

Künstler war der 1883 in Wien geborene Franz Jung-Ilsenheim[51], der sich durch eine starke Typisierung der dargestellten Figuren auszeichnete. Durch diese Uniformität fügten sie sich optimal in das „hinter den Bildern stehende ideologische Konzept ein, verwischt sie doch Charakteristika des Einzelnen und betont die »rassische« Zusammengehörigkeit der Figuren“[52]. Bereits vor 1933 wandte er sich historisch-völkischen Themen zu und war von 1937 bis 1941 beim „Reichsbund für Deutsche Vorgeschichte“ angestellt, wo er weitere ›germanische Themen‹ für Schulwandbilder schuf.

Auch das 1937 ebenfalls im Pestalozzi-Fröbel-Verlag, Leipzig erschienene Wandbild „Das Nydamboot“[53] (Abb. 7) stammt von Franz Jung-Ilsenheim. Es zeigt in der Bildmitte wie auch im Hintergrund Rekonstruktionen des 1863 gefundenen Nydambootes[54]. An sich ein historisch relativ unbedeutendes Ereignis, das jedoch hervorragend in das ideologische Konzept passte: der Kampf der Vorfahren um Boden als Lebensraum, die Tapferkeit sich gegen die Mächte der Natur zu stemmen, die kulturelle ›Missionierung‹ ferner Gebiete wie auch der durch eine Person gestärkte kulturschaffende deutsche Wille (=Führerkult!). So lautete denn auch der erläuternde Text[55]:

> *„Vor dem Boot steht eine Gruppe von drei germanischen Kriegern in lebhafter Unterhaltung. Es sind hohe, reckenhafte Gestalten mit der für jene Zeit gebräuchlichen Bekleidung und Bewaffnung. Den einen unter ihnen erkennen wir unschwer als den Führer, der wahrscheinlich mit seinen Kampfgenossen von einer Kriegsfahrt zurückgekehrt ist“.*

In die religiöse Richtung zeigt das, auf einem Gemälde von Fritz Koch-Gotha basierende Schulwandbild „Germanische Sonnenwendfeier“. Das wohl 1935 als „Adolf Lehmann´s kulturgeschichtliche Bilder, III. Abt., Ur- und Vorgeschichte Nr. 8“ im Wachsmuht-Verlag Leipzig erschienene Schulwandbild (Abb. 8) war bereits Anlass vieler fachlicher Diskussionen und Interpretationen[56], sodass hier nur kurz darauf eingegangen werden soll.

Das Bild zeigt eine Mittsommernachtsfeier, zu der sich ein ›Stamm‹ auf einer Hügelspitze zur Zeit des Sonnenuntergangs versammelt. Nahezu alle dargestellten Personen haben blondes, langes Haar, die Männer sind alle rasiert und können so einer idealisierten, proto-germanischen Ethnie zugewiesen werden. Besonders die Kinder sind mit Blumen bekränzt – nahezu identisch wie auf den Bildern Sir Lawrence Alma-Tademas (1836–1912)[57], einem der bekanntesten Historienmaler bzw. Künstler des akademischen Realismus.

Abb. 7: „Das Nydamboot“ (Inv.Nr. Wbg. 10043; Museen Weißenburg/M. Bloier).

Abb. 8: „Germanische Sonnwendfeier“ (Inv.Nr. Wbg. 10047; Museen Weißenburg/M. Bloier).

„MODERNE“ SCHULWANDBILDER

A. Bienzeilser[58] konnte aufzeigen, dass in der **Nachkriegszeit**, bedingt vor allem durch die politische und gesellschaftliche Unsicherheit, wie auch materielle Notlage und Angst vor der eigenen Vergangenheit, die Wandbildproduktion zunächst stagnierte. Die krampfhaft betriebene Entpolitisierung des Geschichtsunterrichtes, „die Hinwendung zum wirtschaftlichen Konkurrenz- und Erfolgsdenken (auch der Verlage) führte schließlich zu Bildern, die sowohl formal als auch inhaltlich dieser Ratlosigkeit und dieses Strebens entstammen und in Bezug auf historische Wirklichkeit fragwürdiger als je zuvor erscheinen“[59]. So entstanden nun Darstellungen einer „bunten Heile-Welt-Kindertheater-Kulisse“[60] – der Geschichtsunterricht wurde zum überflüssigen Lehrfach degradiert. Dies änderte sich erst ab den 60er Jahren, als das Schulwandbild schon seine dominierende Rolle zu verlieren begann und durch neue Medien ersetzt wurde[61].

In der **Bundesrepublik Deutschland** wurde ab den 1960ern versucht, sich kritisch mit der Geschichte auseinanderzusetzen, jedoch ohne die Brutalität oder einen gesellschaftlichen bzw. sozialen (Klassen-)Kampf darzustellen. Vorwie-

Abb. 9: „Die Völkerwanderung“ (Inv.Nr. Wbg. 10033; Museen Weißenburg/M. Bloier).

Abb. 10: „Varus hält Gericht in einem Germanischen Dorf“ (Inv.Nr. Wbg. 10003; Museen Weißenburg/M. Bloier).

gend wurden wieder Schlüsselsituationen der Geschichte gezeigt, die natürlich von Menschen ›initiiert‹ wurden. Im Westen waren nach dem Kriegsende wieder die bekannten Schulwandbilderverlage im Einsatz – teils ohne sich von der Zeit des Nationalsozialismus deutlich zu distanzieren, wurde bei Schulmann eher die erneute Akzeptanz, denn die Bewältigung der Vergangenheit gefeiert: „Jahre, erfüllt von Tränen und Blut, von Brand und Mord. Wie würden die Schulen den Neuen Schulmann aufnehmen? Wir sind gerührt. `Unser Schulmann ist wieder da!´“[62]. Neben Schulmann (ab 1948), war dies vor allem der aus Essen stammende Tellus-Verlag (ab 1950) und ab 1951 die Verlage Dr. teNeues, Westermann und später Ernst Klett. Sie alle gaben Schulwandkarten mit begleitenden und erläuternden Beiblättern heraus. Die Verlagsprogramme sollen bisweilen bei den jährlichen Treffen des Verbandes Deutscher Lehrmittelverlage abgestimmt worden sein[63], sodass sie und die dargestellten Szenen aus heutiger Sicht nahezu austauschbar wirken.

Dabei wurden verständlicherweise gerne bereits behandelte Schlaglichter wiederverwendet, jedoch dem Zeitgeist entsprechend abgewandelt.

Schon in den 1920er/frühen 1930er Jahren erschien im Pestalozzi-Fröbel-Verlag Leipzig in der Reihe „Bilder zur Deutschen Geschichte, Volk und Staat“ Bild 9 mit dem Titel „Theoderich der Große. Nordisches Erbe am Mittelmeer“[64] – Künstler war der bereits erwähnte Franz Jung-Ilsenheim – mit all den bekannten Klischees. Zu sehen ist der auf seinem Thron sitzende greise König Theoderich, im Hintergrund das Mausoleum im Theoderich-Park von Ravenna. Ähnlich, jedoch den neuen ›Anforderungen‹ angepasst, ist eine Schulwandkarte vom Verlag Dr. teNeues & Co. GmbH, die 1966 unter dem Titel „Die Völkerwanderung. Theoderich der Große in Ravenna“ herausgegeben wurde (Abb. 9).

In der Bildmitte steht – noch mit der ›Einheitsfrisur Jung-Ilsenheims‹ – Theoderich in festlichem Ornat, der ein Geschenk (Schlüssel der Stadt nach der Rabenschlacht und Ermordung Odoakers 493?) von römisch gekleideten Personen entgegennimmt. Im Hintergrund laufen bereits die Arbeiten an seinem Grabmal. Die am rechten Bildrand stehenden Germanen wirken kaum bedrohlich, obwohl selbst der kleine Germanenjunge schon mit einem Speer bewaffnet ist! Die römischen Personen scheinen senatorisch und kirchlich gekleidet und wirken ebenfalls entspannt. Auffällig ist, dass entsprechend der Kleidung, der scheinbar rangniedrigste Römer das Geschenk an Odoaker übergibt. Der Titel „Die Völkerwanderung“ steht nun in völligem Gegensatz zu der relativ friedlichen Szene und erweckt das Bild einer friedlichen und gesitteten ›Machtübernahme‹ Theoderichs.

Ähnlich friedvoll und so auch im Gegensatz zur Situation und den daraus entstehenden Ereignissen ist ein Schulwandbild vom Tellus-Verlag Essen (Abb. 10). Das Bild wurde (nahezu) unverändert in drei Auflagen (1956, 1963 und 1972) gedruckt und ist Bild 1 der Serie I der Reihe „Tellus-Geschichtsbilder“. Bei Tellus wurde stets auf dem Schulwandbild ein Begleitkommentar abgedruckt, das es als „Varus hält Gericht in einem Germanischen Dorf“ betitelt.

Varus steht in der Bildmitte mit Brustpanzer, Beinschienen und Feldherrnmantel einem gefesselten Germanen gegenüber, der von einem Legionär bewacht wird. Im Hintergrund Legionäre, Auxilia, mehrere militärisch gekleidete *signifer* und 6(!) Liktoren mit *fasces*.

In der rechten Bildhälfte erkennt man einen gebärteten Germanen mit verschränkten Armen – den Clan-/Dorfchef(?) – offenbar geduldig das Urteil des Varus abwartend. Begleitet wird er von zwei bewaffneten Kriegern und einem Bauern. Im Vordergrund eine germanische Mutter mit ihrem Kind auf den Armen, das den Betrachter direkt anzusehen scheint.

Die Rüstungen können als Reminiszenz auf die antikisierenden Wandbilder (Abb. 4. 5) der Wilhelminischen Zeit gesehen werden. Auch der Brustpanzer des Varus ist eine leichte Variation des dortigen Feldherrn und zugleich antoninisch-severischer Panzerstatuen[65]. Besonders auffällig sind die Helme, deren Spannbreite von alten italischen Formen über fiktive bis hin zum Typ Niederbieber reicht.

Die Darstellung lässt im Grundsatz nicht erahnen, was folgen wird, ist in sich jedoch so wenig interpretativ und neutral gestaltet, dass das Bekannte folgen, jedoch auch das nicht-eingetretene stattfinden könnte – deshalb wohl auch der Begleittext!

Dieser ist ganz in der Tradition[66] der Lehrererzählung als personale und kindgerechte Erzählung von Alois Clemens Scheiblhuber[67] mitabgedruckt und ganz im Sinne der Pädagogik des frühen 20. Jahrhunderts. Der Text berichtet von der römischen Schreckensherrschaft und lenkt so das Bild in eine bestimmte Richtung:

„Kaiser Augustus (gestorben 14 n. Chr.) trachtete danach, die Herrschaft Roms über den Rhein bis zur Elbe auszudehnen. Die rücksichtslose Eintreibung hoher Abgaben und die Anwendung harter Strafen nach römischen Brauch weckten aber den Widerstandswillen der freiheitsliebenden Germanen: Unter Führung des Cheruskerfürsten Arminius vernichteten sie 9. n. Chr. im Teutobuger Wald die Heere des Statthalters Varus. Fortan bildete der Rhein die Grenze zwischen Römern und Germanen."

Somit eine klare Beschreibung der Ereignisse die der dargestellten Szenerie folgen! „Rücksichtslos", „harte Strafen" und „Widerstandswillen" sind an und für sich im Bild jedoch nicht zu erkennen!!

Bis 1960 standen noch kulturgeschichtliche Bilder und konkrete historische Ereignisse im Mittelpunkt der Darstellungen. Ganz einhergehend mit dem „´krampfhaften Versuch´, die Geschichte der letzten Jahrzehnte aus dem Gedächtnis zu streichen"[68] galt Geschichte als Bildungsfach. Die Schulwandbilder wurden differenzierter. Situations- und Aktionsbilder wechselten sich mit halbschematischen Bildern ab. Mit dem Ende der 1960er Jahre wurden die Darstellungen, wie das Fach Geschichte deutlich vieldimensionaler: weg vom alten „nationalen Geschichtsbild", hin zur Auflösung von bestehenden „Zonen des Verschweigens, der Verdrängung und der Tabus"[69].

Wann die Schulwandbildproduktion in der **Deutschen Demokratischen Republik** wieder begann, kann nicht genau festgelegt werden. Jedoch kann aufgrund der Situation, wie auch der Intention der Schulwandbilder mit einem etwas verzögerten Produktionsbeginn – möglichweise verstärkt nach dem Volksaufstand von 1953 – ausgegangen werden.

In den Beständen der Museen Weißenburg befinden sich mehrere Schulwandbilder aus der Produktion der DDR. Für das Römer- und Germanenbild sind dabei zwei von besonderer Aussagekraft.

Das erste, das kurz besprochen werden soll, trägt den Titel „Auf dem Sklavenmarkt" (Abb. 11) und wurde wohl in den 1970er Jahren produziert[70].

Gewisse Ähnlichkeiten zu Gustave Boulangers „Der Sklavenmarkt" (vor 1882), einem weiteren Vertreter des akademischen Realismus[71], können nicht geleugnet werden.

Anders als jedoch bei Boulanger, wurde hier der Klassenfeind, symbolisiert durch die imperialistischen Römer, an den Pranger gestellt und die soziale Ungerechtigkeit angeprangert. Im Zentrum des Bildes ist eine auseinander gerissene Familie (Mutter und Kind) zu sehen, die wohl getrennt verkauft wurde. Am linken Bildrand steht eine Gruppe Römer, die offenbar den Sklavenverkauf und die Familientrennung beobachtet und süffisant lächelt. Im mittleren Hintergrund eine Mutter, die schützend ihre

Abb. 11: „Sklavenmarkt im alten Rom" (Inv.Nr. Wbg. 10020; Museen Weißenburg/M. Bloier).

Abb. 12: „Sklavenmarkt im alten Rom" (Inv.Nr. Wbg. 10072; Museen Weißenburg/M. Bloier).

Arme um ihre beiden Kinder legt. Der Grundtonus des Bildes könnte so auch lauten, dass dem Kapitalismus (und Imperialismus – i.e. dem Klassenfeind!) die Besiegten nichts wert sind. Getreu der auch im Westen üblichen Lehrererzählung[72] wurde der Entwurf für eine Unterrichtsstunde mitgeliefert[73]:

„Wenn ein reicher Römer einen Sklaven kaufen wollte, so ging er auf den großen Platz, der sich meist in der Mitte der Stadt befand und auf dem mehrmals in der Woche Sklavenmarkt stattfand. Händler [...] boten diese wie ein Stück Vieh zum Verkauf an. Man hatte den Sklaven Wachstäfelchen um den Hals gehängt, auf denen verzeichnet stand, wie alt sie waren, welche Fähigkeiten sie besaßen, das heißt, für welche Arbeiten sie sich besonders eigneten, und der Preis, der sich nach den körperlichen Kräften und Fähigkeiten richtete. Oft wurden ganze Familien zum Kauf angeboten. Gefiel dem Käufer nur der Mann oder ein Kind, so wurden die Familien rücksichtslos auseinandergerissen. Stellt euch einmal vor, welcher Schmerz und welches Elend auf diesen Sklavenmärkten herrschten [...]."

1984 wurde dieses Schulwandbild durch eine Variation[74], die weniger emotional ist und vor allem die Trennung Mutter/Kind nicht thematisiert, ersetzt (Abb. 12).

Ähnlich ist dies auch bei einem anderen, sehr beliebten Schulwandbild, auf dem der vermeintliche Freiheitskampf gegen das imperialistische Rom thematisiert wird: „Aufstand des Spartacus"[75].

Abb. 13: „Schlacht im Teutoburger Wald“ (Inv.Nr. Wbg. 10021; Museen Weißenburg/M. Bloier).

Abb. 14: „Romersk Kriegshär På Cæsars Tid“ (Inv.Nr. Wbg. 10029; Museen Weißenburg/M. Bloier).

In der Erstauflage von 1977 ist Spartacus im zentralen Bildbereich alleine und Anweisungen gebend dargestellt, während er sich in der Auflage von 1983 scheinbar erst noch berät, um dann faktisch kollektiv zu agieren – diesmal auch unbewaffnet! Nun sind auch verwundete Sklaven zu erkennen – 1977 gab es nur tote und verletzte Römer!

Was war zwischen 1977 und 1983 geschehen? 1976 wurde Erich Honecker Vorsitzender des Staatsrates und so faktisch Regierungschef; die politischen Abschiebungen, Inhaftierungen und Hausarreste nahmen zu. Anfang der 1980er erstarkte in Tschechien und Polen der Widerstand und die UdSSR marschierte in Afghanistan ein. 1982 drohte der DDR die Zahlungsunfähigkeit und sie konnte nur durch zwei Milliardenkredite der BRD davor bewahrt werden. Im Oktober 1982 wird Helmut Kohl Bundeskanzler und kündigt bei seiner ersten Regierungserklärung die Fortführung guter Beziehungen zur DDR an.

Die beiden Schulwandbilder fallen somit in zwei unterschiedliche Epochen bzw. Phasen der DDR-Geschichte[76]. 1977 stand am Ende einer Phase, die als „Der Schein der Normalität (1971 bis 1982)“ bezeichnet wird, 1983 hingegen war schon in der Phase „Auf dem Weg in den Zusammenbruch (1982 bis 1990)“, in der die inneren Schwierigkeiten und Probleme der DDR offen zu Tage traten.

Diese unterschiedlichen Situationen finden sich so auch in den oben beschriebenen Wandbildern: 1977 war ein Staatslenker neu an der Macht und führte rigide gegen den Imperialismus – 1983 braucht man den Zusammenhalt und Hilfe aller, auch bei eigenen Opfern. Zudem wird die dargestellte emotionalisierende Grausamkeit des Imperialismus (Trennung Mutter Kind/lachende Römer) nicht mehr in den Vordergrund gestellt und gelöscht. Man brauchte bzw. bekam Devisen aus dem Westen!

Ähnlich ist es auch mit der Darstellung auf dem Schulwandbild „Schlacht im Teutoburger Wald“ (Abb. 13). Ein Arminius oder Hermann, wie er noch auf NS-Schulwandbildern im Mittelpunkt stand[77], ist nicht auszumachen. Am rechten Bildrand hebt ein gebärteter Krieger die Hand zum Angriff(?), der jedoch im Hintergrund schon begonnen hat. Wichtig ist auch hier die Gemeinschaft, die sich gegen das imperialistische Rom stellt und letztlich auch siegt.

Das Bild dürfte aufgrund der Komposition und Darstellungsweise aus den späten 1970ern stammen. Es werden keine verletzten oder getöteten Römer oder Germanen gezeigt. Auffällig ist hierbei, die relativ summarische Darstellung der Römer, als auch der Germanen: Rüstungen werden als homogene Masse dargestellt, Pfeile sind so groß wie Speere und die Landschaft wirkt wie eine Mischung aus Vertrautem und Fiktivem.

EUROPÄISCHE SCHULWANDBILDER

Das Phänomen Schulwandbild war verständlicherweise nicht nur auf das Gebiet des früheren Deutschen Kaiserreiches beschränkt. In nahezu allen Ländern – nachvollziehbar an den pädagogischen Entwicklungen, die über Ländergrenzen hinweg (weiter)entwickelt wurden – war das Schulwandbild für eine gewisse Zeit das Lehrmedium #1.

Neben den Niederlanden[78] und Deutschland ist die Forschung zu Schulwandbildern vor allem in der Schweiz sehr fortgeschritten[79]. Mengen an Schulwandbildern sind auch aus Österreich[80], Großbritannien und den skandinavischen Ländern bekannt.

Aus Schweden stammt das Schulwandbild „Romersk Kriegshär På Cæsars Tid“ (Abb. 14), dessen Vorlage 1948[81] entstand. Im deutschen Vertrieb durch den Verlag Georg Westermann/Braunschweig lautet der Titel: „Römisches Kriegsheer zur Zeit Caesars“ – eine allgemeine Darstellung möchte man denken! Entsprechend der postulierten Fokussierung von Wandbildern auf historische Ereignisse gibt der originale schwedische Untertitel „Cæsars tåg över Rubicon: Tärningen är kastad“ ein wichtiges Detail preis: abgebildet ist der Moment des Überschreitens des Rubicon, der im unteren Bildrand jedoch nur ganz leicht angedeutet ist.

Neben Caesar in der Bildmitte, selbstbewusst das Schwert nach oben streckend und die überlieferten – und zur Verdeutlichung im Untertitel nochmals verschriftlichen Worte – „die Würfel sind gefallen“ rufend, stehen römische Legionäre in schönen, auf Hochglanz polierten augusteischen Schienenpanzern zur linken und berittene Signalbläser in Schuppenpanzern zur Rechten.

Im Hintergrund die wartenden Legionen, die ihren Feldherrn nach Rom begleiten werden.

Amüsant erscheint, dass sowohl der Brustpanzer des vermeintlichen „Caesar“, die Standarten (inkl. Beschriftung!), die allgemeine Ausstattung bis hin zu den roten und blauen *scuta* wohl in enger Anlehnung an das Schulwandbild „Im Römerlager“ aus den 1920er Jahren (Abb. 5) entstand. Ohne dieses jedoch als die eigentliche Vorlage sehen zu wollen zeigt sich der nicht zu unterschätzende Einfluss dieser, wenn nicht von Bildern allgemein auf die Vorstellungswelt – ungeachtet der Zeit, des Wissens und der Herkunft.

MEDIALE EINFLÜSSE AUF DIE DARSTELLUNGEN

Wer kennt das nicht? Ein beliebiges historisches Ereignis ruft bei vielen – auch bei Archäologen – bestimmte Bilder in Erinnerung. Vor allem bei solchen, die in einem Sandalenfilm der 1960er (oder auch später) verfilmt wurden – unabhängig davon, ob sie fachlich richtig oder (meist) falsch dargestellt sind[82]. Genannt seien, um nur ein paar zu nennen: *Gladiator, Troja, Ben Hur, Der Untergang des Römischen Reiches, Spartacus, Cleopatra*, etc. pp.

Filme wie diese haben nicht nur das (verklärte) Geschichtsbild von Generationen beeinflusst, sondern hatten auch Einfluss auf die frühe Vermittlungsarbeit, in Form der Schulwandbilder. Das zentrale Wagenrennen bei *Ben Hur* (1959) beispielsweise findet sich in unterschiedlichsten Varianten auf Darstellungen (Abb. 15) seit den frühen 1960ern – mal versucht authentisch, mal dem Film nacheifernd, seltener phantastisch.

Ähnlich – und aufgrund seiner historischen Aussage frappierender – der Film *Quo Vadis?* (1951). Wer kennt nicht die Szene, in der Sir Peter Ustinov als Nero die Lyra schwingt und sein Lied trällert? Das heute seltene und nicht genauer betitelte Schulwandbild über den Brand Roms[83] (Abb. 16) erschien in den 1950er/1960er Jahren im Deutschem Verlag für Jugend und Volk Wien.

Im Zentrum ein römischer Caesar – aufgrund der in der linken Bildhälfte dargestellten brennenden Stadt wäre Nero naheliegend – im kaiserlichen Ornat auf die brennende Stadt zeigend. Rechts hinter ihm ein Bediensteter, der eine Lyra hält! Eine Szene, wie aus einem Film! Jedoch, wie man weiß, nicht den Tatsachen entsprechend. Ist sich ein Großteil der antiken Quellen[84] einig über die Schuld Neros am Brand Roms, auch wenn er sich nach Tacitus[85] zum Zeitpunkt des Ausbruches in *Antium* aufhielt, halten ihn Andere[86] für unschuldig. In der heutigen Forschung[87] ist man sich einig, dass die Beschuldigung als ›üblen Nachrede‹ einer politisch-religiösen Propaganda zu sehen ist.

Nichtsdestotrotz wird aber – besonders unter medialem Einfluss – ein falsches Geschichtsbild in die Klassenzimmer transferiert, das bis heute anhält.

EIN MUSTERBEISPIEL

Die bisher betrachteten Schulwandbilder unterlagen alle gewissen Beeinflussungen. Sei dies politischer, religiöser oder künstlerischer Art gewesen. Nur die Wenigsten stellten die historischen Szenen und Momente um ihretwillen, zur Visualisierung der damaligen Zeit dar.

Ein hervorragendes Beispiel, mit einer Tendenz zur Detailverliebtheit, haben Schulwandbilder von verschiedenen

Abb. 15: „Wagenrennen“ (Inv.Nr. Wbg. 10005; Museen Weißenburg/M. Bloier).

Abb. 16: „Brand Roms“ (Inv.Nr. Wbg. 10006; Museen Weißenburg/M. Bloier).

Künstlern aus den Niederlanden. Diese malten im Sinne der Historienmaler und des Historismus zum Zweck der Darstellung von Geschichte – nach bestem damaligen Wissen!

Ein herausragendes Beispiel stellen dabei die Werke[88] Johan Herman Isings[89] (1884–1977) dar, die zunächst als Historiengemälde später ausnahmslos als Schulwandbilder den Geschichtsunterricht bereicherten.

Dargestellt ist eine nahezu alltägliche Szene in einer Siedlung an einem römischen Limeskastell (Abb. 17) – im niederändischen Original Vaalkenburg. Es entstand zwischen 1950 und 1953 und wurde wohl im Lauf der späten 1950er auch in die BRD ›exportiert‹. Das rückwärtig aufgeklebte Erläuterungsblatt beschreibt die Szenerie:

> *„Unser Bild zeigt eine Siedlung an der römischen Limesstraße. Im Vordergrund der Bildmitte steht ein römischer Meilenstein. Das erste Wort der eingemeißelten Inschrift, von dem die letzten drei Buchstaben sichtbar sind, lautet „Limes“. An dem Straßenstück sind die Bombierung und die Randeinfassungen zu beachten, die als charakteristisch für den altrömischen Straßenbau gelten. Im Vordergrund rechts hat ein römischer Kaufmann seine Ware zum Verkauf ausgebreitet. Wir sehen Messinggeschirr (Krüge, Kessel, Schöpfkellen, Ölleuchter).*

Abb. 17: „Römerlager" (Inv.Nr. Wbg. 10030; Museen Weißenburg/M. Bloier).

Ein Sklave bringt auf einem Tragbrett Gefäße aus Terrakotta und Terranigra heran. Im Hintergrund der überdachten Verkaufshalle sind Glasgefäße ausgestellt. In großen verschnürten Ballen werden weitere Waren herangetragen. Der Kaufmann selbst bietet zwei einheimischen Frauen eine eben aus Italien eingetroffene Novität an: einen Metallspiegel. – Im Hintergrund des Bildes ist das mauerumgürtete römische Militärlager sichtbar. Links anschließend stehen einheimische Bauernkaten. Ein germanischer Bauer führt eben ein Ochsengespann über die Straße. Vor ihm ein anderer einheimischer Bauer trägt den heute noch in unseren Gebirgsgegenden als „Wetterfleck" oder „Pelerine" bekannten Überwurf, der vielleicht in Anlehnung an die römische Toga vor nahezu 2000 Jahren entstanden ist. – Vor der Säulenhalle der Villa (römisches Landhaus) sehen wir einen römischen Reiteroffizier. Im Vordergrund links ein römischer Fußsoldat mit einem germanischen Schildträger."

Eine Szene, wie man sie sich – mit kleinen Korrekturen – aus einer Zeitreise vorstellen könnte. Übrigens: Johan Herman Isings war der Vater von (Clas)Ina Isings, die zum Zeitpunkt des Entstehens des Bildes wohl gerade an ihrer Dissertation zum römischen Glas[90] arbeitete. Die Detailgenauigkeit bei den Objekten zeugt zudem von einem gesteigerten Interesse des Künstlers an existierenden Vorlagen wie auch möglicherweise einem regen Austausch von Vater und Tochter.

---

1 Lorenz 1906, 310; zur Herstellungstechnik: Müller 1994; Brög 1984b.

2 Koch 1992.

3 Müller 1997, 191–217; ders. 1994, 14 f.

4 www.bildungswissenschaft.uni-wuerzburg.de/forschung/forschungsstelle-historische-bildmedien (28.07.2019).

5 So z.B. der Denmark's Paedagogiske Bibliothek (National Library of Education, Denmark) oder dem Nationaal Onderwijsmuseum in Rotterdam (National Museum of Education, the Netherlands).

6 www.historywallcharts.eu (28.07.2019).

7 So z.B. zuletzt auf dem Cover von G/Geschichte 12/2018, auf den Doppelseiten 14/15. 30/31 und 41.

8 http://saarland.digicult-museen.net/objekte?query=Schulwandbild (28.07.2019); Uphoff/Velsen 2018.

9 wie Anm. 6.

10 Müller 1984.

11 Schiffler/Schneider 1999, 18 f.

12 Fijałkowski 2010, 17; Schiffler/Schneider 1999, 6–8.

13 Fijałkowski 2010, 17 f.

14 veröffentlicht unter dem Pseudonym: Georg Ludwig Jerrer.

15 Ursprünglich war das Elementarwerk als Kindererziehungshandbuch für Lehrer, Eltern und ältere Kinder gedacht, in dem auch Themen wie „Benennung der Kleidungsstücke, nebst einigen Sittenlehren"; „Einige mehrteils unwillkürliche Zustände des menschlichen Körpers"; „Vom Ursprunge des menschlichen Lebens durch den Geschlechtstrieb", etc. behandelt wurden. Die Tafeln sollten die jeweilige Thematik bildlich umsetzen: „Kupfertafeln [...] welche [...] nützlich sind, theils zur Kenntnis der Gegenstände, theils zur Hülfe des Gedächtnisses, theils zu heilsamen Eindrücken in das Herz der Anschauer, vornehmlich aber zu einem lehrreichen Vergnügen der Kinder, und zu der Absicht eines Lehrers, der vor ihnen von denselben Gegenständen in einer noch etwas fremden Sprache (z.B. in der lateinischen und französischen) reden will" (Basedow 1785, II); s.u.a. Stach 1984a, 21.

16 Basedow 1785, IV: „Aber wer sich öffentlich Mühe geben wird, das von allem dissidentischen Wesen befreyte Elementarwerk dadurch, dass sein Verfasser in einem anderen Buche ein Dissident ist, verhasst zu machen, oder durch Verdrehung einiger ohnedies unbilligen Gewissenszwangsgesetze in Gefahr zu bringen, der wird von mir mit Recht als ein Freund der Verfolgung angesehen, bis er so klug und billig wird, dieses sein Unrecht zu erkennen."

17 Das Bildfeld zeigt einen Triumphzug des Augustus. Es erscheint möglich, dass es sich hierbei um den Triumphzug nach der Schlacht bei Actium 31 v. Chr. handeln könnte (Beschreibung: Fritzsch 1909, Band 2, 194–197).

18 so beispielsweise bei kirchlichen Darstellungen der Heilsgeschichte, des Kreuzweges, etc.

19 „Tab. LVIII. Handwerke und Künste." zeigt explizit die Trajanssäule in Rom (Beschreibung: Fritzsch 1909, Band 2, 58–70).

20 Beschreibung: Fritzsch 1909, Band 2, 194–197.

21 L. Reimer/C. Wilke, Methodische Bildertafeln zum Gebrauch beim Anschauungsunterricht in Elementar- und Kleinkinderschulen, besonders beim Taubstummen-Unterricht.

22 Müller 1998, 15 f.

23 Schiffler/Schneider 1999, 24.

24 Im 19. Jahrhundert auch „Akademische Kunst" oder „Akademischer Realismus". Hier zugehörten u.a. Jean-Léon Gérôme, Sir Lawrence Alma-Tadema und Carl Theodor von Piloty, die vor allem durch Gemälde mit antiken Motiven noch heute bekannt sind.

25 V. Serie, Bild 17 und 18; Bibliotheka Paedagogica, 425.

26 1823: Über Kunst und Altertum.

27 bei vorhergehend genannten Darstellungen teilweise namenlos, stattdessen „eines römischen Imperators".

28 Ähnlich einem Holzstich von 1876, bei dem sich nur die Perspektive verändert hat: der Triumphzug zieht hier auf den Illustrator zu.

[29] Bienzeisler 1988.
[30] Bienzeisler 1988, 227; Lampe 1973.
[31] Bienzeisler 1988, 125.
[32] Beck/Timm 2015b, 48.
[33] Müller 1984; Stach/Müller 1988.
[34] Bienzeisler 1988, 227 f.
[35] Beck/Timm 2015b, 48; Apel 1997.
[36] Bienzeisler 1988, 137.
[37] wie Anm. 36.
[38] Bienzeisler 1988, 155. 164–166. 228.
[39] Bienzeisler 1988, 155.
[40] wie Anm. 39.
[41] Bienzeisler 1988, 166.
[42] http://saarland.digicult-museen.net/objekte/6386 (28.07.2019).
[43] Müller 1988; Joerißen 1984.
[44] Stuckart 1934, 7.
[45] Bienzeisler 1988, 168.
[46] wie Anm. 42.
[47] Stuckart 1934, 35.
[48] Stuckart 1934, 34.
[49] Bienzeisler 1988, 178 f.
[50] http://saarland.digicult-museen.net/objekte/5414 (28.07.2019).
[51] s. hierzu Beck/Timm 2015b, 55.
[52] Beck/Timm 2015b, 55.
[53] Abegg-Wigg 2018, 204.
[54] s. hierzu detaillierter Abegg-Wigg 2018, 206–210.
[55] Abegg-Wigg 2018, 206.
[56] Beck/Timm 2015b, 63–66; Bienzeisler 1988, 188–195.
[57] so z.B. bei *The Roses of Heliogabalus* (1888); *Spring* (1894); *The Baths of Caracalla* (1899).
[58] Bienzeisler 1988, 228.
[59] Lehmann 1998, Vogel 1990; Bienzeisler 1988, 228.
[60] wie Anm. 58.
[61] Schiffler/Schneider 1999, 24 f. sowie 26–30.
[62] Zimmer 2017, 128 f.
[63] Zimmer 2017, 129.
[64] http://saarland.digicult-museen.net/objekte/5419 (28.07.2019).
[65] so beispielsweise bei der Statue des Marc Aurel aus dem Louvre, der des Antoninus Pius in den Staatlichen Kunstsammlungen Dresden, dem Panzertorso aus Berlin, etc.
[66] Bienzeisler 1988, 208.
[67] Dieser galt als einer der Geschichtsdidaktiker des Kaiserreiches (genaue Lebensdaten waren nicht zu ermitteln), der über Jahrzehnte das Rüstzeug für eine schulische Geschichtserzählung geliefert hat. Seine wegbereitenden Standartwerke waren: Beiträge zur Reform des Geschichtsunterrichtes. Mit Materialien für den Geschichtsunterricht (Straubing 1901); Deutsche Geschichte. Erzählungen nach Quellen. Band 1: Das Mittelalter (Nürnberg 1904); Deutsche Geschichte. Erzählungen nach Quellen. Band 2: Die Neuzeit (Nürnberg 1907); s. hierzu auch: Antoni 2018 und Bonna 1996, bes. 53–59.
[68] Bienzeisler 1988, 197.
[69] Bienzeisler 1988, 198.
[70] Registrier-Nr. 1727; Bestell-Nr. 711 06-5; III-18-177; „Nach einem Originalgemälde von Martin Harnoss“.
[71] s. hierzu Anm. 22.
[72] Bonna 1996, 428: „Im Gegensatz zur Bundesrepublik wollte man ja keinen emanzipierten Staatsbürger. Personalisieren und Personifizieren wurden in SBZ und DDR stets verwendet, um eine emotionale Beeinflussung zugunsten der bestehenden Verhältnisse zu erreichen und gefühlsmäßig an die Sache der Arbeiterklasse zu binden. Wieder einmal wurde personalisiert, um heranwachsende Generationen für den bestehenden Staat zu vereinnahmen.“
[73] Schenderlein 1951, 546.
[74] www.ddr-museum.de/en/objects/1014652 (28.08.2019).
[75] Beide Darstellungen sind nur aus einschlägigen Verkaufsportalen bekannt und wurden bisher nicht vergleichend oder wissenschaftlich betrachtet.
[76] www.bpb.de/izpb/48499/geschichte-der-ddr (28.08.2019).
[77] www.historywallcharts.eu/view/arminius-the-chersuci.-battle-of-the-teutoburg-forest (28.08.2019).
[78] Donkers 2006.
[79] s. hierzu u.a. Ritzi/Wiegmann 1998; Späni 2010; dies. 1996. Aus der Schweiz stammt auch die Darstellung eines „römischen Wohnzimmers“ (Inv.Nr. Wbg. 10040).
[80] *Römer in Österreich* (Wbg 10007); *Caesar Brand in Rom* (Abb. 5; Wbg 10006) und wohl auch *Wagenrennen* (Abb. 14; Wbg 10005).
[81] Künstlersignatur: „Olle Hagdahl“. Vom gleichen Künstler stammt auch das Schulwandbild *Egyptisk Gravkammare* (Wbg. 10031).
[82] s. hierzu u.a. M. Junkelmann, Hollywoods Traum von Rom und die Tradition des Monumentalfilms (Mainz 2004).
[83] Aufgrund seines ganzflächigen Bildabdruckes fehlt jegliche Bildbetitelung. Auf den einschlägigen Seiten finden sich zudem verschiedene Titel wie: „Caesar, Brand in Rom“ oder „Das brennende Rom“.
[84] so u.a. Sueton (Nero 19, 1); Plinius (nat. hist. 17, 5); Juvenal (8, 220–223); Eutropius (7, 14) etc.
[85] Ann. 15.39.
[86] Martial, Flavius Josephus und Cluvius Rufus.
[87] Spätestens seit dem Kriegsende; zuletzt: P. Vandenberg, Nero, Kaiser und Gott, Künstler und Narr (Bergisch Gladbach 2000), bes. 230; M. Fini: Nero. Zweitausend Jahre Verleumdung (Bergisch Gladbach 1997), bes. 161 f.; K. Heinz, Das Bild Kaiser Neros, bei Seneca, Tacitus, Sueton und Cassius Dio (Biel 1948).
[88] zu den Schulwandbildern s. u.a. Isings 2005 bzw. Ders. 2002.
[89] zur Person: Jan A. Niemeijer, J. H. Isings. Historieschilder en illustrator (Kampen 2000).
[90] Roman glass from dated finds (Groningen/Djakarta 1957).

LITERATUR

Abegg-Wigg 2018
A. Abegg-Wigg, Das Nydamboot und germanische Krieger in einem Schulwandbild, *Natur- und Landeskunde. Zeitschrift für Schleswig-Holstein, Hamburg und Mecklenburg 125,* Heft 10–12, 2018, 202–212.

Antoni 2018
S. Antoni, „Auf die Methode kömmt alles an". Elementarer Geschichtsunterricht im Spiegel ausgewählter Lehrwerke für die bayerischen Lehrerbildungsanstalten der Kaiserzeit (1871–1918) (Bad Heilbrunn 2018).

Apel 1997
H. J. Apel, Das Wandbild als Mittel Verstandes- und Gesinnungsbildung im Volksschulunterricht des Kaiserreiches. In: Link u.a. 1997, 219–239.

Basedow 1785
J. B. Basedow, Das Basedowische Elementarwerk. Ein Vorrath der besten Erkenntnisse zum Lernen, Lehren, Wiederholen und Nachdenken (Leipzig ^{2}1785).

Beck/Timm 2015a
E. Beck/A. Timm (Hrsg.), Mythos Germanien. Das nationalsozialistische Germanenbild in Schulunterricht und Alltag der NS-Zeit. Schriftenreihe des Westfälischen Schulmuseums Dortmund 8 (Dortmund 2015).

Beck/Timm 2015b
E. Beck/A. Timm, Das nationalsozialistische Germanenbild auf Schulwandbildern der NS-Zeit, in: Beck/Timm 2015a, 48–73.

Bibliotheka Paedagogica
Bibliotheka Paedagogica. Verzeichnis der bewährtesten und neuesten Lehrmittel für höhere, Mittlere und Elementarschulen sowie von Werkzeugen der Erziehungs- und Unterrichts-Wissenschaft. 21. Ausgabe (Leipzig 1914).

Bienzeisler 1988
A. Bienzeisler, Anschauung und Ideologie im Geschichtsbild. In: Stach/Müller 1988, 125–239.

Bonna 1996
R. Bonna, Die Erzählung in der Geschichtsmethodik von SBZ und DDR. 1. Dortmunder Arbeiten zur Schulgeschichte und zur historischen Didaktik 27.1 (Bochum 1996).

Brög 1984a
H. Brög (Hrsg.), Die weite Welt im Klassenzimmer. Schulwandbilder zwischen 1880 und 1980. Eine Ausstellung des Landschaftsverbandes Rheinland. Schriften des Rheinischen Museumamtes 29 (Köln/Bonn 1984).

Brög 1984b
H. Brög, Schulwandbilder und Lithographie – Druckverfahren zur Herstellung von Wandbildern. In: Brög 1984a, 44–52.

Donkers 2006
H. Donkers, Verdwenen Nederland. Nederland in oude schoolwandplaten (Groningen 2006).

Fijałkowski 2010
A. Fijałkowski, Vortrag zur Eröffnung der Ausstellung „Orbis Pictus. Die Welt in Bildern des Johann Amos Comenius" am 6. Mai 2010 in der BBF, Mitteilungsblatt des Förderkreises Bibliothek für Bildungsgeschichtliche Forschung e.V. 21.1, 2010, 15–21.

Fritzsch 1909
Th. Fritzsch (Hrsg.), J. B. Basedows Elementarwerk mit den Kupfertafeln Chodowieckis u.a. kritische Bearbeitung in drei Bänden. Mit Einleitungen, Anmerkungen und Anhängen ... mit ungedruckten Briefen, Portraits, Faksimiles und verschiedenen Registern (Leipzig 1909).

Hoffmann-Ocon/Metz 2010
A. Hoffmann-Ocon/P. Metz (Hrsg.), Schuljugend unter nationalem Anspruch. Bildungshistorische Untersuchungen zur schulpädagogischen Publizistik und zu visuellen Medien in der Schweiz und in Deutschland in der ersten Hälfte des 20. Jahrhunderts (Baltmannsweiler 2010).

Hohmann 1988
J. S. Hohmann (Hrsg.), Erster Weltkrieg und nationalsozialistische „Bewegung" im deutschen Lesebuch 1933–1945. Beiträge zur Geschichte des Deutschunterrichts 1 (Frankfurt a. Main 1988).

Isings 2002
J. H. Isings, De schoolplaat (Leuwarden op. 2002).

Isings 2005
J. H. Isings, De schoolplaat (Leuwarden op. 2005).

Jerrer 1829
G. L. Jerrer (Pseudonym Johann Heinrich Meynier), Die Weltgeschichte für Kinder, Vierte vermehrte und verbesserte Auflage. Mit vielen Kupfern (Nürnberg 1828).

Joerißen 1984
P. Joerißen, Der „alltägliche Faschismus" in den Schulwandbildern der Zeit des Nationalsozialismus. In: Brög 1984a, 53–59.

Koch 1992
U. Koch, Aufbau und Aufgaben einer Wandbild-Sammlung. In: P. Lang, Bild und Bildung. Beiträge zur Grundlegung einer pädagogischen Ikonologie und Ikonografie (Frankfurt am Main 1992), 355–364.

Lampe 1973
K. Lampe, Das Bild im Geschichtsunterricht. Zur Methodik, zu kognitiven und affektiven Lernzielen, Historisch-politischer Unterricht. Medien. Band 7.2. Anmerkungen und Argumente (Stuttgart 1973), 184–209.

Lehnemann 1998
W. Lehnemann, Das Schulwandbild – ein Unterrichtsmittel zwischen Schule, Wissenschaft, Kunst und Kommerz. In: Ritzi/Wiegmann 1998, 60–85.

Link u.a. 1997
J.-W. Link/H. Schmitt/F. Tosch (Hrsg.), Bilder als Quellen der Erziehungsgeschichte (Bad Heilbrunn 1997).

Lorenz 1906
H. Lorenz, Die Lehrmittel und Handarbeiten des Basedowschen Philanthropins, *Mitteilungen der Gesellschaft für die Erziehungs- und Schulgeschichte 15,* 1906, 303–332.

Müller 1984
W. Müller, Schulwandbilder als Spiegel des „Zeitgeistes"? In: Brög 1984a, 30–43.

Müller 1988a
W. Müller, Schulwandbild im Deutschunterricht zwischen 1933 und 1945. In: Hohmann 1988, 105–160.

Müller 1988b
W. Müller, Schulwandbilder einst und jetzt. In: A. Schug (Hrsg.), Die Bilderwelt im Kinderbuch. Kinder- und Jugendbücher aus fünf Jahrhunderten. Katalog zur Ausstellung der Kunst- und Museumsbibliothek und des Rheinischen Bildarchivs der Stadt Köln (Köln 1988), 137–139.

Müller 1994
W. Müller, Zur Geschichte und Bedeutung schulischer Anschauungsbilder. In: Schulmuseum Bohlenbergerfeld 1994, 9–15.

Müller 1997
W. Müller, Schulwandbilder als Quellen Schul- und bildungshistorischer Forschung. In: Link u.a. 1997, 191–217.

Müller 1998
W. Müller, Die weite Welt im Klassenzimmer. In: Ritzi/Wiegmann 1998, 12–37.

Ritzi/Wiegmann 1998
Chr. Ritzi/U. Wiegmann (Hrsg.), Zwischen Kunst und Pädagogik. Zur Geschichte des Schulwandbildes in der Schweiz und in Deutschland (Baltmannsweiler 1998).

Schenderlein 1951
E. Schenderlein, Die Ausbeutung der Sklaven. Lektionsentwurf für eine Geschichtsstunde im 5. Schuljahr, *Geschichte in der Schule,* 4. Jahrgang, Heft 11, 1951, 543–549.

Schiffler/Schneider 1999
H. Schiffler/E. Schneider, Erfreuen und Belehren. Zur Geschichte der Bildmedien im Unterricht. Eine Ausstellung aus dem Schulmuseum Ottweiler vom 1. Oktober 1999 bis 9. Januar 2000 (Ottweiler 1999).

Schulmuseum Bohlenbergerfeld 1994
Schulmuseum Bohlenbergerfeld (Hrsg.), Völkerschau im Unterricht. Schulwandbild und Kolonialismus. Sonderausstellung des Nordwestdeutschen Schulmuseums – Bohlenbergerfeld. Schriftenreihe des Nordwestdeutschen Schulmuseums – Bohlenbergerfeld 1 (Zetel 1994).

Späni 1996
M. Späni, Kunst zwischen Stuhl und Bank. Das schweizerische Schulwandbilder Werk 1935–1995 (Bern 1996).

Späni 2010
M. Späni, Die Schweizerischen Schulwandbilder in den 1930er und 1940er Jahren. In: Hoffmann-Ocon/Metz 2010, 177–194.

Stach 1984
R. Stach, Über Buchillustration und Wandbild. In: Brög 1984a, 21–29.

Stach/Müller 1988
R. Stach/W. Müller, Schulwandbilder als Spiegel des Zeitgeistes zwischen 1880 und 1980. Forschungsberichte des Landes Nordrhein-Westfalen 3229 (Opladen 1988).

Stuckart 1934
W. Stuckart, Geschichte im Geschichtsunterricht (Frankfurt a. M. 1934).

Uphoff/Velsen 2018
I. K. Uphoff/N. v. Velsen (Hrsg.), Schaubilder und Schulkarten. Von Bildern lernen im Klassenzimmer (München/London/New York 2018).

Vogel 1998
M. Vogel, In welchem Stil sollen wir malen? Künstler im Dienste der Schule zwischen Freiheit und Anpassung. In: Ritzi/Wiegmann 1998, 86–105.

Zimmer 2017
E. Zimmer, Wandbilder für die Schulpraxis. Eine historisch-kritische Analyse der Wandbildproduktion des Verlages Schulmann 1925–1987 (Bad Heilbrunn 2017).

Gab es eine römische „Außenpolitik", und welche Bedeutung hat der Limes als Grenze?

Natalie Schlirf

Der Frage, ob es eine römische „Außenpolitik" so tatsächlich gab, und welche Bedeutung der Limes dabei als Grenze hatte, soll in diesem Beitrag nachgespürt werden. Hierzu zwei einleitende Quellenpassagen:

Zunächst eine Stelle aus der Hadriansvita der Historia Augusta:

> *Per ea tempora et alias frequenter in plurimis locis, in quibus barbari non luminibus sed limitibus dividuntur, stipitibus magnis in modum muralis saepis funditus iactis atque connexis barbaros separavit*[1].

Das zweite Textzeugnis stammt aus der Germania des Tacitus:

> *Propior ut quo modo paulo ante Rhenum, si nunc Danuvium sequar, Hermundurorum civitas fida Romanis. Eoque solis Germanorum non in ripa commercium, sed penitus atque in splendidissima Raetiae provinciae colonia. Passim et sine custode transeunt*[2].

In beiden Passagen ist inhaltlich die Rede von einer Grenze, wofür im Lateinischen auch der aus der Agrimensorensprache stammende Begriff des Limes zu finden ist.

Jener Grenze, die das vermeintlich zivilisierte Imperium vom germanischen Barbaricum trennte. Der obergermanisch-rätische Limes war eine überwachte Demarkation zwischen dem Reich und den Barbaren. Keineswegs können wir in seinem Zusammenhang jedoch von einer festen und undurchlässigen Grenze sprechen. Diese Konzeption des 19. Jahrhunderts ist in der neueren Forschung unterschwellig immer noch erkennbar. Wie aber eben schon bei Tacitus zu lesen ist, entspricht diese nationalstaatliche Perspektive nicht der Realität der antiken Zeitgenossen. Können wir überhaupt trennscharf differenzieren, wo und auch wer überhaupt „Innen" und „Außen" waren?

Diese Frage soll im Folgenden in drei Schritten erörtert werden. In einem ersten Schritt wird der aktuelle Forschungsstand zu „Innen" und „Außen", soll heißen zur römischen Außenpolitik der frühen und hohen Kaiserzeit kurz dargestellt. In einem zweiten Schritt werden die Vorstellungen der antiken Zeitgenossen zu „Innen und Außen" näher beleuchtet. In einem dritten und letzten Schritt soll eine Definition des Begriffes „Außenpolitik" für die Kaiserzeit bzw. vielmehr die Betrachtungsweise einer „Politik nach außen" vorgestellt werden.

Was hat zunächst die althistorische Forschung zum Thema „römische Außenpolitik" zu sagen?

Hierzu fällt als Erstes ins Auge, dass die Forschung immer noch von „Außenpolitik" spricht. Diese ist jedoch kein antiker, sondern ein neuzeitlicher Begriff. Es gibt im Lateinischen kein entsprechendes Äquivalent zu unserem Wort. Außenpolitik im neuzeitlichen Sinn setzt Nationalstaaten voraus, die eine solche betreiben. Das Rom der Antike kennt kein Außenpolitik-Ressort, keinen Außenminister, keinen Curator exterior oder wie auch immer man ihn in Rom hätte nennen wollen. Und folglich auch kein Auswärtiges Amt. Des Weiteren kann es in einem *Imperium sine fine* keine die Beziehungen regelnden supranationalen Strukturen geben. Für Rom ist mit Ausnahme der *bellum iustum*-Theorie Ciceros keine intellektuelle Reflexion zum Aspekt Außenpolitik vorhanden!

Bei der unreflektierten Verwendung neuzeitlicher Begriffe für antike Rahmenbedingungen besteht jedoch immer die Gefahr, dass moderne Implikationen auf die Antike rückprojeziert werden. Die neuzeitliche Forschung, voll im Geiste des 19. Jahrhunderts, hat sich hier einen grundlegenden Anachronismus geschaffen. Eine Definition des Begriffes „Außenpolitik" für die Antike ist schon allein deshalb als Diskussionsgrundlage notwendig.

Beschäftigt man sich weiter mit den Theorien und Forschungsansätzen zur römischen Außenpolitik (der Außenpolitik-Begriff wird hier trotz aller Probleme zunächst auch verwendet, denn: wir haben keinen anderen), so wird man rasch feststellen, dass bisherige Ansätze hauptsächlich versuchten, die Außenpolitik über ein verbindendes Element, nämlich das territoriale, zu ergründen. Immer wieder versuchen sich die Althistoriker so an verschiedenen schematischen Einteilungen.

Es fallen Begriffe und Unterteilungen wie:

- Das römische Bürgergebiet vs. das bundesgenössische Italien vs. die Provinzen vs. die klientel- bzw. abhängigen Staaten (Ernst Baltrusch)
- Römer vs. Italiker vs. Kolonisten vs. Provinzen (Werner Dahlheim)
- Domi = Zuhause vs. Militiae = im Felde/Kriegsrechtsgebiet (Jörg Rüpke)

Es kann somit festgehalten werden, dass eine Vielzahl von Forschern sich eines territorialen Hilfskonstrukts bedient, um die römische Herrschaft greifbar zu machen. Auch unsere Atlanten bestätigen das: Ein exemplarischer Blick in die zweite Auflage des Kartenbandes des Neuen Pauly offenbart eine Karte zu den Provinzen des *Imperium Romanum* von Augustus bis Septimius Severus (s. Abb. 1). Wir befinden uns mit dem Neuen Pauly nicht im 19. Jahrhundert, sondern im forschungsgeschichtlichen Hier und Jetzt. Und wir haben für das Auge farblich schön getrennte Gebiete, klare Linien, abgegrenzte Territorien. Imperium versus Barbaricum ganz im neuzeitlich-nationalstaatlichen Denken. Jedoch, so einfach ist es leider nicht.

Eine rein territoriale Definition birgt einige Schwierigkeiten: Denn die Römer selbst hatten oft keine „eindeutige Definition". Verschiedene Begriffe wie „*Amicitia*", „*Societas*"

Abb. 1: Die Provinzen des *Imperium Romanum* von Augustus bis Septimius Severus (aus: Wittke/Olshausen/Szydlak 2012, 177).

oder gar ein „*rex socius et amicus populi Romani*" zeugen von verschieden intensiv gestuften Abhängigkeiten, der Grad der Zugehörigkeit der Klientelstaaten zum Reich variierte von Fall zu Fall.

Eine der aktuell lautesten Stimmen für die These, dass römische Innen- und Außenpolitik nicht voneinander trennbar sind, ist die Stimme Christian Wendts. Sein Argument: In der Außenpolitik war für den jeweiligen Princeps das zu gewinnen, was er für eine Legitimation und Sicherung seiner Stellung im Inneren benötigte: „Truppen, die eine zuverlässige Machtbasis darstellten, Geldmittel in enormen Umfang, persönliche *dignitas* und der entscheidende Faktor: private *clientela*"[3]. Wendt resümiert demnach, dass keine direkte einseitige Bedingtheit der „Außenpolitik" durch die „Innenpolitik" auszumachen sei, „sondern vielmehr eine bewusst betriebene Vernetzung beider Bereiche, die für die Herrschaftssicherung und die jeweilige Legitimation gleichermaßen entscheidend waren"[4]. Dem ist meines Erachtens nach zuzustimmen und des Weiteren noch anzufügen, dass der Faktor Legitimation und Repräsentation im Inneren durch Taten im Äußern durchaus nicht nur auf von Wendt bearbeitete frühe Principatszeit, sondern – man denke beispielsweise nur an die Repräsentationswirkung des Limestores in Dalkingen – auch auf die mittlere und späte Kaiserzeit zu beziehen ist.

Als letzte Stimme dafür, dass Innenpolitik und Außenpolitik etwas differenzierter betrachtet werden müssen und folglich die neuzeitlich scharfe Grenze in der Antike keinen Platz hat, soll hier noch Greg Woolf zitiert werden. Er spricht neben der Problematik der Grenzen nämlich auch die der Mentalität und Zugehörigkeit an:

> *„It is impossible to write an account of the roman empire without lapsing into writing about the „romans", as if it is obvious who should be included in that term. But it is surprisingly difficult to answer the simple question „who were the romans"? Formal answers exist, of course. If we were to apply strict legal criteria we would have to focus on Roman citizens. But the nature and composition of that group was repeatedly transformed, as rome grew from a conventional city-state into a mediterranean power composed of different kinds of imperial subjects"*[5].

Nicht nur also wo war „Innen" und „Außen", sondern auch wer: Wer wurde als zugehörig betrachtet und wer fühlte sich umgekehrt überhaupt als zugehörig?

Es sollte in diesem ersten Schritt in aller Kürze aufgezeigt werden, dass nicht nur der Begriff „Außenpolitik" an sich problematisch ist, sondern vor allem auch die Trennung zwischen dem was als Innen- und Außenpolitik zu klassifizieren ist. Die althistorische Forschung spricht von Außenpolitik, jedoch müssen wir uns dabei immer wieder klar machen, dass wir Begrifflichkeiten der Neuzeit auf die Antike übertragen. Dabei hat es die Forschung bis jetzt immer wieder an der begrifflichen Schärfe fehlen lassen.

Abb. 2: Tabula Peutingeriana, Segment 10 (aus: Rathmann 2016, 90).

In einem zweiten Schritt widmen wir uns den antiken Zeitgenossen. Wie sieht es hier mit den Konstrukten von Innen und Außen sowie den Grenzen aus?

Hier seien einführend zwei Passagen aus der Aeneis des Vergil angebracht: Kein geringerer als Juppiter spricht zu Aeneas:

> *his ego nec metas rerum nec tempora pono. Imperium sine fine dedi*[6].

und and anderer Stelle.

> *tu regere imperio populos, Romane, memento – hae tibi erunt artes – pacisque imponere morem, parcere subiectis et debellare superbos* [...][7].

Vergil formuliert (ganz im Sinne der augusteischen Politik und des damaligen Zeitgeistes) mit diesen Zeilen Roms Weltmachtanspruch und Rolle als Hüter des Völkerfriedens. Er kennt sehr wohl das Konstrukt einer räumlichen Grenze, allerdings tut ein solches der Kontinuität des römischen Weltherrschaftsanspruches keinen Abbruch. Oder anders gesagt: Ob die Frechen zu bekämpfen sind, auch jenseits des Limes, hängt ausschließlich davon ab ob sie sich unterwerfen oder nicht. Hier kann auch noch einmal die Verbindung zum Tacitus-Zitat vom Beginn dieses Beitrags gezogen werden: Die Hermunduren müssen nicht bekämpft werden, weil sie sich in der römischen Wahrnehmung schon unterworfen haben. Ergo: man kann Handel mit ihnen treiben.

Aelius Aristides wird hier noch ein wenig konkreter. Der Schriftsteller hielt Mitte des 2. Jahrhunderts n. Chr. in Rom vor Kaiser Antoninus Pius eine Lobrede, in der er die römische Herrschaft über den Mittelmeerraum als segensreich und friedensbringend feierte:

> πόλεμοι δὲ οὐδ᾽ εἰ πώποτε ἐγένοντο ἔτι πιστεύονται, ἀλλ᾽ὡς ἐν μύυων τάξει τοῖς πολλοῖς ἀκούονται, εἰ δέ που καὶ συμπλακεῖεν ἐπ᾽ ἐσχατιαῖς, οἷα εἰκός ἐν ἀρχῇ μεγάλῃ καὶ ἀμετρήτῳ παρανοίᾳ Γετῶν ἢ δυστυχίᾳ Λιβύων ἢ κακοδαιμονίᾳ τῶν περὶ τὴν ᾿Ερυθὰν θάλατταν, ἀγαθοῖς παροῦσι χρήσασθαι μὴ δυναμένων, ἀτεχνῶς ὥσπερ μῦθοι ταχέως αὐτοί τε παρῆλθον καὶ οἱ περὶ αὐτῶν λόγοι·τοσαύτη ἄρ᾽ὑμῖν εἰρήνη, κἂν πάτριον πολεμεῖν...[8].

Der Autor beschreibt hier die Herrschaft des römischen Kaisers als Zeit eines „blühenden, im Großen und Ganzen ungestörten inneren und äußeren Friedens“. Die Völker außerhalb des römischen Reiches waren demnach Barbaren, die „in der Zivilisationsgemeinschaft des Reiches nichts zu suchen hatten“ und vor denen der Kaiser seine Grenzen zu schützen hatte[9].

Jenseits vom Weltmachtanspruch eines Vergil und der gepriesenen Friedenszeit des Aelius Aristides zeigen uns Quellen wie die Historia Augusta, die Germania des Tacitus und auch das letzte hier zu erwähnende Beispiel, die Tabula Peutingeriana (s. Abb. 2), dass realiter ein Limes vorhanden war. Die Datierung der berühmtesten Weltkarte der Antike tut an dieser Stelle nichts zur Sache, entscheidend sind für die vorliegende Thematik die kaiserzeitlichen Eintragungen an der Ostgrenze des römischen Reiches Richtung Mesopotamien. Auf dem Segment 10 der *Tabula* ist die Rede von einer grundsätzlich existenten Grenze.

Niedergeschrieben haben wir hier: *Are(a)e fines romanorum*, also Gebiet an der Grenze des römischen Reiches. Außerdem steht geschrieben: *Fines exercitus syriatic(a)e et conmertium Barbaror(um)*, Grenze des syrischen Heeres und Handelsplatz mit den Barbaren! Die Antike kennt also eine Grenze jenseits eines intellektuellen Anspruches. Aber: Wie verstehen wir diese Grenze nun, die die Antike realiter wahrgenommen hat? Wie definiert sich eine Politik über den Limes hinweg vor dem Hintergrund, dass Außenpolitik und Innenpolitik nicht so trennscharf zu unterscheiden sind?

Dies soll im abschließenden dritten Schritt diskutiert werden: Basierend auf dem eben Geschilderten soll für die kaiserzeitliche Außenpolitik und eben auch die Limesdiskussion ein etwas anders gearteter Weg der Betrachtung vorgeschlagen werden. Ein Weg, der sich von dem Verständnis einer römischen Außenpolitik als „traditionellem Ressort" politischen Handelns absetzt. Es sei hier die Verwendung des Begriffes einer „Politik nach außen", vorgeschlagen (natürlich implizierend, dass die Politik vom Kaiser als Entscheidungsträger ausgeht) und diese Politik nach außen zunächst als Arbeitskategorie wie folgt definiert:

Außenpolitisches Handeln im Prinzipat war eine vom Kaiser ausgehende, mit der Innenpolitik in Verbindung stehende „Politik nach außen": Diese Politik regelte die Beziehungen Roms zu anderen Völkern und Gruppierungen und auch Personen. Die Politik nach außen beinhaltet so nicht nur den Umgang mit Völkern, die territorial außerhalb des von Rom verwalteten Imperiums lagen, sondern auch Gruppierungen die sich faktisch im Reichsgebiet befanden, sich diesem aber aus ideologischen Gründen widersetzen oder von den römischen Bürgern selbst als nicht zugehörig betrachtet wurden.

Was können wir nun also abschließend festhalten zur eingangs gestellten Frage nach der Existenz einer römischen „Außenpolitik" und der Bedeutung des Limes als Grenze? Meines Erachtens haben wir einen Anachronismus vorliegen. Die Politik des *Imperium Romanum*, und somit auch die Politik in Germanien, ist charakterisiert durch eine Sicherung nach Innen genauso wie eine wehrhafte Verteidigung nach Außen. Der Limes ist ein Grenzweg der etwas markiert, über diese Markierung hinaus kann und wird definitiv Politik betrieben.

---

[1] Hist. Aug. Hadrian 12.6, Übersetzung Hohl: „Zu jenen Zeiten wie auch sonst öfter trennte er in vielen Gegenden, in denen die Grenze gegen die Barbaren nicht durch Flüsse, sondern durch künstliche Sperren gebildet wird, die Barbaren vom Reichsgebiet durch ein System von großen Pfählen, die nach Art eines mauerähnlichen Geheges tief eingerammt und miteinander verbunden wurden."

[2] Tac. Germ. 41.1, Übersetzung Perl: „Dieser Teil nun der Sueben erstreckt sich bis in die entlegeneren Gebiete Germaniens. (Aber) näher bei uns – um, wie kurz vorher dem Rhein, so jetzt der Donau zu folgen – liegt die Stammesgemeinschaft der Hermunduren, die den Römern treu ergeben ist. Deshalb also ist ihnen als einzigen Germanen erlaubt, nicht nur am Donauufer Handel zu treiben, sondern auch im Inneren und sogar in der prächtigen Hauptstadt der Provinz Rätien. Nach Belieben dürfen sie ohne Überwachung herüberkommen. [...]"

[3] Wendt 2008, 104.

[4] Wendt 2008, 188.

[5] Woolf 2012, 219.

[6] Verg. Aen. 1.278 f., Übersetzung Fink: „Keine Grenzen in Zeiten und Räumen setze ich diesen [den Römern]. Herrschaft ohne Ende habe ich ihnen verliehen."

[7] Verg. Aen. 6.851 ff., Übersetzung Fink: „Römer! Gedenke du – denn solches ist deine Berufung – Völkern mit Macht zu gebieten und friedliche Ordnung zu stiften, Unterworfene zu schonen und niederzuringen die Frechen [...]."

[8] Ael. Arist. Or. 26.70-71, Übersetzung Klein: „[...] Wenn aber einmal irgendwo an den Grenzen Kriege aufflammten wie es in einem unermesslich großem Reich natürlich ist angesichts der Tollheit der Daker, der misslichen Lage der Libyer oder des Elends der Völker am Roten Meer, die unfähig sind, die Segnungen der Gegenwart zu genießen, dann verschwanden die Kriege rasch wieder ganz wie Mythen [...]. So groß ist der Friede, den ihr jetzt habt, obwohl das Kriegführen bei euch Tradition ist [...]."

[9] Schmitt 1997, 32 f.

LITERATUR

Rathmann 2016
M. Rathmann, Die Tabula Peutingeriana. Die einzige Weltkarte aus der Antike (Darmstadt 2016).

Schmitt 1997
M. T. Schmitt, Die römische Außenpolitik des 2. Jahrhunderts nach Christus. Friedenssicherung oder Expansion? (Stuttgart 1997).

Wendt 2008
Chr. Wendt, Sine fine. Die Entwicklung der römischen Außenpolitik von der späten Republik bis in den frühen Prinzipat (Berlin 2008).

Wittke/Olshausen/Szydlak 2012
A. Wittke/E. Olshausen/R. Szydlak (Hrsg.), Historischer Atlas der antiken Welt (Stuttgart 2012).

Woolf 2012
G. Woolf, Rome. An Empire's Story (Oxford 2012).

Die Statthalterschaft in Raetien als Karrierestufe der ritterlichen Laufbahn im 1. und 2. Jahrhundert

Felix Guffler

Schon lange ist bekannt, dass in der hohen Kaiserzeit ein mehr oder weniger geregeltes Versetzungsschema für ritterliche Prokuratoren eingehalten wurde[1]. Dabei wurden vor allem die Soldstufen als maßgeblich für eine Beförderung angesehen: Einer Provinz war immer eine Gehaltsstufe zugeordnet; eine höhere Gehaltsstufe bedeutete eine Beförderung[2]. Seit einigen Jahren haben sich darüber hinaus die Erkenntnisse zu den Provinzstatthaltern deutlich erweitert; besonders Raetien profitiert in dieser Hinsicht von regelmäßigen Funden von Militärdiplomen[3]. Dadurch haben die Informationen über die raetischen Statthalter in den letzten Jahren deutlich zugenommen[4], sodass sich das bisherige Bild deutlich schärfer nachzeichnen lässt[5].

Zu den Karrieren der raetischen Statthalter ergibt sich bisher folgender Befund: Belegt sind namentlich (meist vollständig) 23 Prokuratoren, die von 69 bis ca. 167 n. Chr. in Raetien amtierten[6]. Von 5 dieser Prokuratoren (C. Velius Rufus, Q. Baienus Blassianus, T. Varius Clemens, Sex. Baius Pudens, T. Desticius Severus) lässt sich die gesamte Laufbahn rekonstruieren. Darüber hinaus sind vier weitere Karrieren von Statthaltern (T. Flavius Norbanus, L. Cornelius Latinianus, M. Sempronius Liberalis, Ulpius Victor) zumindest teilweise bekannt[7]. Damit lässt sich über knapp 40% aller identifizierbaren Statthalter eine Aussage zu deren Laufbahn treffen.

Betrachtet man die Karrieren dieser Männer, so kommt die Frage auf, zu welchem Zeitpunkt der Karriereleiter der ritterlichen Laufbahn die Prokuratur in Raetien stand und aufgrund welcher Qualifikationen diese Ritter mit der Verwaltung der Provinz beauftragt wurden[8]. Grundsätzlich war das Wohlwollen des Kaisers hierbei Voraussetzung, da ein Prokurator Teil der kaiserlichen Administration war[9]. In der Regel richtete sich die Beförderung und Versetzung von Prokuratoren dann nach der Gehaltsstufe einer Prokuratur, diese Gehaltsstufen unterschieden sich nach 60.000, 100.000, 200.000 und später 300.000 Sesterzen an jährlichem Einkommen[10]. Versetzungen innerhalb derselben oder in eine höhere Gehaltsstufe waren üblich, wodurch auch, aufgrund der geringen Postenzahl in der Hohen Kaiserzeit, die Beförderungsstrukturen häufig nahezu festgeschrieben waren.

Doch darüber hinaus lassen sich weitere Muster erkennen, besonders bei Versetzungen innerhalb derselben Gehaltsstufe. Hier müssen andere Erklärungen greifen, wie beispielsweise das Prestige einer Provinz oder Erfahrungen, die der Kandidat vorher gesammelt hatte. Diese Erfahrungen sollen nachfolgend bei den raetischen Prokuratoren aufgeschlüsselt werden. Dadurch lassen sich Vorstufen zur Prokuratur in Raetien herausarbeiten und Gründe festhalten, die für die Besetzung dieser Stelle mit der entsprechenden Person sprachen.

NORDAFRIKA ALS VORSTUFE

Die enge Verbindung zwischen den Nord- und den afrikanischen Provinzen stellte bereits Herbert Devijver fest[11]. Unter den raetischen Prokuratoren lassen sich fünf identifizieren, die mittel- und unmittelbar vor oder nach der Position in Raetien in Mauretanien eingesetzt waren: C. Velius Rufus, M. Sempronius Liberalis, Q. Baienus Blassianus, T. Varius Clemens sowie Sex. Baius Pudens, der anschließend an Raetien in der *Mauretania Caesarensis* eingesetzt wurde.

Aus neuen Erkenntnissen zur Regierung des Antoninus Pius muss diese Verbindung in einem neuen Licht gesehen werden. Diese Zeit war von deutlich mehr kriegerischen Auseinandersetzungen innerhalb des Reiches geprägt, als bislang angenommen[12]. Sowohl für Raetien als auch für Nordafrika (und weitere Teile des Römischen Reiches) sind Unruhen und Rebellionen von indigenen Stämmen gegen die römische Herrschaft belegt, die einen hohen militärischen Aufwand für das Imperium bedeuteten. Dies hatte Abkommandierungen und Truppenvexillationen in die betroffenen Gebiete zur Folge, da die lokalen Einheiten und deren Kommandeure große Probleme hatten, die Ordnung in den Provinzen zu erhalten oder wiederherzustellen. Bei M. Sempronius Liberalis, Q. Baienus Blassianus und T. Varius Clemens (und vice versa bei Sex. Baius Pudens) lassen sich Truppenkommandos nachweisen, die in direkter Verbindung zu den Unruhen in den nordafrikanischen Provinzen stehen. Nach einer gewissen Zeit wurden sie dann nach Raetien versetzt, um dort als Statthalter zu amtieren.

Da von den oben genannten Prokuratoren die meisten während der Herrschaft des Antoninus Pius in Raetien dienten, dürfen die zeitgeschichtlichen Zusammenhänge nicht unberücksichtigt bleiben. Doch die Karriere des C. Velius Rufus verlief etwa 50 Jahre früher unter ganz ähnlichen Voraussetzungen: Auch er führte Truppen gegen Einheimische in Mauretanien und wurde, nachdem er sich anschließend während der Dakerkriege Domitians ausgezeichnet hatte, nach Raetien versetzt[13]. Diese Parallele zeigt, dass die Zeit des Antoninus Pius unter diesem Gesichtspunkt keine Ausnahme war. Gerade nordafrikanische Provinzen boten sich in einigen Fällen während der ritterlichen Laufbahn offensichtlich zur militärischen Auszeichnung an und die nachfolgende Prokuratur der entsprechenden Personen war oft die Provinz Raetien.

Ein Problem, das mit dieser Interpretation zusammenhängt, ist die Häufung der afrikanischen Quellen in Unruhezeiten. Die Frage, ob es nicht Karrieren gab, bei denen die betreffende Person nach Raetien versetzt wurde, obwohl sie sich in Afrika *nicht* ausgezeichnet hatte, kann nicht abschließend beantwortet werden. Es sind jedoch auch andere Karrieren raetischer Prokuratoren bekannt, bei denen bislang keine Verbindung zu Nordafrika nachweisbar ist, die nach der Prokuratur in Raetien dennoch überaus erfolgreich verliefen, z.B. diejenigen von T. Desticius Severus, T. Flavius Norbanus und Ulpius Victor. Das bedeutet, dass selbst wenn bei diesen Statthaltern kein afrikanisches Kommando nachgewiesen werden kann, nur Kandidaten zum Statthalter in Raetien ernannt wurden, deren Tüchtigkeit belegt war, da sie nach der raetischen Statthalterschaft auf ein noch bedeutenderes Amt befördert wurden. Raetien war demnach nicht der Endpunkt in der Laufbahn derjenigen, die sich nicht in Afrika ausgezeichnet hatten, vielmehr war die Auszeichnung der Person in Nordafrika eine besonders günstige Voraussetzung, sich für die Prokuratur in Raetien zu empfehlen.

Diese Verbindung zwischen den Reichsgebieten lässt sich aus administrativen Motiven erklären. Die Prokuratur in den beiden Mauretanien war eine *ducenare* Stelle, ebenso die Prokuratur in Raetien. Während der Adoptivkaiser und Antoninen war die Anzahl von ritterlich verwalteten Provinzen relativ gering. Sie sank von Trajans Herrschaft bis zur Herrschaft des Markus Aurelius von neun auf sieben[14], da Raetien und *Noricum* durch die Stationierung von Legionen unter Marcus Aurelius zu senatorisch verwalteten Provinzen hochgestuft wurden. Bis dahin war jedoch ein gewisses Ungleichgewicht in der symbolischen Rangfolge der Provinzen vorhanden: Die Präfekturen beider Mauretanien befanden sich als *ducenare* Stellen auf derselben Stufe wie Raetien und *Noricum*, darüber stand der Präfekt von Ägypten. Die Alpenprovinzen sowie Epirus waren lediglich *centenare* Stellen, sie standen in der Rangfolge hinter den erstgenannten. Demnach war ein Austausch zwischen den Mauretanien und Raetien (und *Noricum*) logisch, doch es ist frappierend, dass die Verbindungen stets von Nordafrika in die Nordprovinzen führen. Bislang ist kein Fall eines Prokurators bekannt, der von Raetien oder *Noricum* nach Mauretanien versetzt wurde, als die Statthalterschaften dieser Provinzen *ducenare* Stellen waren[15].

Die Abweichung der Karriere des Sex. Baius Pudens von diesem System lässt sich mit einer Zurückstufung der Prokuraturen in *Noricum* und Raetien zu *centenaren* Stellen unter

Name	Kommando in Nordafrika	*procurator Raetiae*
C. Velius Rufus	*dux exercitus Africi et Mauretanici ad nationes, quae sunt in Mauretania, comprimendas* 85 oder 86 n. Chr.	93/94 n. Chr.
M. Sempronius Liberalis	*praefectus alae Taurianae civium romanorum* ca. 129–131 n. Chr.	139–140 n. Chr.
Q. Baienus Blassianus	*procurator Mauretaniae Tingitanae* um 153 n. Chr.	154–156 n. Chr.
T. Varius Clemens	*praefectus auxiliorum in Mauretaniam Tingitanam ex Hispania missorum* nach 145 n. Chr. *praefectus equitum alae Britannicae miliariae* bis 148 n. Chr. *procurator Mauretaniae Caesariensis* 151/2–156 n. Chr.	156/157 n. Chr.
Sex. Baius Pudens	*procurator Mauretaniae Caesariensis* 166 oder 168 n. Chr.	163/166 n. Chr.

Tab. 1: Raetische Prokuratoren mit einem belegten Kommando in Nordafrika.

Name	Prokuratur/Kommando in Nordprovinz	*procurator Raetiae*
T. Flavius Norbanus	Procurator (*Germaniae inferioris bzw. superioris* oder *Britanniae*)	85–89 n. Chr.
C. Velius Rufus	*Procurator augusti Pannoniae et Dalmatiae* 90 n. Chr.	93/94 n. Chr.
L. Cornelius Latinianus	*Procurator Moesiae inferioris* ab 105 n. Chr.	113 n. Chr.
Q. Baienus Blassianus	*praefectus classis Britannicae* 140er Jahre	154/5–156/7 n. Chr.
T. Varius Clemens	*praefectus cohortis II Gallorum Macedonicae* *praefectus Alae II Pannoniorum*	156/157 n. Chr.
Sex. Baius Pudens	*Procurator Norici* bis 163 n. Chr.	163/164 n. Chr.
T. Desticius Severus	*Procurator Daciae superioris*	166 n. Chr.

Tab. 2: Raetische Prokuratoren mit einem belegten Kommando in einer Nord- bzw. Donauprovinz.

Marcus Aurelius erklären[16]. Den Gehaltsstufen muss zwar weiterhin eine herausragende Bedeutung eingeräumt werden, wenn Laufbahnen analysiert werden. Doch darüber hinaus gibt es weitere einflussreiche Faktoren. Die nördliche Richtung der Versetzungen lässt sich aus strukturellen Gemeinsamkeiten erklären. Bei beiden Regionen handelte es sich um legionsfreie und damit prokonsularisch verwaltete Grenzprovinzen[17]. Die Kommandeure befehligten Auxiliartruppen und hatten vor allem Erfahrung im Umgang mit kleineren Truppenverbänden[18]. Außerdem waren die urbanen Strukturen in den Provinzen ähnlich spärlich ausgeprägt und das Hinterland nur sehr dünn besiedelt[19]. Die Gründe, warum Raetien in der Karriereleiter der Prokuratoren stets nach den Mauretanien folgte, dürfen in der Geographie dieser Provinz und ihrer Verortung im Imperium angenommen werden: So befand sich Raetien geographisch näher an Italien, dort wurden die Alpen verteidigt, die als Schutzwälle Roms galten[20]. Auch die militärisch wichtigen Verkehrswege von Ost nach West führten durch Raetien und verliehen der Provinz eine wesentlich höhere geographische Relevanz gegenüber dem nordafrikanischen Hinterland[21]. Unruhen in Raetien, wie sie ja dann auch in geringem Rahmen belegt sind, hatten ein deutlich höheres Krisenpotential als in Nordafrika. Ersichtlich ist dies auch an der Tatsache, dass trotz jahrelanger Militäreinsätze und Abkommandierungen in Mauretanien dort kein Legionsstandort errichtet wurde, während in Raetien hingegen im Zuge der Markomannenkriege die *legio III Italica* stationiert wurde.

NORDPROVINZEN ALS VORSTUFE

Auch aus anderen nördlichen Grenzprovinzen lassen sich Vorerfahrungen der raetischen Prokuratoren rekonstruieren. C. Velius Rufus war in den frühen 90er Jahren *procurator augusti Pannoniae et Dalmatiae*, L. Cornelius Latinianus hatte 105 das Amt des *procurator Moesiae inferioris* inne, Sex. Baius Pudens bekleidete in den frühen 160er Jahren die Stelle des *procurator Norici* (und war damit auch Provinzstatthalter) und T. Desticius Severus wurde um 160 die Prokuratur der *Dacia superior* anvertraut.

Die angegebenen Prokuratoren waren mit Ausnahme des *procurator Norici* sämtlich Finanzprokuratoren und alle in Donauprovinzen aktiv. In diesen Grenzregionen waren Legionen stationiert, sie wurden von einem senatorischen *legatus Augusti* verwaltet. Die Prokuratoren waren für Verwaltungs- und Steuerangelegenheiten zuständig und bereisten regelmäßig ihre Provinz[22]. Von den raetischen Prokuratoren ist bislang kein einziger bekannt, von dem man sicher sagen kann, dass er zuvor *keine* (Finanz-)Prokuratur in einer Donauprovinz innegehabt hatte. Weitere Anhaltspunkte erhärten das Argument: Alle bekannten vollständigen Karrieren und einige der lückenhaften zeigen, dass jeder raetische Prokurator, wenn er nicht das Amt eines Finanzprokurators in einer Donauprovinz innegehabt hatte, zumindest aus seinen *tres militiae* die Strukturen der Donauprovinzen kannte[23]. Die Ausnahmen hierfür, bei denen die gesamte Laufbahn bekannt ist, sind T. Varius Clemens und Q. Baienus Blassianus, die jedoch als Flottenkommandeure in Britannien stationiert gewesen waren, ebenso wie vermutlich T. Flavius Norbanus. Clemens war immerhin während seiner *tres militiae* zweimal in Dakien stationiert gewesen, darüber hinaus hatte er einen Großteil seiner Karriere in Nordafrika verbracht.

Daraus ergibt sich, dass wohl jeder Prokurator vor seiner Amtsübernahme in Raetien ein militärisches Kommando in einer Nordprovinz innegehabt hatte. In der Regel hatten die Prokuratoren zudem bereits Erfahrung mit der finanziellen Verwaltung von Provinzen, meist sogar von Donauprovinzen, bevor sie nach Raetien kamen. Anhand des aktuellen Informationsstandes lässt sich damit festhalten, dass in Raetien als Prokuratoren nur Ritter eingesetzt wurden, die militärische oder verwaltungstechnische Erfahrungen in einer Nordprovinz vorweisen konnten.

ERGEBNIS

Aus den oben ausgeführten Überlegungen lassen sich gewisse Voraussetzungen herausarbeiten, die ein Ritter aufweisen musste, um für das Amt des *procurator Raetiae* geeignet zu erscheinen. Grundsätzlich wurden dieser Provinz erfahrene Männer eingesetzt, die sich mit der Verwaltung und den militärischen Gegebenheiten in Grenzprovinzen auskannten[24]. Darüber hinaus sind häufig Kriegseinsätze sowie vorhergehende Kommandos in unruhigen Provinzen bei den einzelnen Prokuratoren nachweisbar. Sowohl in der Finanzprokuratur in einer Nordprovinz als auch in der Prokuratur in einem der beiden Mauretanien können daher die Vorstufen zur Prokuratur in Raetien während der Hohen Kaiserzeit ausgemacht werden. Neben der üblichen Abfolge der Gehaltsstufen ist dies ein weiterer Faktor für die Versetzung eines Ritters als Statthalter nach Raetien. Für diesen Posten wurde eine gezielte Auswahl getroffen, die sich aus persönlicher Erfahrung und Vorkenntnissen des einzelnen Ritters begründet.

---

1 Vgl. Pflaum 1950, 296, dagegen Saller 1980, 57–58; Brunt 1983, 42. Zu den Soldstufen, die als Kriterium für geregelte Beförderungen gelten Demougin 2001, 32. Zu den Beförderungskriterien der senatorischen Statthalter: Eck 1974. Letztendlich maßgeblich für die Versetzung der Procuratoren: Devijver 1981.

2 Vgl. Pflaum 1974, 55–60; Demougin 2001, 32.

3 Vgl. Steidl 2014, hier 82–86 zur Übersicht.

4 Die komplexeste und ausführlichste aktuelle Sammlung der raetischen Prokuratoren findet sich bislang bei Faoro 2011, 261–279.

5 Ebenfalls bestätigt: Bermúdez Lorenzo 2014, 140: „Se observa que las procuratelas-gobierno en Mauretania Tingitana y en Mauretania Caesariensis se llevan a cabo siempre justo antes o después que la de Raetia, siempre consecutivamente: son los casos de Quintus Balenus Blassianus, Titus Varius Clemens, Titus Varius Priscus y Sextus Baius Pudens. En el caso específico de Sextus Baius Pudens además se enlazan consecutivamente éstas dos con la procuratela en *Noricum*." Beachtet werden muss hierbei, dass bei Titus Varius Priscus die Karrierestufe des Statthalters von Raetien entsprechend

dem hier vorgestellten Schema ergänzt werden muss und daher nicht als Ausgangspunkt der Überlegungen dienen darf.

[6] Ich folge hier der Anordnung und Interpretation bei Faoro 2011, 261–279 und muss jedoch noch den einmal belegten Prokurator L. Titulenus (CIL XI, 6221) anmerken, den Faoro zu vergessen haben scheint (in seinem Aufsatz von 2007 ist er erhalten, vgl. Faoro 2008, 27, Nr. 20). Andererseits ignoriere ich in diesem Zusammenhang die unklaren Positionen und Ämter der eventuellen Statthalter aus der Frühzeit der Provinz: C. Vibius Pansa, Q. Octavius Sagitta und Sex. Pedius Lusianus Hirrutus, zu ihnen vgl. Winkler 1971, 50–53. Darüber hinaus lasse ich der Korrektheit wegen auch T. Varius Priscus aus meinen Überlegungen heraus, da für diesen die Statthalterschaft in Raetien nur aus dem Kontext seiner Karriere erschlossen ist, diese jedoch explizit nicht überliefert ist, vgl. Šašel 1983, 176. Aus meinen nachfolgenden Überlegungen ergibt sich dann allerdings, dass Varius Priscus mit sehr hoher Wahrscheinlichkeit Prokurator in Raetien war, wie bislang aufgrund der Annahmen Šašels in der Forschung auch nicht bezweifelt worden war.

[7] Fronto beziehe ich in diesen Überlegungen ebenfalls nicht mit ein, da er nicht eindeutig mit dem misenensischen Flottenkommandanten des Jahres 129 identifiziert werden kann, vgl. zur Diskussion Wolff 1993, 18.

[8] Ganz grundsätzlich zu diesem Thema im gesamten römischen Reich vgl. Saller 1980.

[9] Vgl. Eck 2001. Dieses Verhältnis lässt sich immer wieder in Loyalitätsbekundungen von Statthaltern fassen, wie beispielsweise auch in einer überlieferten Aussage des ehemaligen raetischen Prokuratos Marcus Sempronius Liberalis, der als Statthalter von Ägypten die Position des Antoninus Pius zu stärken suchte: „Not only to the deified Hadrian but also to his son, our lord, this seemed good. Yet these decisions are made in accordance with the mind and character of those who are on each occasion in charge of the prefect's office, and in accordance with the particular state of affairs. For the edicts stand firm, and are unshakeable, and I suppose that this principle is observed by all: to transgress the edicts is of the same gravity as to commit outrage or homicide." P. Mich. Inv. 2964 v., 21–28 = SB 10967: Vgl. Pearl 1970, 277.

[10] Vgl. Pflaum 1950 und ders. 1974.

[11] Vgl. Devijver 1981.

[12] Vgl. Speidel 2017, 258 und 261.

[13] Vgl. AE 1903, 368 = ILS 9200 = HD031653 = TM 198620: *duci exercitus Africi et Mauretanici ad nationes quae sunt in Mauretania comprimendas.*

[14] Vgl. Eck 1995, 327. Es handelt sich hierbei um *Mauretania Caesarensis, Mauretania Tingitana, Raetia, Noricum, Aegyptus, Epirus, Alpes Maritimae, Alpes Cottiae, Alpes Graiae et Poeninae.*

[15] Vgl. Magioncalda 1989, 124–154.

[16] Vgl. Pflaum 1974, 28.

[17] Zu den Legionsstandorten als Überblick vgl. Parker 1971, 118–168.

[18] Zu strukturellen Gemeinsamkeiten in dieser Hinsicht vgl. Farkas 2011, 191.

[19] Zu Raetien und den Nordprovinzen: Pazmany 2019, 197–200 und zu den Mauretanien: Stone 2014.

[20] Plin. Nat. hist. 3,31 und 12,5; Liv. 21,35 und Herodian. 8,1,5. Vgl. Winckler 2012, 149–150.

[21] Zu den Verkehrswegen vgl. Steidl 2016.

[22] Vgl. Eck 2001, 163.

[23] Über T. Flavius Norbanus lässt sich in dieser Hinsicht bislang keine Aussage treffen. Ulpius Victor wurde im Anschluss an die Prokuratur in Raetien Prokurator in *Noricum*. Bei M. Sempronius Liberalis liegt ein entsprechender Zusammenhang sehr nahe, vgl. auch Jördens 1997, 521.

[24] Zu den ähnlichen Aufgaben und Erfahrungen innerhalb der Provinzen vgl. beispielsweise die Instandsetzungen des Baius Pudens sowohl im Kastell Aalen (AE 1986, 528 = AE 1989, 579 = HD002865 = TM 216550) in Raetien als auch im *Castrum Tigava* (CIL VIII, 20834 = ILS 6885 = AE 1948, 132 = HD021723 = TM 203989) in der *Mauretania Caesariensis.*

LITERATUR

Bermúdez Lorenzo 2014
J. M. Bermúdez Lorenzo, Una provincia romana di frontiera: L'amministrazione della Raetia (Diss. Bologna 2014).

Brunt 1983
P.A. Brunt, Princeps and Equites, *The Journal of Roman Studies* 73,1983, 42–75.

Demougin 2001
S. Demougin, Considération sur l'avancement dans les carrières procuratoriennes équestres. In: Lucas de Blois (Hrsg.), Administration, Prosopography and Appointment Policies in the Roman Empire. Proceedings of the First Workshop of the International Network. Impact of Empire (Roman Empire, 27 B.C.-A.D. 406) (Amsterdam 2001), 24–34.

Devijver 1981
H. Devijver, Eine neue Inschrift aus Klosterneuburg und das afrikanische Versetzungsschema für Ritteroffiziere, *Zeitschrift für Papyrologie und Epigraphik* 43, 1981, 111–124.

Eck 1974
W. Eck, Beförderungskriterien innerhalb der senatorischen Laufbahn, dargestellt an der Zeit von 69 bis 138 n. Chr. In: Hildegard Temporini (Hrsg.): Politische Geschichte 1, ANRW II.1 (Berlin/New York 1974), 158–228.

Eck 1995
W. Eck, Die Verwaltung des Römischen Reiches in der Hohen Kaiserzeit. Ausgewählte und erweiterte Beiträge, Arbeiten zur römischen Epigraphik und Altertumskunde 1 (Basel 1995).

Eck 2001
W. Eck, s.v. Procurator. In: DNP 10, 2001.

Faoro 2008
D. Faoro, Neues zu den ritterlichen Fasten der Statthalter Rätiens, *Bayerische Vorgeschichtsblätter* 73, 2008, 5–28.

Faoro 2011
D. Faoro, Praefectus, procurator, praeses. Genesi delle cariche presidiali equestri nell'Alto Impero Romano (Florenz 2011).

Farkas 2011
I. G. Farkas, La partecipazione delle truppe del limes Danubiano nella spedizione di Antonino Pio contro i Mauri, *Quaderni Friuliani di Archeologia 21*, 2011, 189–195.

Jördens 1997
A. Jördens, Ein Erlass des Präfekten Sempronius Liberalis zur Steuererhebung. In: Bärbel Kramer (Hrsg.), Akten des 21. Internationalen Papyrologenkongresses. Berlin, 13.–19.8.1995 (Stuttgart 1997), 511–524.

Magioncalda 1989
A. Magioncalda, I procuratori-governatori delle due Mauretaniae: un profilo (titolatura e carriere). In: Michel Christol/Dies. (Hrsg.), Studi sui procuratori delle due Mauretaniae. Pubblicazioni del Dipartimento di Storia dell'Università degli Studi di Sassari 13 (Sassari 1989), 9–154.

Parker 1971
H. M. D. Parker, The Roman Legions (Bath 1971).

Pazmany 2019
K. Pazmany, Between Mountains and Frontiers. The Roman settlement system in the provinces of Germania Superior, Raetia and *Noricum* (Diss. Leiden 2019).

Pearl 1970
O. M. Pearl, Excerpts from the Minutes of Judicial Proceedings: P. Mich. Inv. 2964 verso, *Zeitschrift für Papyrologie und Epigraphik 6*, 1970, 271–277.

Pflaum 1950
H. G. Pflaum, Les procurateurs équestres sous le Haut-Empire romain (Paris 1950).

Pflaum 1974
H. G. Pflaum, Abrégé des procurateurs équestres (Paris 1974).

Saller 1980
R. P. Saller, Promotion and Patronage in Equestrian Careers, *Journal of Roman Studies 70*, 1980, 44–63.

Šašel 1983
J. Šašel, [ ]arius [ ]iscus, Celeiensis, *Zeitschrift für Papyrologie und Epigraphik 52*, 1983, 175–182.

Speidel 2017
M. Speidel, Antoninus Pius, das Militär und der Krieg. Epigraphische Korrekturen zur literarischen Überlieferung. In: Christoph Michels/Peter Franz Mittag (Hrsg.), Jenseits des Narrativs. Antoninus Pius in den nicht-literarischen Quellen (Stuttgart 2017), 255–269.

Steidl 2014
B. Steidl, ... civitatem dedit et conubium ... Acht neue Militärdiplomfragmente aus Raetien, *Bayerische Vorgeschichtsblätter 79*, 2014, 61–86.

Steidl 2016
B. Steidl, Einige Aspekte zur Verkehrsinfrastruktur und zu den Vici in Raetien. In: Mathias Pfeil (Hrsg.), Römische Vici und Verkehrsinfrastruktur in Raetien und *Noricum*. Colloquium Bedaium Seebruck, 26.–28. März 2015. Schriftenreihe des Bayerischen Landesamtes für Denkmalpflege 15 (München 2016), 68–83.

Stone 2014
D. L. Stone, Africa in the Roman Empire: Connectivity, the Economy, and Artificial Port Structures, *American Journal of Archaeology 118,4*, 2014, 565–600.

Winckler 2012
K. Winckler, Die Alpen als Grenze und Grenzen in den Alpen, *Archaeologia Austriaca 96*, 2012, 147–161.

Winkler 1971
G. Winkler, Die Statthalter der römischen Provinz Rätien unter dem Prinzipat, *Bayerische Vorgeschichtsblätter 36*, 1971, 50–101.

Wolff 1993
H. Wolff, Ein neues raetisches Auxiliardiplom des Jahres 116 n. Chr. aus Künzing, *Ostbairische Grenzmarken 35*, 1993, 11–21.

Mercurius, Minerva und Apollo: Überlegungen zu der „raetischen Trias"*

Aura Piccioni

EINLEITUNG

Dieser Beitrag beschäftigt sich mit einem Thema der provinzialrömischen Religion, und zwar die unübliche Kombination von drei „anscheinend" römischen Gottheiten – Merkur, Minerva und Apollo –, bisher als „typisch raetisch" bezeichnet. Aber diese, für das römische Pantheon unübliche göttliche Trias, scheint durch ikonographische und epigraphische Zeugnisse sowohl in Raetien und vielmehr in Obergermanien bewiesen zu sein[1].

Bisher wurde nämlich vermutet, dass die Legionenbewegungen zu der Verbreitung des Kultes einer solchen Trias beigetragen haben, wie wahrscheinlich die Truppenbewegungen zwischen den Provinzen Obergermanien und Raetien zeigen könnten; aber, m.E., scheint diese Verbreitung und Beliebtheit der Trias vielmehr ein Phänomen zu sein, das in den keltischen Bevölkerungen seinen Ursprung finden kann und dann eine Verbreitung „von Unten", vom Substrat der Einheimischen, eher als „von Oben", vom Heer, kennt. Außerdem ist es nicht möglich, zu bestimmen, ob dieser Kult seinen Ursprung in Raetien oder Obergermanien hatte; man kann einfach behaupten, dass zu der Entstehung dieser Trias die keltische, einheimische Religion, mit aller Wahrscheinlichkeit, beigetragen hat, welche ihre Gottheiten als „römische" verkleiden und verschiedene Funktionen in demselben Bereich – durch den Filter der *Interpretatio Romana* – der einzelnen göttlichen Figuren der Trias zuschreiben musste.

Was nun folgt, ist eine Vorstellung der Beweise für diese Trias und die Angabe der Fundorte, der Vergleich zwischen den raetischen und obergermanischen Befunden und der Versuch, zu den Wurzeln einer solchen Trias zu gelangen.

Dieser Vortrag gliedert sich also in fünf Teile: Eine Einleitung, mit welcher die Fragestellung erläutert wird; zwei zentrale Teile, die sich auf die Analyse der archäologischen Beweise aus Raetien und Obergermanien für die oben genannte Trias fokussieren; ein Teil über die möglichen Deutungen der Trias und, abschließend, ein Fazit und kurzer Ausblick.

Aus den antiken Schriftquellen (wie z.B. Cäsar) erfährt man, dass die nach der *Interpretatio Romana* mit lateinischen Namen bezeichneten, wichtigsten keltischen Hauptgottheiten Merkur, Apollo, Mars, Jupiter und Minerva waren[2]. Die obergermanisch-raetische Realität scheint jedoch zu vermitteln, dass aus dem keltisch-römischen Synkretismus sozusagen besondere „römische" Gottheiten mit „keltischen" Funktionen (oder religiösem Hintergrund) stammen.

Merkur galt als Hauptgott bei den Kelten, wobei er Handels- und Gelderwerbsschutzfunktionen erfüllte, wie auch die Häufigkeit der Weihungen zu seiner Ehre bestätigt (wobei sie in Obergermanien jenen von Jupiter gleichen)[3]. Bemerkenswert ist, dass sich mit seinen Attributen (dem Schlangenstab und dem Geldbeutel) eine perfekte Assimilation des eventuellen einheimischen Gottes an Merkur selbst ergibt[4]. Bei ihm und Apollo können auch die Beinamen als eine Erläuterung der Eigenschaften des neuen Gottes für die Einheimischen gelten, bei denen allerdings oft einige übliche Funktionen der Gottheiten in der griechisch-römischen Religion – wie z.B. die Rolle von Merkur als Seelenbegleiter in die Unterwelt – nicht belegt sind[5].

Die Hauptfrage dieses Beitrags ist somit, welche Bedeutung die Kombination von Merkur, Apollo und Minerva hätte: Befindet sich Minerva – wie man in Kürze sehen wird – in der Mitte der bildlichen Darstellung aus einem besonderen Grund? Soll man sie als die Hauptgottheit der Trias berücksichtigen? Oder verkörpert sie eher eine Gemahlin von Merkur, wie es uns schon durch andere Beispiele (z.B. Rosmerta) bekannt ist und wie es in einigen Fällen (z.B. bei der Jupitersäule aus Alzey in Obergermanien[6]) von den Forschern vermutet wurde? Soll man eine Übernahme der Attribute durch den göttlichen Partner im Falle der Trias vermuten, wie es typisch für die nordwestlichen Provinzen des Römischen Reiches zu sein scheint[7]?

BEWEISE AUS RAETIEN

Zwei silberne Votivbleche (Abb. 1–2) aus dem reichen Schatzfund der bayerischen Stadt Weißenburg zeigen eine in dem römischen Pantheon unübliche Göttertrias: Nämlich, statt der durch Jupiter, Juno und Minerva gebildeten, Capitolinischen Trias, entsprach jene aus Merkur, Minerva und Apollo bestehende Trias wahrscheinlich einer nicht näher bestimmbaren, einheimischen göttlichen Kombination[8].

Im Hauptteil des ersten silbernen Votivreliefs (RömerMuseum Weißenburg, Inv. 1981, 4364. Kat.Nr. 1; Abb. 1), unter dem Giebel, befinden sich, mit kleinen Abweichungen untereinander, drei Figuren. Auf dem ersten Relief[9] sieht man den stehenden Gott Apollo links, der sich an einer Säule anlehnt und mit der linken Hand seine auf einem Podest gestellte Leier anfasst. Der Gott wird von seinem typischen Tier, dem Raben, begleitet, welchen er hinter seinem Unterschenkel festhält. In der Mitte des Bildes tritt die Göttin Minerva hervor, welche ein langes Gewand trägt und mit einem Brustpanzer, einem langen Speer und einem Schild ausgerüstet ist; sie ist auch von ihrer üblichen Eule begleitet. Am rechten Bildrand befindet sich Merkur, ausschließlich durch ein leichtes Mäntelchen bekleidet: Der Gott erscheint mit seinen üblichen Attributen – Flügelhut, Flügelschuhen, Geldbeutel und *Caduceus* – und seinem Tier – dem Hahn – dargestellt. Minerva guckt vor sich hin, die beiden Götter gucken hingegen zu ihr[10]: Das könnte auf ihre Bedeutung im Kult hinweisen, welche nicht rekonstruierbar ist, obwohl es wahrscheinlich später sowieso zu einigen Überlegungen führen könnte – es ist nämlich bekannt, dass sich

Abb. 1: Silbernes Votivblech aus Weißenburg (ASM Inv. 1981, 4364), aus: Kellner/Zahlhaas, 1993, Farbtafel 29.

Abb. 2: Silbernes Votivblech aus Weißenburg (ASM Inv. 1981, 4363), aus: Kellner/Zahlhaas 1993, Farbtafel 30.

Abb. 3: Relief aus Nassenfels (Nationalmuseum München Inv. Nr. 13761), aus: CSIR 1,1, Taf. 69, Nr. 233.

die Interpretation einer Gottheit – wie bereits erwähnt – durch die Übernahme der Funktionen ihres Partners wechselte[11].

Das zweite Silbervotiv[12] (RömerMuseum Weißenburg, Inv. 1981, 4363. Kat.Nr. 2; Abb. 2) stellt dieselben Gottheiten dar, aber Apollo und Merkur sind umgekehrt an die Seiten der zentralen Figur Minerva gestellt; außerdem weicht dieses zweite Relief vom Ersten durch einige Details ab, z.B. indem Minerva geradeaus schaut. Solche Votive können um das Ende des 2. und die erste Hälfte des 3. Jahrhunderts n. Chr. datiert werden[13].

Dieselbe Trias kommt noch zweimal in Raetien vor, und zwar in Nassenfels, Ldkr. Eichstätt, und Zöschingen, Ldkr. Dillingen[14]. Das Weihrelief aus Nassenfels (München, Nationalmuseum Inv. Nr. 13761; Abb. 3), welches heute verschollen ist, wurde 1883 während der Renovierungsarbeiten eines Hauses gefunden[15]. Auch auf diesem Kalksteinrelief sind die drei Gottheiten dank ihrer Attribute erkennbar, nämlich tragen sie alle – in ihren starren Posen – die Objekte, die sie kennzeichnen. Das Relief kann aufgrund seines, auch noch in den Veröffentlichungen sichtbaren Stils auf das 2.–3. Jahrhundert n. Chr. datiert werden.

Ungefähr fünfzig Jahre vor der Entdeckung des Nassenfelsener Reliefs war ein anderes, fragmentarisches, in Zöschingen (heute in Augsburg, beim Römischen Museum, Inv. Lap. 118), beim Abriss der Kirche zum Vorschein gekommen[16]. Diese Kalksteinplatte ist nämlich am linken Rand abgebrochen, auch ist der Erhaltungszustand der Darstellung sehr schlecht, da der untere Teil der Figuren fehlt[17]. Links ist Minerva dank ihrer Attribute erkennbar, da sie in einem langen Gewand, mit der üblichen Ägis und Gorgoneion, Speer und Schild, erscheint. Rechts ist Merkur zu sehen, nur mit einen kurzen Mantel bekleidet und den Flügelhut auf dem Kopf tragend, mit dem *Caduceus* in der linken und dem Beutel in der rechten Hand. Links von Minerva ist die Platte abgebrochen und es ist wahrscheinlich, dass im fehlenden Teil noch Apollo dargestellt worden ist[18].

Dieselbe Trias kommt auch im obergermanischen Gebiet vor.

BEWEISE AUS OBERGERMANIEN

Für die Provinz Obergermanien sind Abbildungen dieser „keltischen" Trias in Conweiler (Enzkreis, Baden-Württemberg), Stettfeld (Baden-Württemberg), Öhringen, Walheim[19]

Abb. 4: Relief aus Conweiler (Stuttgart, RL 389), aus: Willburger 2011, Taf. 28,1.

und Lauterbourg (Frankreich, heute im Straßburger Museum) entdeckt worden.

Das Relief aus Conweiler (heute in Stuttgart, RL 389; Abb. 4) ist um die Mitte des 2. Jahrhunderts n. Chr. zu datieren und wurde schon im 16. Jahrhundert entdeckt[20]. Es zeigt, wie tief die Assimilierung keltischer und römischer Gottheiten in einer solchen Provinz schon war. Die fragmentarische Platte besteht aus einem Giebel, einem Hauptbildfeld und einem Sockel[21]. Im Hauptteil des Bildes stehen zwei männliche Figuren, die als Merkur (links, durch den *Caduceus*, den Beutel und den Flügelhut erkennbar) und Apollo (rechts, mit einem Plektron in der rechten Hand) zu identifizieren sind[22]. Sie unterscheiden sich von den anderen Figuren des Bildfeldes durch ihre Größe, wobei die kleineren wahrscheinlich als sterbliche Verehrer zu bezeichnen sind. Auf dem Giebel befinden sich, auf den beiden Seiten einer Rosette, ein Hahn und ein Rabe, jeweils das Tier für Merkur und Apollo[23]. Auf dem Sockel tritt hingegen Minerva als Hauptfigur in der Mitte auf, die stets durch ihre Ägis, Speer, Helm und langes Gewand erkennbar ist, und welche sich durch ihre Größe von dem ihr gegenüber stehenden, kleineren Mann unterscheidet, der einen Stier mit der linken Hand an dem Horn hält und in der Rechten ein nicht erkennbares Attribut hat[24]: Dieser wurde als Priester interpretiert, der während einer Opferhandlung dargestellt worden sei. Der Mann steht auf einem Kessel, neben welchem noch zwei Krüge sichtbar sind, worum zwei Schlangen ihre Köpfe in Richtung des Kessels strecken. An der rechten Seite von Minerva sind hingegen ein Ziegenbock und ein Schwein erkennbar – welche auch lebhafte Diskussionen unter den Wissenschaftlern über ihre möglichen Interpretationen verursacht haben, wobei Haug und Sixt die ganze Szenerie als eine „Art von Suovetaurilia" interpretierten[25]. Laut einigen Forschern wäre dieser Szene hingegen eine keltische Verschleierung zu zuschreiben. Und so wären der Mann mit dem keltischen Esus und Minerva mit der Göttin Rigani gleichzusetzen[26]. Ist es dann vielleicht möglich, durch das Conweiler Relief einen Interpretationsschlüssel zu gewinnen, womit sich eine Lösung bezüglich der Bedeutung der Trias ergeben könnte? Die Vermutung von Haug, Sixt und Filtzinger, dass die Szene sich während einer Opferhandlung (*Suovetaurilia*) abspielt, bleibt jedenfalls sehr umstritten[27]. Auch die Vermutung, dass Minerva als die Göttin Rigani identifiziert werden könnte, muss abgelehnt werden, da sie nicht sicher bestimmbar ist, sowie auch die Identifikation des hier abgebildeten Mannes als Esus nicht zu bestätigen ist[28].

Nach dem Conweiler Relief, kann man jene aus Stettfeld (Buntsandstein) und Öhringen, erwähnen, die in das 2.–3. Jahrhundert n. Chr. zu datieren sind[29]. Außerdem muss man das weitere Relief aus Lauterbourg[30] (heute im Straßburger Museum, 4. Jahrhundert n. Chr.) erwähnen. Soweit mir bekannt ist, wurde dieses Relief nämlich mit der Göttertrias noch nie in Zusammenhang mit den anderen, raetischen und obergermanischen Reliefs gestellt. Auch hier sind die drei Götter zusammengestellt und Minerva tritt immer in der Mitte, zwischen Apollo (links) und Merkur (rechts) auf[31]. Diese Trias wurde von B. Schnitzler[32] insbesondere in Verbindung mit den Legionären innerhalb des germanischen Gebietes gebracht. Jedoch ist es wahrscheinlich möglich, noch einen weiteren Aspekt, in Bezug auf die keltischen Bevölkerungen Raetiens und Obergermaniens, hinzuzufügen, wie man später vertiefen wird.

Aus Obergermanien, genauer aus dem helvetischen Gebiet (*Eburodurum*, dem heutigen Yverdon-les-Bains, in der Schweiz), stammt nämlich eine Inschrift des 1.–3. Jahrhunderts n. Chr.[33], welche an ein Gelübde eines Helvetiers, Togirix, Sohn des Maetia, erinnert:

„Mercurio / Apollini / Minervae / Togirix Metiae f(ilius) / v(otum) s(olvit) l(ibens) m(erito)"

„Dem Mercurius, dem Apollo, der Minerva hat Togirix, Sohn des Metia, in Erfüllung seines Gelübdes“
(Übers. Howald, Meyer 1940, 249, Nr. 175, Anmerkung).

Die Inschrift belegt, interessanterweise, zwei keltische Namen[34]: Das scheint eine Bestätigung der Wirkungen der Romanisierung auf die Einheimischen zu sein. Vielleicht bietet diese Inschrift außerdem einen Anhaltspunkt, wodurch diese „keltische Trias hinter römischer Verkleidung“ ein bisschen besser analysiert werden kann.

ÜBERLEGUNGEN: ZU EINER MÖGLICHEN DEUTUNG DER TRIAS

Nachdem die Beweise aus Raetien und Obergermanien vorgestellt wurden, kann man feststellen, dass die erste Besonderheit der Kombination von Merkur, Minerva und Apollo die Bildung einer Trias ist. Es handelt sich dabei um eine Anzahl von Gottheiten, die bei den Römern, den Kelten (z.B. in Raetien mit den *Matronae*) und anderen Völkern sehr oft vorkommt. In diesem Falle besteht sie aus drei keltischen, in den regionalen Gebieten Raetiens und Obergermaniens wahrscheinlich hoch verehrten Gottheiten, die durch die Romanisierung – und die raetischen, romanisierten Bewohner der beiden Provinzen, worauf z.B. die Inschrift aus der Schweiz hindeutet – eine „römische Umhüllung“ bekommen hätten[35]. Eine erste Überlegung könnte sich anhand der Figur der Göttin Minerva entwickeln, welche anscheinend eine zentrale Bedeutung bei all den bildlichen Darstellungen hatte, wo sie immer in der Mitte, zwischen Apollo und Merkur, erschien und die wahrscheinlich eine besondere Rolle – durch die Verbindung zu den anderen göttlichen Begleitern – bei der Verehrung spielen musste, auch wenn das durch die Inschrift aus Yverdon nicht bestätigt wird. Um die Worte von De Vries zu verwenden: „[...] hier finden wir nebeneinander Gottheiten [...] der Gesundheit, der Heilkraft, wie auch des Reichtums und der verschiedenen Gewerbe; sie sind der großen Volksgruppe der Bauern, der Hirten und der Handwerksleute zugeordnet“[36]. Der Charakter von Minerva ist vielfältig: Sie tritt nämlich in der Religion Obergermaniens und Raetiens als eine Heeresgöttin auf, aber gleichzeitig galt sie in den keltischen Provinzen manchmal als Göttin der Heilquelle (*Minerva medica*). Ihre Hauptrolle in solchen Gebieten scheint jedoch jene einer Beschützerin der Handwerker – in all der Vielfältigkeit dieses Wortes – zu sein. Zusammen mit Apollo und Merkur hätte sie dann eine Trias von „Gottheiten des Wohlstandes“ gebildet[37]. Laut De Vries wären außerdem die Funktionen von Minerva hier ähnlich derjenigen der irischen Brigid gewesen, mit welcher Minerva das Patronat der Kunst und des Handwerks teilen musste[38]. Sie scheint außerdem, einige Funktionen mit *Apollo Grannus* zu teilen[39].

DIE „OBERGERMANISCHE-RAETISCHE“ TRIAS UND IHRE MÖGLICHEN BEZIEHUNGEN ZU DEN KELTISCH-RÖMISCHEN PROVINZEN ROMS

Aus den vorherigen Überlegungen ist es möglich, einige Aspekte abzuleiten. Zuerst, die Trias kommt mit mehr Beweisen in Obergermanien als in Raetien vor. Was man dazu sagen kann, ist, dass sie für die Legionen – die wahrscheinlich, wie es in anderen Fällen (z.B. in Britannien) auch passierte, sich an die lokalen Brauchtümer anpassen mussten –, sowie auch für die keltischen Bevölkerungen der Provinzen, wie die Inschrift aus der Schweiz zeigt, wichtig sein musste. Die Trias scheint nämlich ihre Bedeutung in dem Schutz des Wohlstandes zu finden: So ist Minerva – in der Mitte der Reliefs – vermutlich symbolischer Ausdruck gewisser sozialer Kategorien (der Handwerker, der Soldaten oder der Veteranen, die sich dem Handwerk widmeten usw.), Merkur Beschützer der Handlungen und der Gewerbe aller Arten, Apollo Garant der Genesung jener Kategorien. Ihre Kombination galt dann als Schutz für den Wohlstand eines Menschen. Der Ursprung einer solchen Trias ist zweifelsohne in den keltischen, romanisierten Bevölkerungen der beiden Provinzen zu finden, welche – wie es der wahrscheinlich wohlhabende Togirix aus *Eburodunum*/Yverdon tat – ihre keltischen, sich hinter dem römischen Schleier versteckenden Gottheiten des Wohlstandes verehrten.

---

* Die Korrektur der Sprache dieses Aufsatzes schulde ich Raphael Irmer, dem ich hier danke.

1 Vgl. Spickermann 2003, 417.
2 Vgl. Gschlößl 2006, 17.
3 Vgl. Klein 2003, 109; Gschlösl 2006, 17.
4 Klein 2003, 109; Gschlößl 2006, 17 f.
5 Vgl. Gschlößl 2006, 18.
6 Vgl. CSIR 2,1, 18 f., Nr. 2.
7 Vgl. Gschlößl 2006, 18 f.
8 Vgl. Haug/Sixt 1970, 196; Kellner/Zahlhaas 1993, 5–9, 27 f.
9 Kellner/Zahlhaas 1993, 71, Nr. 29.
10 Vgl. Kellner/Zahlhaas 1993, 71.
11 Vgl. Gschlößl 2006, 18 f.
12 Kellner/Zahlhaas 1993, 71, Nr. 30.
13 Vgl. Kellner/Zahlhaas 1993, 68.
14 Vgl. CSIR 1,1, S. 53, Nr. 165; 68, Nr. 233.
15 CSIR 1,1, 68, Nr. 233.
16 CSIR 1,1, 53, Nr. 165.
17 CSIR 1,1, 68.
18 wie Anm. 17.
19 Vgl. Kemkes 2005, 204.
20 Vgl. Willburger 2011, 105, 113.
21 Vgl. Haug/Sixt 1970, 195, Nr. 112; Willburger 2011, 105.
22 Vgl. Haug/Sixt 1970, 195; Willburger 2011, 106.
23 wie Anm. 22.
24 Vgl. Willburger 2011, 106.
25 Zitat aus Haug/Sixt 1970, 196; vgl. Willburger 2011, 106 f.
26 Vgl. Willburger 2011, 107.
27 wie Anm. 26.
28 Vgl. Willburger 2011, 108.
29 Vgl. Cämmerer 1976, 188, Taf. 61 c; Kemkes 2005, 206, Abb. 238.
30 Schnitzler 2015, 35.
31 Vgl. Schnitzler 2015, 36, Abb. 3.

[32] Schnitzler 2015, 35.
[33] CIL XIII, 5055; Howald/Meyer 1940, 249, Nr. 175; Walser 1979, 132, Nr. 62.
[34] Vgl. Walser 1979, 132.
[35] De Vries 1961, 143 f.; Woolf 2003, 143; Willburger 2011, 105 f.
[36] Zitat aus De Vries 1961, 78.
[37] Vgl. De Vries 1961, 78, mit der „technischen Trias" (Merkur, Vulkan und Minerva), 79.
[38] Vgl. De Vries 1961, 80.
[39] Vgl. De Vries 1961, 43 f., 72 f., 75–78.

LITERATUR

Cämmerer 1976
B. Cämmerer, Römische Religion. In: Ph. Filtzinger/D. Planck/B. Cämmerer (Hrsg.), Die Römer in Baden-Württemberg (Stuttgart/Aalen 1976), 163–200.

CSIR 1,1
G. Gamer/A. Rüsch, Corpus Signorum Imperii Romani. Corpus der Skulpturen der römischen Welt. Deutschland 1,1: Raetia (Bayern südlich des Limes) und *Noricum* (Chiemseegebiet) (Bonn 1973).

CSIR 2,1
E. Künzl, Corpus Signorum Imperii Romani. Corpus der Skulpturen der römischen Welt. Deutschland 2,1: Germania Superior. Alzey und Umgebung (Bonn 1975).

De Vries 1961
J. De Vries, Keltische Religion (Stuttgart 1961).

Gschlößl 2006
R. Gschlößl, Im Schmelztiegel der Religionen. Göttertausch bei Kelten, Römern und Germanen (Mainz 2006).

Haug/Sixt 1970
F. Haug/G. Sixt, Die römischen Inschriften und Bildwerke Württembergs (Aalen 1970).

Howald/Meyer 1940
E. Howald/E. Meyer (Hrsg.), Die römische Schweiz (Zürich 1940).

Kellner/Zahlhaas 1993
H.-J. Kellner/G. Zahlhaas, Der römische Tempelschatz von Weißenburg in Bayern (Mainz 1993).

Kemkes 2005
M. Kemkes, Bei allen Göttern. Gallorömische Religion an Neckar, Rhein und Donau. In: Imperium Romanum. Roms Provinzen an Neckar, Rhein und Donau. Ausstellungskatalog Stuttgart (Stuttgart 2005), 200–207.

Klein 2003
M. J. Klein, „Von den Göttern verehren sie am meisten Merkur". Heiligtümer, Götterbilder und Inschriften aus Obergermanien und Raetien. In: M. J. Klein (Hrsg.), Die Römer und ihr Erbe. Fortschritt durch Innovation und Integration (Mainz 2003), 107–128.

Schnitzler 2015
B. Schnitzler, Fêtes romaines collectives dans le camp légionnaire d'Argentorate. Le témoignage de l'archéologie, *Revue d'Alsace 141*, 2015, 31–46.

Spickermann 2003
W. Spickermann, Religion der Römischen Provinzen 2. Germania Superior (Tübingen 2003).

Walser 1979
G. Walser, Römische Inschriften in der Schweiz I. Teil: Westschweiz (Bern 1979).

Willburger 2011
N. Willburger, Das Relief aus Conweiler – keltische Götter in römischen Gewand? In: O. Pilz/M. Vonderstein (Hrsg.), Keraunia. Beiträge zu Mythos, Kult und Heiligtum in der Antike (Berlin/Boston/Göttingen 2011), 105–114.

Woolf 2003
G. Woolf, Seeing Apollo in Roman Gaul and Germany. In: S. Scott/J. Webster (Hrsg.), Roman Imperialism and Provincial Art (Cambridge 2003), 139–153.

The Influence of Attic and Metropolitan Workshops in *Noricum* and *Pannonia:* The Case of Orestes

Katarina Šmid

Roman funerary reliefs from *Noricum* and *Pannonia* exhibit an unusually wide and rich thematic range. As was indicated by J. M. C. Toynbee in her seminal article *Greek Myth in Roman Stone* (1977) mythological themes were particularly popular[1].

In the scientific literature ever since the publication of Arnold Schober, *Die römischen Grabsteine von Noricum und Pannonien* the main starting point, wherefrom the Roman sepulchral art spread in *Noricum* and *Pannonia*, is thought to be *Regio X*, wherein the role of Aquileia was notably stressed[2]. Supposedly from Aquileia came stimulations for the further "local" development of specific types of stone funerary sculpture, especially funerary aras and larger equisitely elaborated aedicula tombs. Nevertheless, the influences from northern Apennine Peninsula that were still prevailing in the 1st century A.D., have been rapidly decreasing since the beginning of the 2nd century A.D.[3]. This decline is clearly affirmed by figure-scenes; the majority of frequently represented mythological scenes in the so-called Norico-Pannonian art, for example, never or only rarely occur in *Regio X*. The inhabitants of the Tenth Region did not prefer the fabled images as an embellishment of their funerary monuments: not only at the beginning of the principate, but also later they were rather the exception than the rule[4].

In the last thirty years the iconographic analysis of mythological depictions on especially Norican grave reliefs have brought some thought-provoking conclusions: several sculptured scenes do not echo the figural schemes, demonstrated in nearby provinces or in metropolitan Rome, but resemble the figural schemes from far more remote provinces of the eastern Mediterranean. Regrettably the studies were more or less addressed only to Norican monuments, whereas the Pannonian monuments were not in detail studied and were merely considered as the depiction of the same motif in the adjacent province[5].

The most undisputable similarities with the Attic sarcophagi workshops were firmly appointed by Margherita Bonanno Aravantinos regarding the Orestes' myth on the tomb of Spectatii in Šempeter in the Valley of Savinja (Šempeter v Savinjski dolini, Slovenia)[6], which indicates strong similarities in all of the scenes and in the majority of the figural types with the fragmentary preserved Attic sarcophagus from Thespeia (Thebes, Archaeological Museum of Thebes, inv. nos. 101A, 101B, 101Δ, 101E, 101ΣT, 101T, 103–105, 108, 109Δ, 109E, 109E¹, 112A; fig. 1) dated between the end of the 2nd and the beginning of the 3rd century[7].

However, in the province of *Noricum* there is no other certain relief depiction of the motif in stone[8], whereas in the adjacent province of *Pannonia*, especially in *Pannonia Inferior* (regarding the preserved material), it was far more popular.

The most commonly represented Orestes episode in *Pannonia* is the scene when Orestes has just killed the Taurian in front of the Artemis' shrine, while Iphigenia is ascending the Greek ship. That particular episode is represented in the ash-chest, immured in the church of St. John the Baptist in Dravinjski Vrh (Drannberg in German in early literature; fig. 2) in the surroundings of nowadays Ptuj (Pettau in German in early literature[9]) and on some monuments from *Pannonia Inferior*: on the left lateral side of the sarcophagus from *Sopianae* (Budapest, Magyar Nemzeti Múzeum, inv. no. 62.84.2[10]) and on the partially preserved funerary stele, probably from Gorsium (Tác, Gorsium Szabadtéri Múzeum Régészeti Park[11]). In the stele, immured in the church of St. Teresa of Avila in Bjelovar[12] only Iphigenia's escape is represented[13].

Taking into consideration the Pannonian scene, Orestes or Pylades[14] holding the sword by the corpse of the fallen enemy, matches to the greatest extent the hero on two met-

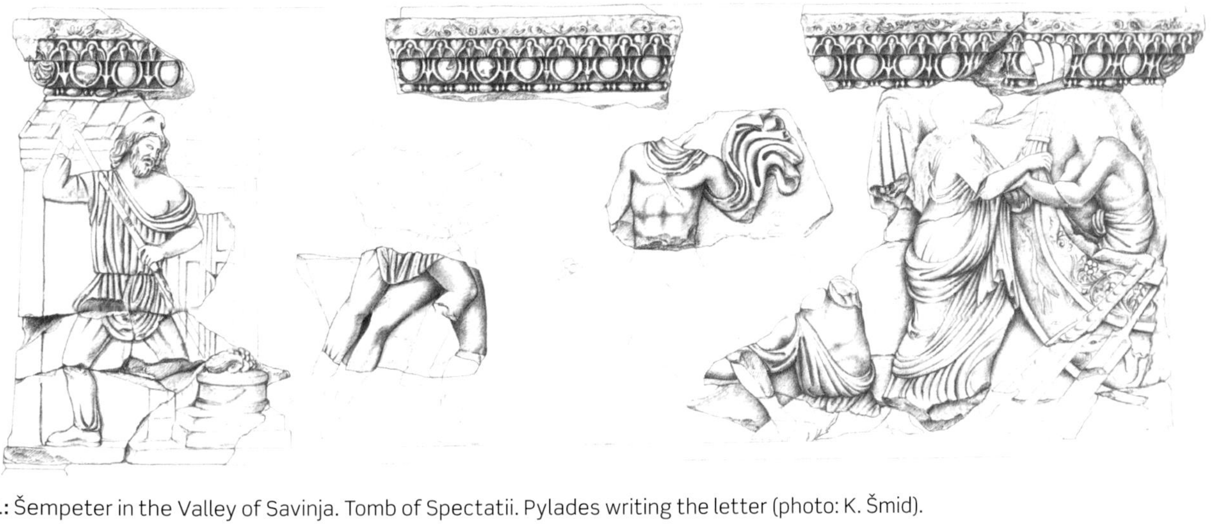

Fig. 1: Šempeter in the Valley of Savinja. Tomb of Spectatii. Pylades writing the letter (photo: K. Šmid).

Fig. 2: Dravinjski vrh. Orestes killing the Taurian, ash-chest (photo: F. Lazarini).

Fig. 3: Drawing of the sarcophagus in Aquincum (after Ziehen 1890).

Fig. 4: Šempeter in the Valley of Savinja. Tomb of Spectatii. Orestes killing the Taurian and Iphigenia's escape (photo: K. Šmid).

ropolitan sarcophagi, one in Weimar (Schlossmuseum, inv. no. G 1744[15]), dating around 160 A.D. and the other on now lost sarcophagus that has been preserved in the drawing in „Corpus" of Cassiano dal Pozzo (Windsor, Royal Library at Windsor Castle, inv. no. 8712, dal Pozzo VIII fol. 11[16]). Nevertheless, some minor analogies are also present regarding the left figure in the battle scene on the tomb of Spectatii, which does not have an equivalent on the sarcophagus from Thespeia.

If we examine the figure of Iphigenia, certain discrepancies arise between the Norican and Thespian on one side and Pannonian reliefs on the other side. On the tomb and on sarcophagus Iphigenia is turning her head backwards, gazing at the battle on the shore. Despite the abraded surface of Šempeter relief (fig. 4), the outlines of xoanon, hidden under her garment, are still visible and the sacred object is well-seen also on the Attic sarcophagus (cf. fig. 1). However, in Pannonian reliefs xoanon is not present and the heroine is ascending the ship without turning back. As xoanon represents the main purpose, because of which Orestes and Pylades arrived to Tauris in the first place and could not return without it (cf. Eur. IT. 1.85–90), it is quite perplexing that it is not present. In my opinion it could be replaced with Artemis' shrine with the wide open doors, which indicate that the sacred image had been already taken by Iphigenia, as the shrine does not occur in any other depictions of Iphigenia's escape out of *Pannonia*.

The composition of Orestes killing the Taurian in Spectatii tomb is taken after several depictions of the battle between the Greeks and the Trojans on the shore and Amazonomachy on the Attic, as well as on metropolitan sarcophagi, as both sarcophagi groups share similar iconographic characteristics[17]. According to the classification of Dagmar Grassinger, the pair belongs to the version B 1 ("Tretergruppe"), which has already been attested in the Greek Classical Period and has moderated in Hellenism[18].

Another Pannonian example is the limestone relief of Pylades or Orestes from *Aquincum* (Budapest, Aquincumi Múzeum, inv. no. 64.11.159[19]). The hero is represented in the left profile, his right leg is curved behind the left one, whereas his head is humbly bowed. The hands are tied behind the back.

The naked captive with tied arms behind his back, behind whom usually the Taurian guard stands, is a common feature of the Orestes tale and is especially common on the metropolitan sarcophagi[20], wall paintings[21] and he is present also in the *Agedincum*-relief (Sens, Musée Municipal, inv. nos. 98–100, dated in the end of the 1st and the first half of the 2nd century[22]) and in the krater in Dionysopolis in the province of Moesia Inferior (Varna, Archaeological Museum in Varna[23]). Nevertheless, he is represented neither on the tomb of Spectatii nor on the Thespeian sarcophagus; on both the captive stands in front of the altar with the hands, tied in front – a detail that does not match any other Orestes' depiction and could therefore develop in the Attic sarcophagi workshops.

Another depiction has preserved on the left lateral side of the mal-preserved sarcophagus in *Aquincum* (Budapest, Magyar Nemzeti Múzeum, depo, fig. 3[24]). Orestes and

Fig. 5: Šempeter in the Valley of Savinja. Tomb of Spectatii. Pylades writing the letter (photo: K. Šmid).

Pylades, naked except the chlyamis, with the hands, tied behind the back, stand on the left side of an altar. On its counter side the fully dressed figure, doubtless Iphigenia, stands.

The composition corresponds to some metropolitan sarcophagi, like the sarcophagus in München (Glyptothek, inv. no. Gl 363[25]) or Rome (Museo Nazionale Romano – Museo delle Terme, inv. no. 106467[26]), although the Greek captives do not stand frontally but in the three-quarter view. Some similarities are present also in the relief in *Agedincum* and in Weimar sarcophagus. Regarding the comparisons, the *Aquincum* sarcophagus shows either an episode when both friends are taken to Iphigenia (as it is represented on sarcophagi) or when the priestess raises the twig in order to make the sacrificial rite (as it is represented in *Agedincum* relief).

Only rarely was published another relief from *Aquincum*, in which Iphigenia alone has preserved (Budapest, Magyar Nemzeti Múzeum[27]). She holds xoanon in the left hand and the twig in the right raised hand. Her effigy is comparable to Iphigenia's in Agedincum, Attic sarcophagus in Oxford (Ashmolean Museum, inv. nos. 105, 117[28]) or the priestess in the scene of Iphigenia's sacrifice in Spectatii tomb[29].

Although the relief from *Bassianae* in *Pannonia Inferior* (Novi Sad, Museum of Vojvodina, inv. no. 12[30]) was interpreted as Orestes, killing his mother on the father's grave, I find more plausible an interpretation as the battle of Orestes or Pylades with the Taurian in front of the Artemis' shrine[31]. Nevertheless, both figures are doubtless engaged in the fight, whereas the queen died without a struggle in the palace and not at the late husband's grave (cf. Aesch. *Cho.* 922–935). Notwithstanding, an architecture resembles to the greatest extent Artemis' shrine on the other Pannonian reliefs, like in Dravinjski vrh or *Sopianae*.

And now back to the tomb of Spectatii. The unusual scene of Pylades writing the letter is beside Spectatii tomb (fig. 5) carved only on the krater in Varna and on Thespeian sarcophagus, as on metropolitan sarcophagi Iphigenia, in accordance with Euripidus' tale (Eur. *IT.* 1.727–749), is handing over an already written letter to the Greek newcomers[32].

Both Taurians are omitted in Attic sarcophagus. The right barbarian matches the figure on now lost late Antonine Meleager sarcophagus (*Codex Coburgensis* (Coburg, Kunstsammlungen der Veste Coburg, fol. 160, no. 228[33]) and on the small piece of Arretine ceramic, attributed to Rasinius, whose workshop was active in Arezzo around the outset of the production of Arretine relief ceramic, i.e. 30–25 B.C. (Alexandria, Graeco-Roman Museum, inv. no. 24056). The fragment is a part of the scene of Orestes, Iphigenia and Pylades on the island of Sminthe[34].

For the left Taurian Sascha Priester has already pointed out that he resembles the Barbarian on Orestes metropolitan sarcophagus, dated around 190, which is now immured in Palazzo Mattei in Rome[35]. Practically identically also the Taurian is represented in the sarcophagus in Weimar dated around 180 A.D. (Schlossmuseum, inv. no. G 1745[36]). However, in my opinion that figure stands for the king Thoas, as his effigy differs from the other Taurians. He is more lavishly dressed in body armour (*lorica*), and is discerned by a band in his head, which usually distinguishes the Taurian ruler,

Fig. 6: Šempeter in the Valley of Savinja. Tomb of Spectatii. Battle scene (photo: K. Šmid).

as is seen on the Attic sarcophagus in Oxford (Ashmolean Museum, inv. no. 105, 117[37]) or on the sarcophagus in Weimar (Schloßmuseum, inv. no. G 1745[38]).

The left hero on the battle scene in the tomb of Spectatii (fig. 6) does not match any other figure on Orestes' monuments. The corresponding figure is found on the subgroup of the Attic Meleager-sarcophagi (dated in the 3rd quarter of the 2nd century) in the depiction of the Kalydonian boar hunt[39]. There are only three known examples: sarcophagus from Patrae (Athens, National Archaeological Museum, inv. no. 1186[40]), fragment in Brussels (Musées Royaux du Cinquantenaire, inv. no. A 1546[41]) and now lost, severely reworked sarcophagus that has preserved only in the 18th century graphic[42]. Of the special interest is the latter, as Meleager's position of the fingers on his right arm entirely corresponds to Šempeter figure.

Summa summarum, the influence of the Attic workshops is apparent only in the Norican tomb, whereas the several Pannonian depictions speak in favour of the different archetype that is well attested in metropolitan Rome, as well as in other provinces (*Agedincum* in *Gallia Lugdunensis*). All of the figural types in Thespeian sarcophagus are present on Spectatii tomb, but on none other metropolitan sarcophagus, neither the provincial relief. As on Thespeian sarcophagus on each side each character appears only once (what is *de facto* a rule for Attic sarcophagi[43]), the stonemason of Šempeter tomb had to add iconographically related figural types from the other monuments to fulfil the empty space.

The arising of the iconographical motifs, singular figures and even compositions that are not present in the *Regio X* neither in the adjacent provinces could speak in favour of the newly arrived stonemasons of the Greek origin or apprenticeship. Nevertheless, in the 2nd half of the 2nd century in *Noricum* as well as in *Pannonia* arose the number of the immigrants from the Eastern provinces, Asia Minor and Syria, therefore it is not excluded that among them some stonemasons could arrive[44].

Although *Noricum* and *Pannonia* both stand out regarding the prevalence of mythological motifs, it is not unpredictable that the stonemasons preferred the different compositional patterns, as, for example, the significant differences between the provinces arise also in the preferred types of funeral monuments, what was indicated a number of times in the scholarly literature[45].

1 Toynbee 1977, 406–412.

2 Cf. Schober 1923, 188 f.; 194–199; 209; Verzár-Bass 1996, 245–247; 261–265.

3 Weber 1990, 299 f. About Aquileia in the 2nd century: Strobel 2003, 221–291.

4 Schober 1923, 204–207; Verzár-Bass 1996, 246, n. 7; Harl 2016, 18. I find the statement of Friederike Harl that the lack of votive ad mythological reliefs in Aquileia speak in favour of their deliberate destruction, hardly plausible, as she does not argue why, on the other hand, several other Roman monuments in Aquileia, as well as imported Attic mythological sarophagi have preserved.

5 Cf. Priester 1997, 10–37; Kranz 1997, 145–147. The most evocative examples of the influence of Attic workshops are

Rankenfrau, heroic youths (*heroische Jünglinge*) (Walde 2005a, 158–174; Walde 2005b, 104–124), the myth of Orestes (cf. Bonanno Aravantinos 1993, 67–76; Šmid 2013, 13–26) and some figures of the Dionysian cortege (cf. Pochmarski-Nagele 1987, 6 f.; 15; Pochmarski-Nagele 1992, 192–193; Pochmarski 2010, 47–54; Pochmarski 2012, 85–91).

[6] On the tomb of Spectatii see Šmid 2013 n. 1 for the further literature.

[7] Bonanno Aravantinos 1993. See Šmid 2013, n. 4 for the further literature.

[8] The priestess holding xoanon and a twig in the wall painting in Magdalensberg from around 20 A.D. (Klagenfurt, Landesmuseum für Kärnten Rudolfinum) stands in all probability for Iphigeneia (Kenner 1966, 436–439; Kenner 1985, 45–48; Zimmermann 1998, 88; 92).

[9] Šubic 1975, 95–101; Lupa 4275.

[10] Goddard King 1933, 72; Toynbee 1977, 389; Linant de Bellefonds 1990, 69, no. 69; Burger 1991, 63 f., no. 101b, Taf. 54,2; Bielfeldt 2005, 218–221, fig. 71; Nagy 2012, 66 f., no. 61; Lupa 827.

[11] Fitz 1959, 71 f.; Toynbee 1977, 390, pl. XVI, 23; Lupa 3592.

[12] Toynbee 1977, 389; Cambi 2003, 19–25; Cambi 2005, 18–22, fig. 11.

[13] In my opinion the interpretation of the scene in the fragment from Szombathely (Savaria Museum, inv. no. 67.10.71) with Iphigenia's escape seems implausible, as the woman shows her naked breasts, which is inappropriate for the priestess.

[14] Without the proper context Orestes and Pylades are almost impossible to differ, as in visual arts both friends share practically identical facial features and posture (cf. Machaira 1994, 603).

[15] Robert 1890, 183 f., no. 172, Taf. LVIII,172; Bielfeldt 2005, 207 211; 344 f. with cited literature, Taf. 25.

[16] Šmid 2013, 20–21. On sarcophagus: Robert 1890, 185, no. 175 Taf. LVIII,175; Vermeule 1966, 49; Froning 1980, 336 f.

[17] Cf. Koch/Sichtermann 1982, 140; 406.

[18] Grassinger 1999, 139; 156; Russenberger 2015, 58.

[19] Ertel 2010, 54, no. 13, Taf. 4,1; Lupa 2886.

[20] Cf. sarcophagi in Rome (Vatican, Musei Vaticani – Museo Gregoriano Profano, inv. no. 10450 (Bielfeldt 2005, Taf. 2; 5); Villa Albani, inv. no. 205 (Bielfeldt 2005, Taf. 22); Museo Nazionale Romano – Museo delle Terme, inv. no. 106467; Bielfeldt 2005, Taf. 24), Madrid (Museo Arqueológico Nacional, inv. no. 2839), München (Glyptothek, inv. no. Gl 363; Bielfeldt 2005, Taf. 18–20) and Weimar (Schlossmuseum, inv. no. G 1744; Bielfeldt 2005, Taf. 25). Cf. Bielfeldt 2005, 181–183.

[21] Cf. paintings in Heculaneum (Naples, Museo Archeologico Nazionale di Napoli, inv. no. 9538) or Pompeii (*Casa del Citarista* (I 4, 5.25–28; now Naples, Museo Archeologico Nazionale di Napoli, inv. no. 9111). Cf. Linant de Bellefonds 1990, 722, no. 53; Hodske 2007, 236 f.

[22] Espérandieu 1911, 6 f. no. 2760–2762; Toynbee 1977, 391 pl. XV,22; Froning 1980, 335 f.; Guerrier-Delclos 2000, 158; Bielfeldt 2005, 181 f., fig. 56; Oakley 2011, 44

[23] Škorpil 1912, 112–114, no. 10; Škorpil 1930–31, 87; Curtius 1934, 247; Froning 1980, 334; Schindler 1985, 123–134; Linant de Bellefonds 1990, 725 f., no. 85; Kastelic 1998, 546 f.; Bielfeldt 2005, 181–183 fig. 57.

[24] Ziehen 1890, 54 f.; Koch/Sichtermann 1982, 326 n. 45; Lupa 117.

[25] Bielfeldt 2005, 168–207, Taf. 18–20.

[26] Bielfeldt 2005, 343 no. II.5, Taf. 24.

[27] Lupa 10188.

[28] Ashmole 1964, 25 f.; Bonnano Aravantinos 1993, 67 f.; Oakley 2011, 9,1, no. 57, Taf. 45,2.

[29] On its left side Orestes or Pylades (cf. Agedincum-relief) or the Taurian could stand (cf. sarcophagi reliefs).

[30] Dautova-Ruševljan 1983, 20, no. 91; Šmid 2014, 12, fig. 8; Lupa 4368.

[31] Cf. Šmid 2014, 13.

[32] Cf. Bielfeldt 2005, 195–198 and sarcophagi in Rome (Musei Vaticani – Museo Gregoriano Profano, inv. no. 10450), Weimar (Schlossmuseum, inv. no. G 1744), Malibu (J. Paul Getty Museum, inv. no. 71.AA.266), Rome (Palazzo Giustiniani, immured in the courtyard; Bielfeldt 2005, 197, fig. 63b) etc.

[33] Becatti 1964, 32 f.; Koch 1973, 293, no. 10; Koch 1975, 110, no. 80, Taf. 84.

[34] Stenico 1966, 32 no. 1; 41 fig. 8.

[35] Priester 1998, 36. On sarcophagus: Robert 1890, 188, no. 180 Taf. LIX,180; Bielfeldt 2005, 348, no. II.16, Taf. 31.

[36] Bielfeldt 2005, 347, no. II.14, Taf. 29.

[37] Oakley 2011, Taf. 45,2.

[38] Bielfeldt 2005, 233, fig. 76.

[39] Šmid 2013, 22–24.

[40] Koch 1975, 138, no. 160, Taf. 128,160; Koch/Sichtermann 1982, 399.

[41] Robert 1919, 517 f., no. 4331; Giuliano 1962, 63, no. 390; Koch 1975, 24, 139 f., no. 162 Taf. 129, 162.

[42] Robert 1904, 279 f., no. 218; Giuliano 1962, 41 no. 188; Koch 1973, 287, no. 1; Koch 1975, 138 f., no. 161, fig. 13.

[43] Cf. Koch/Sichtermann 1982, 377.

[44] Kremer 2004, 155; Visočnik 2014, 287 f.; 292 f.

[45] Cf. for example: Schober 1923, 178–181; 224 f.; Ferri 1933, 130; Djurić 1991, 50–52; 75–82; 100.

BIBLIOGRAPHY

Ashmole 1964
B. Ashmole, Iphigeneia in Tauris. In: L. Freeman Sandler (ed.), Essays in Memory of Karl Lehmann. Marsyas. Studies in the History of Art, Supplement 1 (New York 1964), 25 f.

Becatti 1964
G. Becatti, Un sarcofago di Perugia e l'officina del maestro delle imprese di Marco Aurelio. In: L. Freeman Sandler (ed.), Essays in Memory of Karl Lehmann. Marsyas. Studies in the History of Art, Supplement 1 (New York 1964), 30–37.

Bielfeldt 2005
R. Bielfeldt, Orestes auf römischen Sarkophagen (Berlin 2005).

Bonanno Aravantinos 1993
M. Bonanno Aravantinos, Il mito di Ifigenia in Tauride sui sarcofagi attici di età romana. In: G. Koch (ed.), Grabeskunst der römischen Kaiserzeit (Mainz 1993), 67–76.

Burger 1991
A. Sz. Burger, Die Skulpturen des Stadtgebietes von Sopianae und des Gebietes zwischen der Drau und der Limesstrecke Lussonium-Altinum. Corpus signorum Imperii Romani. Corpus der Skulturen der römischen Welt. Ungarn VII (Budapest 1991).

Cambi 2003
N. Cambi, Stela iz župne crkve u Bjelovaru [Stele from the Bjelovar Parish Church], *Radovi instituta za povijest umjetnosti 27,* 2003, 19–25.

Cambi 2005
N. Cambi, Funerary Monuments from Dalmatia, Istria and the Croatian Part of Panonnia. A Comparative Study. In: M. Sanader/A. Rendić-Miočević (eds.), Religion and Myth as an Impetus for the Roman Provincial Sculpture. The Proceedings of the 8th International Colloquium on Problems of Roman Provincial Art (Zagreb 2005), 13–30.

Curtius 1934
L. Curtius, Orest und Iphigenie in Tauris. Zum Bronzekrater von Dionysopolis-Balčik, *Mitteilungen des Deutschen Archäologischen Instituts, Römische Abteilung 49,* 1934, 247–294.

Dautova-Ruševljan 1983
V. Dautova-Ruševljan, Rimska kamena plastika u jugoslovenskom delu provincije Donje Panonije. [Römische Steindenkmäler aus dem jugoslawischen Gebiet der Provinz Pannonia Inferior]. Dissertationes et monographiae 25 (Novi Sad/Beograd 1983).

Djurić 1991
B. Djurić, Noriško-panonska proizvodnja nagrobnih spomenikov in trgovina z marmornimi izdelki. Unpublished PhD Thesis (Ljubljana 1991).

Ertel 2010
C. Ertel, Bestandteile von römischen Grabbauten aus Aquincum und dem Limesabschnitt im Stadtgebiet von Budapest. Corpus signorum Imperii Romani. Ungarn 9 (Budapest 2010).

Esperandieu 1911
É. Espérandieu, Lyonnaise 2. Recueil Général des Bas-Reliefs de la Gaule Romaine 4 (Paris 1911).

Ferri 1933
S. Ferri, Arte romana sul Danubio. Considerazioni sullo sviluppo, sulle derivazioni e sui caratteri dell' arte provinciale romana (Milano 1933).

Fitz 1959
J. Fitz, La fuite d'Iphigénie et d'Oreste devant les Taures, *István Király múzeum közleményei 3,* 1959, 71 f.

Froning 1980
H. Froning, Die ikonographische Tradition der kaiserzeitlichen mythologischen Sarkophagreliefs, *Jahrbuch des Deutschen Archäologischen Instituts 95,* 1980, 322–341.

Giuliano 1962
A. Giuliano, Il commercio dei sarcofagi attici. Studia Archaeologica 4 (Roma 1962).

Goddard King 1933
G. Goddard King, Some Reliefs at Budapest, *American Journal of Archaeology 37,1,* 1933, 64–76.

Grassinger 1999
D. Grassinger, Die mythologischen Sarkophage. 1. Achill, Adonis, Aeneas, Aktaion, Alkestis, Amazonen. Die antiken Sarkophagreliefs 12,1 (Berlin 1999).

Guerrier-Delclos 2000
J. Guerrier-Delclos, A la recherche des piliers funéraires de Sens. In: H. Walter (ed.), La sculpture d'époque romaine dans le nord, dans l'est des Gaules et dans les régions avoisinantes. Acquis et problématiques actuelles (Paris 2000), 155–162.

Harl 2016
F. Harl, Ein distanziertes Verhältnis. Die Steindenkmäler von Aquileia und *Noricum.* In: R. Lafer (ed.), Römische Steindenkmäler im Alpen-Adria-Raum. Neufunde, Neulesungen und Interpretationen epigraphischer und ikonographischer Monumente. Studia Alpium et Adriae II (Klagenfurt 2016), 17–27.

Hodske 2007
J. Hodske, Mythologische Bildthemen in den Häusern Pompejis. Die Bedeutung der zentralen Mythenbilder für die Bewohner Pompejis. Stendaler Winckelmann-Forschungen 6 (Ruhpolding 2007).

Kastelic 1998
J. Kastelic, Simbolika mitov na rimskih nagrobnih spomenikih. Šempeter v Savinjski dolini [Sepulchral Symbolism of the Mythological Imagery on Roman Tomb Monuments. Šempeter in the Valley of Savinja] (Ljubljana 1998).

Kenner 1966
H. Kenner, Wandmalereien aus AA/15 f., *Carinthia I 156,2–3,* 1966, 435–447.

Kenner 1985
H. Kenner, Die römischen Wandmalereien des Magdalensberges. Archäologische Forschungen zu den Grabungen auf dem Magdalensberg 8 (Klagenfurt 1985).

Koch 1973
G. Koch, Verschollene Meleagersarkophage, *Archäologischer Anzeiger 1973,* 287–293.

Koch 1975
G. Koch, Die mythologischen Sarkophage 6: Meleager. Die antiken Sarkophagreliefs 12,6 (Berlin 1975).

Koch/Sichtermann 1982
G. Koch/H. Sichtermann, Römische Sarkophage. Handbuch der Archäologie (München 1982).

Kranz 1997
P. Kranz, Überlegungen zur Herkunft südnorischer Bildhauerwerkstätten. In: B. Djurić/I. Lazar, Akten des IV. internationalen Kolloquiums über Probleme des provinzialrömischen Kunstschaffens. Situla 36 (Ljubljana 1997), 141–149.

Kremer 2004
G. Kremer, Die norisch-pannonischen Grabbauten als Ausdruck kultureller Identität? In: A. Schmidt-Colinet (ed.), Lokale Identitäten in Randgebieten des Römischen Reiches. Wiener Forschungen zur Archäologie 7 (Wien 2004), 147–159.

Linant de Bellefonds 1990
P. Linant de Bellefonds s.v. Iphigeneia. In: Lexicon Iconographicum Mythologiae Classicae V,1 (1990), 719–729.

Lupa
Lupa, Ubi erat lupa (http://www.ubi-erat-lupa.org).

Machaira 1994
V. Machaira s.v. Pylades. In. Lexicon Iconographicum Mythologiae Classicae VII,1 (1994), 601–604.

Nagy 2012
M. Nagy, Guide to the Archaeological Exhibitions in the Hungarian National Museum. Roman Stones (Budapest 2012).

Oakley 2011
J. H. Oakley, Die attischen Sarkophage 1. Einzelmythen 3. Andere Mythen. Die antiken Sarkophagreliefs 9,1,3 (Berlin 2011).

Pochmarski 2010
E. Pochmarski, The Influence of Attic and Roman Workshops of Sarcophagi on the Roman Provincial Reliefs of *Noricum, Histria Antiqua 19,* 2010, 47–54.

Pochmarski 2012
E. Pochmarski, Der Einfluß attischer und stadtrömischer Sarkophag-Werkstätten auf die provinzialrömischen Reliefs von *Noricum.* In: G. Koch/F. Baratte (eds.), Akten des Symposiums "Sarkophage der römischen Kaiserzeit. Produktion in den Zentren – Kopien in den Provinzen". Sarkophag-Studien 6 (Ruhpolding/Mainz 2012), 85–91.

Pochmarski-Nagele 1987
M. Pochmarski-Nagele, Zur Datierung mythologischer Reliefs in *Noricum* am Beispiel dionysischer Darstellungen, *Mitteilungen der Archäologischen Gesellschaft Graz 1,* 1987, 1–15.

Pochmarski-Nagele 1992
M. Pochmarski-Nagele, Die dionysischen Reliefs in *Noricum* und ihre Vorbilder (Wien 1992).

Priester 1997
S. Priester, Mythenbild und Grabbau. Alkestis, Europa, Orest und die Bilderwelt der römischen Nekropole von Šempeter, *Kölner Jahrbuch 31,* 1998, 7–41.

Robert 1890
C. Robert, Mythologische Cyklen. Die antiken Sarkophagreliefs II (Berlin 1890).

Robert 1904
C. Robert, Einzelmythen. Hippolytos-Meleagros. Die antiken Sarkophagreliefs III,2 (Berlin 1904).

Robert 1919
C. Robert, Einzelmythen. Niobiden-Triptolemos ungedeutet. Die antiken Sarkophagreliefs III,3 (Berlin 1919).

Russenberger 2015
Chr. Russenberger, Der Tod und die Mädchen. Amazonen auf römischen Sarkophagen. Image & Context 13 (Berlin 2015).

Schindler 1985
W. Schindler, Der Iphigenie Krater in Varna. Ein Restitutionsstück, *Thracia 7,* 1985, 123–134.

Schober 1923
A. Schober, Die römischen Grabsteine von *Noricum* und Pannonien (Wien 1923).

Stenico 1966
A. Stenico, I figli di Agamennone a Sminthe. Toreutica e ceramica arretina. In: E. Arslan (ed.), Arte in Europa. Scritti di storia dell'arte in onore di Edoardo Arslan (Milano 1966), 29–46.

Strobel 2003
K. Strobel, Aquileia im 2 und 3. Jahrhundert n. Chr. Zentrale Episoden seiner Geschichte, *Antichità altoadriatiche 54,* 2003, 221–291.

Škorpil 1912
K. Škorpil, Grabfund in Balčik, *Jahreshefte des Österreichischen Archäologischen Institutes in Wien Beiblatt 15,* 1912, 101–134.

Škorpil 1930–31
K. Škorpil, Archäologische Bemerkungen von der Küste des Schwarzen Meeres, *Bulletin de l'Institut Archeologique Bulgare 6,* 1930–31, 57–88.

Šmid 2013
K. Šmid, Zum Kampfszenerelief am Grabmonument der Spectatii in Šempeter, *Zbornik za umetnostno zgodovino. n. v. 49,* 2013, 13–26.

Šmid 2014
K. Šmid, Fragment pripovednega reliefa na grobnici Spektatijev v Šempetru. Epizoda zgodbe o Orestu in Ifigeniji na Tavridi ali Toantov dokončni poraz na otoku Sminta? [The Fragmentary Narrative Scene from the Tomb of Spectatii at Šempeter. An Episode of the Story of Orestes and Iphigenia among the Taurians or the Final Demise of King Thoas on the Island of Sminthe?], *Acta historiae artis Slovenica 19,1,* 2014, 7–16.

Šubic 1975
Z. Šubic, Beg Ifigenije s Tavride na Videmskem reliefu. [Die Flucht der Iphigenie aus Tauris auf dem Relief in Videm], *Ptujski zbornik 4,* 1975, 95–101.

Toynbee 1977
J. M. C. Toynbee, Greek Myth in Roman Stone, *Latomus 36,* 1977, 343–412.

Vermeule 1966
C. Vermeule, The dal Pozzo-Albani Drawings of Classical Antiquities in the Royal Library at Windsor Castle, *Transactions of the American Philosophical Society 56,2,* 1966, 1–170.

Verzár-Bass 1996
M. Verzár-Bass, Arte funeraria lungo la via dell'ambra. In: M. Buora (ed.), Lungo la via dell'ambra. Apporti altoadriatici alla romanizzazione dei territori del Medio Danubio (I sec. a.C. – I sec. d.C.) (Tavagnacco/Udine 1996), 245–271.

Visočnik 2014
J. Visočnik, Foreigners in the Area of Celeia, *Classica et Christiana 9,1,* 2014, 275–298.

Walde 2005a
E. Walde, Im herrlichen Glanze Roms. Die Bilderwelt der Römersteine in Österreich (Innsbruck 2005).

Walde 2005b
E. Walde, *Noricum* und die griechische Kunst. In: J. Holzner/E. Walde (eds.), Brüche und Brücken. Kulturtransfer im Alpenraum von der Steinzeit bis zur Gegenwart (Wien/Bozen 2005), 104–124.

Weber 1990
E. Weber, Die Beziehungen zwischen der Venetia und *Nordnoricum.* In: G. Rosada (ed.), La Venetia nell'area padano-danubiana. Le vie di comunicazione (Padova 1990), 299–304.

Ziehen 1890
J. Ziehen, Römische Bildwerke im Nationalmuseum zu Pest, *Archäologisch-epigraphische Mitteilungen aus Österreich-Ungarn 13,* 1890, 43–72.

Zimmermann 1998
B. Zimmermann, Malerei. In: F. Glaser (ed.), Kelten, Römer, Karantanen (Klagenfurt 1998), 87–106.

Zonal bemalte Ware und Terra Sigillata-Imitationen einheimischer Form in *Iuvavum*

Ein Ofenbefund des 1. Jahrhunderts n. Chr. aus der Getreidegasse in Salzburg

Ulli Hampel

EINLEITUNG

Im Jahr 2016 wurde im westlichen Abschnitt der Getreidegasse in Salzburg die unterirdische Infrastruktur (Kanal, Fernwärme, Gas- und Wasserleitungen) erneuert, nachdem diese Arbeiten im östlichen Abschnitt ab dem Alten Markt bereits 2015 erfolgt waren[1].

Das römische *municipum Claudium Iuvavum* erstreckt sich unter der gesamten heutigen Altstadt von Salzburg beiderseits der Salzach[2]. Zahlreiche Bauvorhaben bedingen durch zum Teil großflächige Bodeneingriffe eine archäologische Untersuchung. Diese Denkmalschutzgrabungen beschränken sich ausschließlich auf die bauseits notwendigen Dimensionen, sodass meist nur Ausschnitte der Stratigraphie erfasst werden können. Durch vorangegangene Baumaßnahmen sind Befunde zudem oft bereits tiefgründig gestört worden, auch dies beeinträchtigt die Aussagemöglichkeiten. Trotzdem erbrachten die vielen Einzeluntersuchungen ein breites Spektrum an neuen Beobachtungen, die wesentlich zum Kenntnisstand der antiken und mittelalterlichen Stadt beitragen[3]. Alle bislang gewonnenen Einzelerkenntnisse über römische Befunde fließen seit 2015 in einen digitalen Stadtplan ein, der seitens des Bundesdenkmalamtes erstellt und aktualisiert wird.[4]

FUNDORT GETREIDEGASSE (Abb. 1)

Die Getreidegasse verläuft entlang der Nordkante einer spät- bzw. postglazialen Schotterterrasse (sog. Hammerauterrasse)[5] am südlichen Salzachufer durch die Altstadt von Salzburg. Unmittelbar nördlich der Getreidegasse lag vor der Flussregulierung im 19. Jahrhundert das breite Flussbett der Salzach mit ausgedehnten Schotterinseln[6]. Der Geländeanstieg zur Terrassenkante ist heute noch in der mittelalterlichen Bebauung, vor allem in den Durchhäusern zwischen Griesgasse und Getreidegasse wahrnehmbar. Bis zu den Arbeiten 2015/2016 waren keinerlei antike Baureste aus dem Verlauf der Gasse bekannt geworden, lediglich ein kleiner Befundausschnitt in der Liegenschaft Getreidegasse 35 deutete durch den Ansatz eines Mörtelestriches die Erstreckung eines Gebäudes des dritten Viertels des 1. Jahrhunderts n. Chr. in den Straßenverlauf hinein an[7]. Aus Liegenschaften nördlich der Getreidegasse waren bis auf geringe Reste eines Mörtelfußbodens

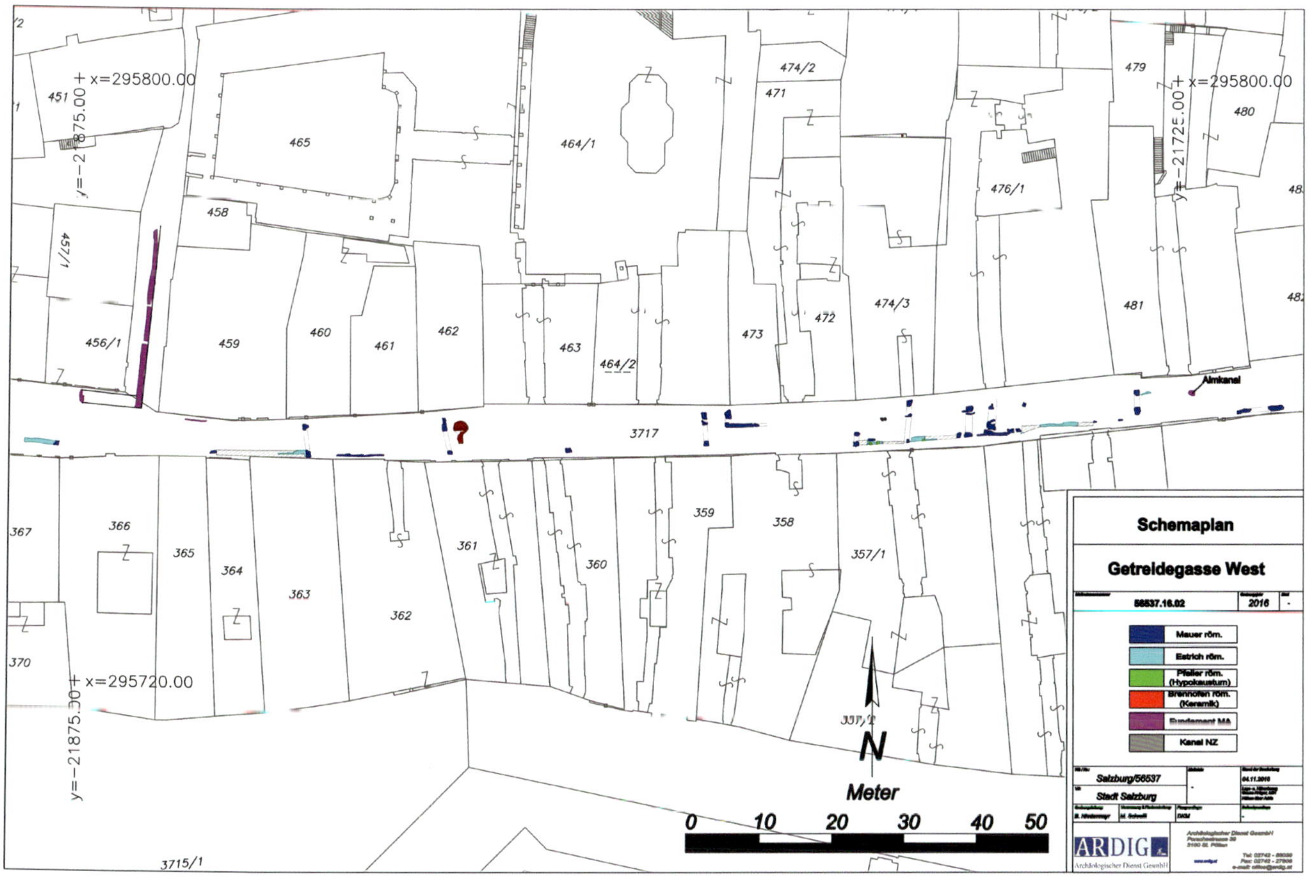

Abb. 1: Salzburg, Getreidegasse. Schemaplan der Baubefunde (Plan: M. Schraffl, Fa. ARDIG).

Abb. 2: Salzburg, Getreidegasse. Nordprofil der Kanalkünette mit Feuergrube (Foto: U. Hampel, Fa. ARDIG).

Abb. 3: Salzburg, Getreidegasse. Feuergrube (Foto: D. Imre, Fa. ARDIG).

in der Getreidegasse 38 ebenfalls keine römischen Baubefunde bekannt geworden[8].

Der Schluss, der mittelalterliche Verkehrsweg folge der antiken Straßentrasse, ergab sich wohl ausschließlich aufgrund der fehlenden Baubefunde[9] bzw. aufgrund der Bedeutung der mittelalterlichen Verkehrsachse. Umso größer war die Überraschung, als 2015 und 2016 nahezu über die gesamte Länge der Getreidegasse römische Baureste in Form von Fundamentmauern, Mörtelestrichen und Abwasserkanälen dokumentiert werden konnten.

BEFUND

Vor der Liegenschaft Getreidegasse 40 fanden sich in der Verfüllung der Kanalkünette um und neben dem Bestandskanal zahlreiche Fragmente von Keramikbruchstücken, die vorerst keinem konkreten Befund zugeordnet werden konnten, aufgrund der auffälligen Machart (schwarz engobierter, weicher, fein geschlämmten Scherben, zonal bemalte Stücke, klingend hart gebrannte Bruchstücke von Doppelhenkelkrügen) aber gesondert gesammelt wurden. Nach Abbruch des rezentem Betonrohres zeigte sich im Nordprofil die rot verziegelte Feuergrube eines Ofens, die in den grünbraunen, schluffigen Sand der anstehenden Schwemmschichten eingetieft worden war. An der Sohle der Künette (ca. 418,93 m ü.A.) fand sich anschließend nach Süden noch eine längliche Verfärbung (Br. ca. 0,6 m) mit sekundären Verziegelungsspuren, die als Schürkanal interpretiert wurde (Abb. 2). Eine sorgfältige Dokumentation des Nordprofiles war aufgrund sicherheitstechnischer Erwägungen (T. 2,25 m) nicht möglich. Bei einer kurzen Autopsie der Feuergrube (Dm. im Nordprofil 1,7 m) konnten einige auffällige Keramikfragmente sowie Bruchstücke der durchgeglühten Kuppel geborgen werden. Eindeutige, stratigraphische Anschlüsse zu einer nur 0,8 m weiter westlich verlaufenden, Nord-Süd streichenden Mauer waren aufgrund der rezenten Störungen nicht zu klären. Eine stark kohlige Strate, die sich über der Osthälfte der verfüllten Feuergrube abzeichnete, enthielt kein Fundmaterial. Die Keramikbruchstücke aus der Verfüllung der modernen Kanalkünette dürften somit zum Teil aus der zerstörten Südhälfte des Ofens stammen, zum Teil aus dem wohl ebenfalls zerstörten Schürkanal mit anschließender Arbeitsgrube. Erfreulicherweise konnte die nördliche Hälfte der Feuergrube (Dm. max. 1,85 m, Sohle bei 418,98 m ü.A.) zur Gänze in der unmittelbar nördlich anschließenden Künette der Fernwärmeleitung erfasst werden, zudem war die Verfüllung des Befundes aufgrund der geringeren Verlegetiefe der älteren Wasserleitung ab einer Höhe von 419,65 m ü.A. ungestört verblieben (Abb. 3). Die nicht mehr erhaltene Lochtenne lag ursprünglich auf randständigen sowie einer in der (rekonstruierten) Mitte des Ofens situierten Steinsetzungen aus Kalkbruch- und Flyschsandsteinen auf, die sich in der nördlichen Hälfte der schwach verziegelten, in den anstehenden Boden eingetieften Feuergrube zumindest teilweise erhalten hatten.

Aufgrund von Passscherben aus der sekundär verlagerten Verfüllung der alten Kanalkünette und aus der Feuergrube in situ konnten die im Folgenden zu besprechenden Gefäße eindeutig mit dem Ofen in Verbindung gebracht werden. Allerdings bleibt zu beachten, dass die Abfälle nach Aufgabe des Ofens in die Feuergrube bzw. den Schürkanal und die Arbeitsgrube eingebracht worden waren. Somit könnten die Funde auch von gescheiterten Brennvorgängen in weiteren Öfen in unmittelbarer Nähe stammen, die nach Aufgabe des freigelegten Objektes zeitnah in die ältere Produktionsanlage verfüllt worden waren. Jedenfalls zeugen die Funde von einer Keramikproduktion vor Ort, der Ofen markiert den gesicherten Standort einer Töpferei an der Westseite der Siedlung am Ufer der Salzach.

Abb. 4: Salzburg, Priesterhausgarten. Gefäße aus Abfallgrube 2017 (Foto: U. Hampel, Fa. ARDIG).

TÖPFEREIEN IN *IUVAVUM*

In einer Zusammenfassung der bislang bekannten römischen Handwerksbefunde in Salzburg werden die Töpferei des 1. Jahrhunderts n. Chr. im Kleinen Festspielhaus und ein Keramikbrennofen in der Neuen Residenz (3. Jahrhundert n. Chr.) erwähnt[10]. Zwei Ofenbefunde aus dem Priesterhausgarten in der Rechten Altstadt, die der Ausgräber M. Hell aufgrund der Funde in die zweite Hälfte des 1. Jahrhunderts n. Chr. datierte, wurden zuletzt unter Verweis auf den „damaligen Forschungsstand"(?) in das 2. Jahrhundert n. Chr. gesetzt[11]. 2017 wurde bei Testsondagen im Vorfeld einer möglichen Verbauung des Priesterhausgartens etwa 50 m ostnordöstlich der beiden Öfen eine Abfallgrube mit dicht gepackter Scherbenlage angeschnitten[12]. Die im Zuge einer Teilbefundung geborgenen Töpfe und Schalen zeigten eine für Salzburg ungewöhnlich grobe Kalkmagerung bei gleichzeitig schlechtem Brand, dies könnte einen Hinweis auf Fehlbrände möglicherweise von den bekannten Öfen darstellen, die als Ausschuss in die Abfallgrube entsorgt wurden (Abb. 4). Die weitmundigen Töpfe sind genauso wie der Enghalstopf und die Schalen mit eingezogenem Rand im Salzburger Material durchaus bereits in Komplexen der zweiten Hälfte des 1. Jahrhunderts n. Chr. belegt[13], finden aber Parallelen bis in das 2. Jahrhundert n. Chr.[14]. Die bereits von Lang/Knauseder/Kovacsovics hinterfragte, aber beibehaltene Einteilung der Stadt in „Handwerkerviertel" und „Wohnviertel" erscheint im Licht neuerer Befunde und vor allem vor dem Hintergrund weitgehend fehlender Einzelauswertungen der Grabungen älteren und jüngeren Datums immer mehr als zu eindimensional dargestellt. Die vielschichtigen (sozialen) Strukturen der römischen Stadt waren sicherlich einem heute (noch?) nicht nachvollziehbaren, kurzzeitigen Wandel unterworfen, dies gilt in gleichem Maße für die soziale und wirtschaftliche Entwicklung von Einzelindividuen. Ältere Produktionsstätten in Siedlungsrandlage dürften durch die sich ausdehnende Stadt überbaut worden sein[15], genauso waren produzierende Handwerksbetriebe – wohl ähnlich wie in der mittelalterlichen Stadt – durchaus in Wohnbereichen, auch mit gehobener Ausstattung, angesiedelt. Hier ist anzunehmen, dass der Werkstattinhaber bzw. Handwerker sein Haus je nach persönlichem Geschmack und Finanzkraft errichtete bzw. ausgestaltete[16]. Ohne Basis einer dichten Fundauswertung und angesichts der bislang immer noch wenigen, größeren gegrabenen Flächen bleiben auch mehrfach wiederholte Einteilungen in sog. Stadt- bzw. Handwerksviertel ein unzulässig vereinfachendes Denkmodell.

FUNDMATERIAL (Abb. 5–7)

1. Terra Sigillata (Kat.Nr. 17)

Das Randfragment eines italischen Terra Sigillata-Schälchens ist der Form Consp. 27 zuzuweisen, diese Formen sind in tiberisch-neronischer Zeit gut vertreten[17].

2. Schwarz engobierte Feinkeramik

Aus der Feuergrube des Ofens stammen zahlreiche Fragmente unterschiedlicher Schüsselformen aus engobierter Feinkeramik, die in reduzierender Brenntechnik hergestellt wurden. Der Überzug besitzt deshalb eine dunkelgraue bis schwarze Färbung. Der hellgraue Scherben ist durchwegs weich, fein geschlämmt und spärlich gemagert. Meist weisen die Gefäße die Engobierung nur auf der Außenseite auf. Keramik dieser Technik wurde auch als „belgische Ware" bzw. „Terra nigra" bezeichnet. W. Drack[18] definierte 1945 die Formen der sog. helvetischen Terra Sigillata-Imitationen, wobei zwischen Imitationen von frühen, mediterranen Sigillata-Formen (Formen Drack 1 bis 18, ev. 19) bzw. Gefäßen in Technik der Imitationen, aber in einheimischer, d.h. spätlatènezeitlicher Form unterschieden wurde. Die Herstellungstechnik spielt bei der Einteilung keine Rolle, viele Formen liegen sowohl in der häufigeren, oxidierend gebrannten Ware als auch in reduzierender Produktionsweise hergestellten Stücken vor. Die jüngere Keramikforschung der Schweiz unterscheidet in der Begrifflichkeit einerseits „TS-Imitationen", also Feinkeramik, die in lokalen Werkstätten ausschließlich nach den mediterranen Vorbildern der Terra Sigillata-Importe hergestellt wurde, und andererseits „engobierter Feinkeramik einheimischer

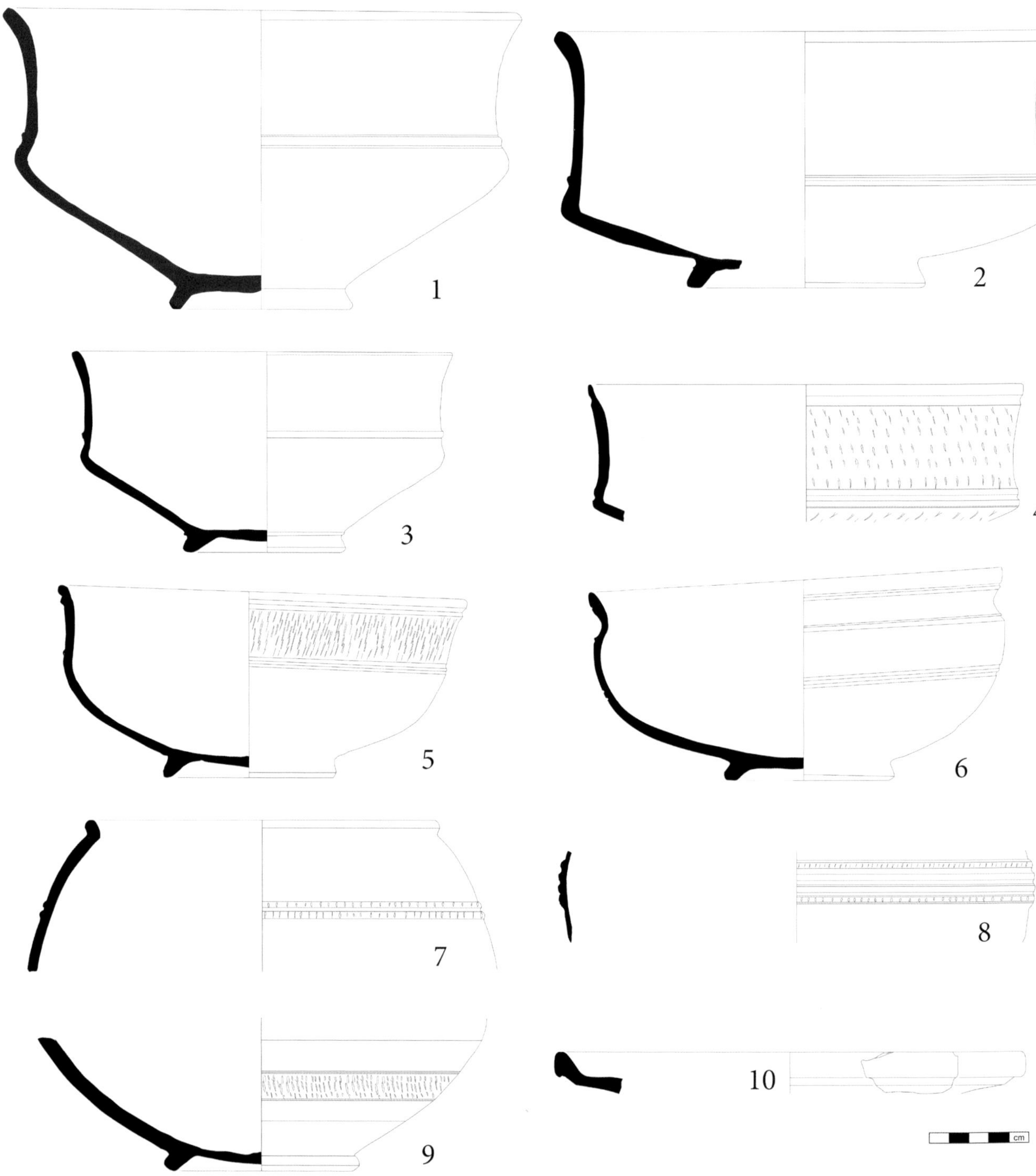

Abb. 5: Salzburg, Getreidegasse. Schwarz engobierte Feinkeramik, TS-Imitation (Tafel: U. Hampel, privat).

Form"[19]. Gerade die Formen einheimischer Tradition wurden überwiegend in reduzierender Brennweise produziert, wobei sie in den gleichen Werkstätten hergestellt wurden wie die oxidierend gebrannten Terra Sigillata-Imitationen[20]. Die Produktionstechnik mit reduzierender Brandführung (Technik 3 nach W. Drack, „technique grise" nach T. Luginbühl) dürfte unter Tiberius einsetzen[21]. Aufgrund der engen Bezüge der Salzburger Stücke zu den helvetischen Imitationen werden die oben beschriebenen Begrifflichkeiten verwendet.

2.1. TS-Imitation (Kat.Nr. 10)

Lediglich ein kleines Randfragment ist eindeutig den TS-Imitationen zuzuordnen. Die Form Drack 1 kommt nach T. Luginbühl in Komplexen des Zeitraumes von 15/10 vor bis 40/50 nach Chr. vor[22].

2.2. Schwarz engobierte Keramik in römischer Technik nach einheimischer Form

Drack 20 (Kat.Nr. 1–3)

Charakteristisch für die Exemplare aus der Getreidegasse ist ein profilierter Randknick, der durch eine schmale Rippe mit begleitenden Rillen zusätzlich betont wird. Vergleiche für diese prägnante Profilierung finden sich beispielsweise in Vindonissa[23], Baden[24] und Oberwinterthur[25] sowie den frührömischen Kastellen von Aislingen und Burghöfe[26], wobei die Parallelen aus augusteischen[27] bis frühflavischen[28] Kontexten stammen. Knickwandschüsseln der Form Drack 20 bzw. Luginbühl 39 sind vom frühen 1. bis in die Mitte des 2. Jahrhunderts vertreten[29], allerdings handelt es sich dabei meist um Stücke ohne profilierten Knick. In Salzburg ist eine glatte Knickwandschüssel aus einer Abfallschicht des 1. Jahrhunderts n. Chr. aus der Getreidegasse 48/50 belegt[30], in Bregenz finden sich Schüsseln der Form Drack 20 sowohl im Kastellareal als auch im *vicus*[31]. Im *vicus* von *Bedaium* begegnen Knickwandschüsseln aus Komplexen des ausgehenden 1. bzw. beginnenden 2. Jahrhunderts[32], allerdings besitzen auch diese – ebenso wie jene aus *Brigantium* – nicht die prägnante Profilführung der Stücke aus der Getreidegasse. Zusammenfassend bleibt festzustellen, dass Schüsseln mit straffem, akzentuiertem Knick in Komplexen ab augusteischer bis in frühflavische Zeit vorkommen. Vor allem bei Kat.Nr. 2 dürfte es sich aufgrund von Deformierungen um einen Fehlbrand handeln.

Aus Salzburg liegt ein gutes Vergleichsstück mit Rippe und zwei Rillen knapp über dem Wandknick aus der Grabung von W. K. Kovacsovics in der Neuen Residenz, Mozartplatz 1, vor[33]. Die Schüssel stammt aus dem Laufhorizont einer älteren Rutenwandbauphase, die der Ausgräber in das 5. Jahrzehnt n. Chr. datiert[34]. Das Spektrum der stratifizierten Fragmente italischer Terra Sigillata unterstützt eine Zuweisung der Schicht in tiberisch-claudische, allenfalls neronische Zeit[35].

Drack 22 (Kat.Nr. 6)
Die halbkugelige Schüssel mit einziehender Kehlung unter dem Rand ist den Formen Drack 22 bzw. Luginbühl 43 zuzuordnen, die Verformung des Salzburger Stücks verweist auf eine Entsorgung als Ausschussware. Diese Schüsseln sind in der Schweiz vor allem in Ensembles des ausgehenden 1. Jahrhunderts vor und des frühen 1. Jahrhunderts n. Chr. vertreten[36]. Gute Vergleiche finden sich wieder in dem augusteischen Befund von Vindonissa[37], aber auch aus tiberischer Produktion in Augst, Westtorstraße (Ofen 3)[38]. In Zürich kommen Schüsseln Drack 22, allerdings ebenfalls in oxidierender Brennweise hergestellt, vor allem im römischen Siedlungshorizont IV (10 v. bis 30 n. Chr.) vor[39].

Schüsseln (Kat.Nr. 4 und 5)
Bei Kat.Nr. 4 handelt es sich um eine Schüssel mit wiederum profiliertem Wandknick, Kommadekor ober- und unterhalb des Umbruchs und kleiner, abgesetzter Lippe. Eventuell ist hier eine Nähe zu den Schüsseln Drack 21 in Betracht zu ziehen, exakte Vergleiche finden sich nicht.

Dies gilt auch für Kat.Nr. 5, hier ist unter der gegliederten, rundstabigen Lippe eine Zone mit Kommadekor angebracht, der Dekorfries ist vom runden Unterteil durch Riefen abgetrennt. Zumindest der Kommadekor findet sich immer wieder auf Schüsseln Drack 20[40].

Schüsseln bzw. gedrungene Tonnen (Kat.Nr. 7–9)
Die großen Rundschüsseln mit rundstabiger Lippe ziert Dekor in unterschiedlicher Form. Bei Kat.Nr. 7 und 8 besteht er aus plastischen Leisten mit Fingernagelkerben, bei Kat.Nr. 9 wurde wieder Kommadekor eingesetzt. Es konnte kein Ganzprofil rekonstruiert werden, daher ist eine Kombination der beiden Varianten durchaus denkbar. Ausgezeichnete Vergleiche liegen aus der Töpferei Bäumlistraße 5 in Oberwinterthur (Ofen 6 und 8) vor[41]. V. Jauch bezeichnet die Stücke als „gedrungene Tonnen mit plastischer, mitunter gekerbter Doppelleiste“[42], die Produktion lässt sich aufgrund der Funde aus den Öfen auf die Zeit zwischen spätestens 30 n. bis 70 n. Chr. eingrenzen[43]. Im *vicus* von Oberwinterthur wurden diese Tonnenfragmente aus Schichten des mittleren 1. Jahrhunderts n. Chr. geborgen, ähnliche Stücke, aber mit glatter Doppelleiste, begegnen im Westquartier in eine Siedlungshorizont, der von 30/33 bis 48/51 n. Chr. datiert wird[44]. Hervorzuheben ist die Vergesellschaftung in der Töpferei Bäumlistraße mit Schüsseln Drack 20, die hier mit kantig abgesetztem Bauchknick und tiefem Schwerpunkt ebenfalls eine straffe, definierte Profilierung aufweisen. Die Gefäßakzentuierung, unterstützt durch den glänzend schwarzen Überzug soll an das Erscheinungsbild von Metallgefäßen erinnern[45].

3. Zonal bemalte Ware (Kat.Nr. 11–16)
Schüsseln und Tonnen mit zonaler Bemalung
Aus dem Befund in der Getreidegasse konnten zumindest zwei halbkugelige Schüsseln mit zonaler Bemalung zeichnerisch rekonstruiert werden. Mit weißer Farbe wurden metopenartige Übermuster über einen breiten roten Streifen gelegt, die restliche Oberfläche verbleibt tongrundig. Spätlatènezeitliche Schüsseln der Form „Bol Roanne“ (halbkugelig, Streifenbemalung mit metopenartigen Übermustern) kommen bis in die 30er Jahre des 1. Jahrhunderts n. Chr. vor[46], diese zeigen aber nahezu regelhaft einen nicht abgesetzten, nach innen hochgezogenen Boden[47]. Aus Zürich liegt eine Schüssel mit zumindest schwach abgesetztem, aber nicht hochgezogenem Boden vor[48], die einer augusteisch tiberischen Siedlungsphase zugeordnet wird[49]. Die Stücke aus der Getreidegasse stammen sicher aus römische Produktion, die Übermuster verweisen jedoch auf eine frühe Herstellung. Ähnlichen Dekor zeigen auch Fragmente einer oxidierend gebrannten Tonne (Kat.Nr. 15), hier wechseln sich rote und weiße horizontale Streifen auf dem Tongrund ab, weiße, senkrechte Striche auf dem roten Streifen bzw. sepiafarbene Striche auf weißem Grund bilden die Übermuster. Hinzu kommen umlaufende, dünne weiße Linien. Metopenartige Übermuster aus Strichbündeln sind in Salzburg vor allem von zonal bemalten Tonnen bekannt, die F. Moosleitner in augusteisch-tiberische Fundkomplexen und somit in den untersten/ältesten Schichten der römischen Stadt verortete[50]. Einen jüngeren Horizont der zonal bemalten Keramik in Salzburg kennzeichnen nach Moosleitner Übermuster mit tannenzweigartigen Motiven, diesen setzt er in claudisch-neronische Zeit[51]. Flaschen bzw. Enghalstöpfe mit einem derartigen Übermuster liegen allerdings noch aus zwei Ensembles aus der Mitte bzw. der zwei-

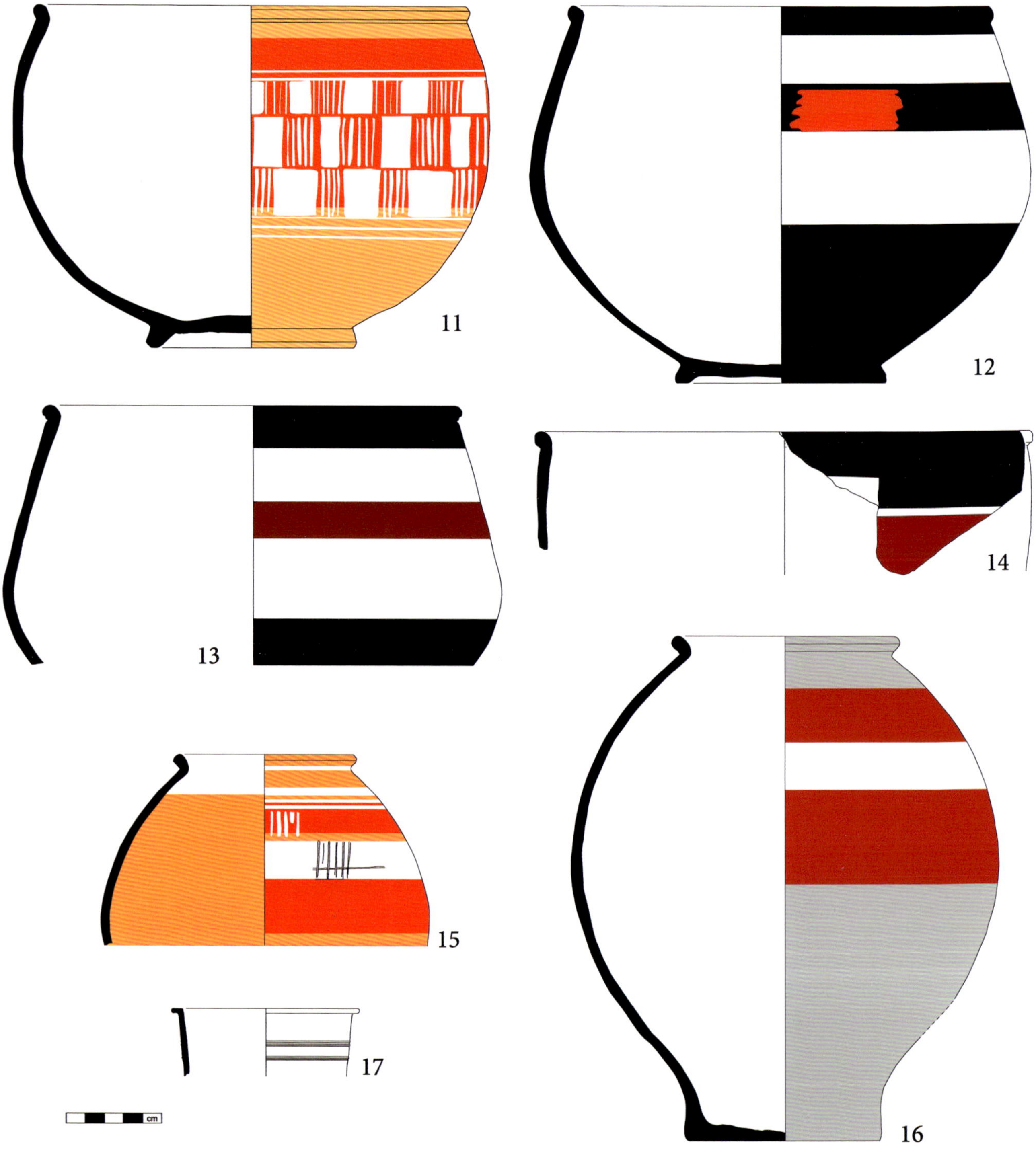

Abb. 6: Salzburg, Getreidegasse. Zonal bemalte Ware, italische TS (Tafel: U. Hampel, privat).

ten Hälfte des 2. Jahrhunderts vor[52]. Ob es sich dabei um Altstücke handelt oder die Produktion dieser Töpfe bis in diese Zeit läuft, kann momentan nicht entschieden werden. Allerdings liegen aus Siedlungsschichten ab dem 2. Jahrhundert nur mehr wenige Einzelfragmente mit Bemalung vor (meist ohne Übermuster), zudem handelt es sich nach Meinung Verf. dabei durchwegs um sekundär verlagerte, ältere Stücke in jüngeren Kontexten. Im Fall des Stückes vom Makartplatz 6[53] sei jedenfalls auf die zu den Stücken aus der Getreidegasse abweichende Farbgebung mit Verwendung von Weiß (Streifen) und Sepia (Streifen bzw. flächige Färbung ganzer Gefäßpartien) ohne Rot verwiesen.

Im Salzburger Land ist bemalte Keramik aus spätlatènezeitlichen Siedlungen bekannt[54], Hinweise auf lokale Produktion liegen aber nicht vor, es dürfte sich um hochwertige Importe aus dem Norden und Westen handeln. Für die römischen Beispiele bemalter Keramik bleibt aber – trotz des Versuchs einer typologischen Neuordnung[55] – chronologisch aufgrund fehlender datierbarer Komplexe nur die Feststellung F. Moosleitners relevant, dass Stücke mit Über-

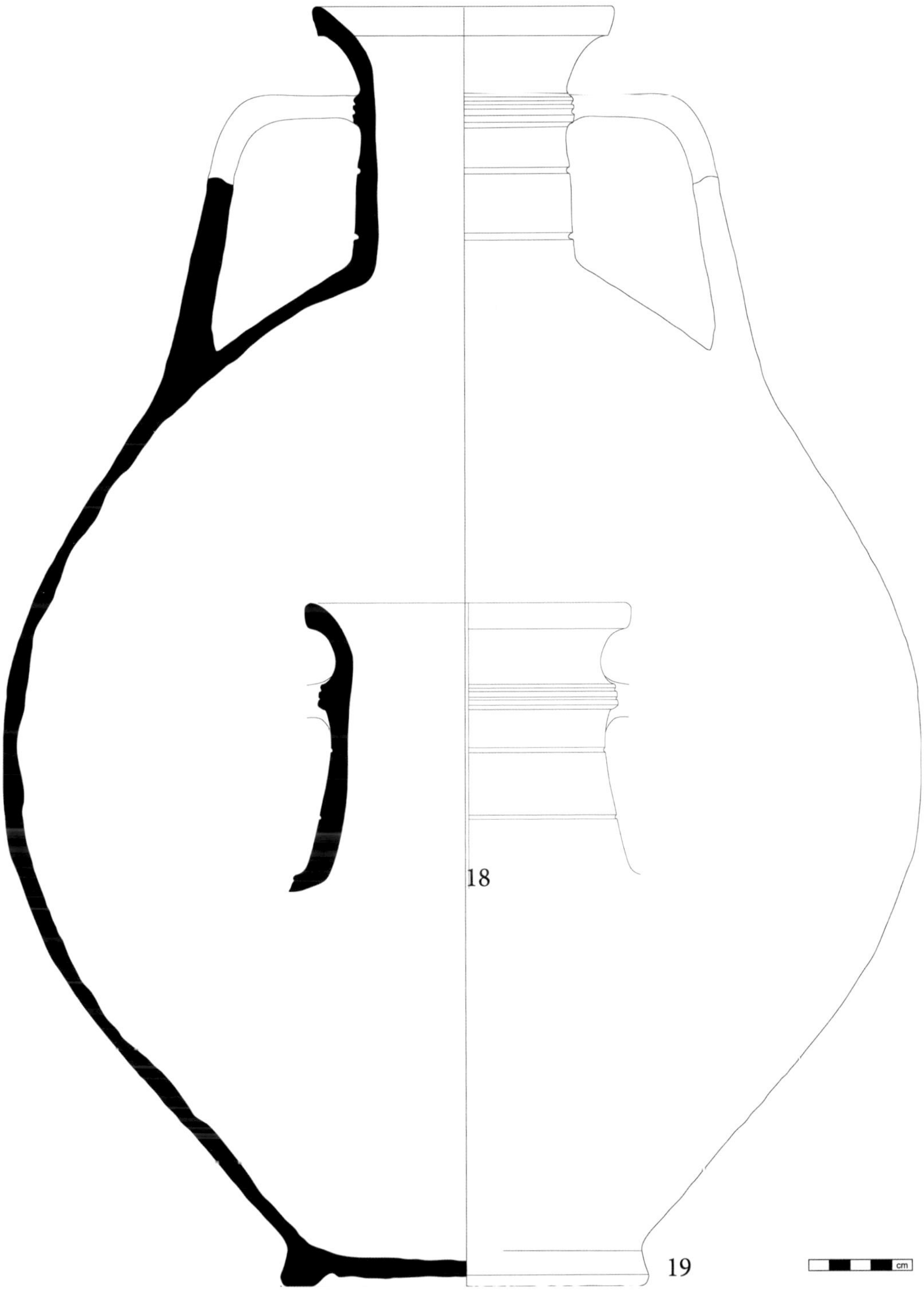

Abb. 7: Salzburg, Getreidegasse. Doppelhenkelkrüge (Tafel: U. Hampel, privat).

mustern (sowohl metopenartige Übermuster als auch jene mit Tannenzweigenmotiven) zu den älteren Exemplaren (augusteisch bis neronisch) gehören[56]. Auffallend im Salzburger Fundmaterial sind aber die stark sepiabetonten Stücke aus dem Kleinen Festspielhaus[57], die vielleicht zusammen mit dem Topf vom Makartplatz 6 auf einen eigenen Werkstattkreis hinweisen könnten. Betont sei hier deshalb erneut der Unterschied zu den bemalten Gefäßen aus der Getreidegasse, hier wurden auf roten bzw. weißen Streifen metopenartige Übermuster in Weiß (auf Rot) bzw. Sepia (auf breiten weißen Streifen) aufgebracht. Die späte streifenbemalte Keramik aus *Lauriacum* ist jedoch keinesfalls mit den Salzburger Stücken verwandt, es handelt sich dort um eine eigenständige, lokale Entwicklung[58].

Fehlbrände oder schwarz engobiert und zonal bemalt?
(Kat.Nr. 12–14 und Kat.Nr. 16)

Bislang ohne Parallelen bleiben drei große, halbkugelige Schüsseln mit Resten von roter und weißer Streifenbemalung über einer schwarzen Engobe. Der Scherben ist weich, fein geschlämmt, wenig grob gemagert und im Kern graubraun. Mindestens eine Schüssel (Kat.Nr. 12) besitzt einen Standring. Ähnliche Brenntechnik und Scherben sind bei einer Tonne belegt (Kat.Nr. 16). Mit großer Wahrscheinlichkeit handelt es sich bei den reduzierend gebrannten Stücken aus der Getreidegasse um Fehlbrände, die somit eine Herstellung sowohl zonal bemalter Schüsseln als auch Tonnen vor Ort belegen. Auffallend ist allerdings die durch den missglückten Brennvorgang schwarz verfärbte, flächige Engobe. Auf den vorliegenden, oxidierend gebrannten Exemplaren ist eine entsprechende, flächig rote Engobe zumindest makroskopisch nicht festzustellen. Denkbar wäre deshalb auch, dass der Töpfer durch veränderte Farbgebung seine Produkte eigenständig weiterentwickelte. Erinnert sei hier an die gedrungenen Tonnen bzw. halbkugeligen Schüsseln mit plastischer Leiste (Kat.Nr. 7 und 8), die in vergleichbarer Form und ebenfalls mit schwarzer Engobe vorliegen. In jedem Fall zeugen die Stücke von einer Herstellung vor Ort und bleiben auch im bislang unpublizierten Salzburger Fundmaterial bislang ohne Parallele.

4. Doppelhenkelkrüge (Kat.Nr. 18 und 19)
Aus den zahlreichen Fragmenten konnten aufgrund des unterschiedlichen Scherbens (Oberfläche braun bis braungrau, Kern beige bis rot, hart bis klingend hart gebrannt, fein gemagert) mehrere Individuen von Doppelhenkelkrügen mit zylindrischem Hals identifiziert werden. Zumindest ein Krug (Kat.Nr. 19) konnte zeichnerisch rekonstruiert werden (H. ca. 60 cm), von einem zweiten ist der prägnante Hals mit Horizontalrippe und zwei umlaufenden Riefen abgebildet (Kat.Nr. 18). Doppelhenkelkrüge mit zylindrischem Hals und Halsrippe stammen durchwegs aus tiberisch-claudischen Kontexten, wobei die Ausformung des Randes bei den Salzburger Stücken nicht exakt jener aus Rätien[59] entspricht. Dort besitzen Doppelhenkelkrüge mit Zylinderhals einen mehr oder weniger profilierten bzw. gerillten Kragenrand. In Salzburg sind Doppelhenkelkrüge sonst bislang weder vorgelegt worden noch bekannt[60], die unterschiedlichen Scherbenqualitäten (Brenngrad und Farben) in der Getreidegasse könnten eventuell auf Fehlbrand und damit ebenfalls auf Produktion vor Ort hinweisen.

ZUSAMMENFASSUNG UND DATIERUNG

Der Fundkomplex aus der Getreidegasse umfasst zahlreiche Gefäßformen, die bislang im Salzburger Material nicht bekannt waren. Fehlbrände wie jene der Schüsseln Drack 20 und Drack 22 sowie möglicherweise im Fall der schwarz engobierten, zonal bemalten Schüsseln und Tonnen sowie der Doppelhenkelkrüge belegen eine Produktion vor Ort, möglicherweise nicht unmittelbar im erfassten Ofen in der Getreidegasse, aber zumindest in einer Anlage nicht weit davon entfernt. Die Provenienz der zonal bemalten Schüsseln genauso wie der bemalten Tonne kann ohne naturwissenschaftliche Untersuchungen vorerst nicht eindeutig verifiziert werden, da die Stücke keine Hinweise auf Fehlbrand und somit auf Produktion vor Ort aufweisen. Spannend wäre ebenfalls eine Untersuchung der Warenart im Fall der schwarz engobierten, gedrungenen Tonnen mit plastischer Leiste, aufgrund der ausgezeichneten Vergleiche aus Oberwinterthur läge hier auch ein möglicher Produktions-/Herkunftsort vor, der zudem vorbildlich untersucht wurde. Die engen Bezüge gerade der zonal bemalten Schüsseln sowie der engobierten Keramik einheimischer Form in das rätische Gebiet sowie das Fehlen von Vorformen lassen daran denken, dass ein direkter Knowhow-Import durch einen (oder mehrere) nach *Iuvavum* zugewanderter Töpfer aus dem Bereich der nördlichen Zentralschweiz stattfand. Eventuell bot die aufstrebende Siedlung knapp vor oder um die Municipalerhebung unter Claudius Chancen für Töpfer aus dem Westen, die im nordwestlichen *Noricum* auf neue Absatzmärkte und Kundenschichten hofften. Die formale Affinität der materiellen Kultur zum rätischen Raum ist sicherlich auf enge vorrömische Kontakte zurückzuführen, möglicherweise lebten Reminiszenzen an die einstige, wertvolle bemalte Importkeramik in der autochthonen Bevölkerung *Noricums* nur wenige Generationen nach der Okkupation fort und bestimmten den Geschmack der Konsumenten in *Iuvavum*, der auch positiv auf spätlatènezeitliche Formen in römischer Produktionstechnik reagierte.

Die Produktion lässt sich auf die tiberisch bis claudische Zeit eingrenzen, ein Ende ist allenfalls in neronischer Zeit anzunehmen. Einen zusätzlichen Ansatz für die Datierung könnte der knapp 8,5 m westlich gelegene Befund Getreidegasse 35 liefern. Nach Auswertung des Fundmaterials wurde hier spätestens gegen Ende des dritten Viertels des 1. Jahrhunderts n. Chr. das Areal mit Steingebäuden überbaut[61]. Eine direkte Anbindung zum Befund des Keramikofens besteht zwar nicht, denkbar wäre aber eine zeitliche Abfolge von Produktionszone/Töpferei (wohl im Freigelände am Ufer der Salzach) zu Wohnverbauung, wobei die Überbauung der ehemaligen am Rand der Siedlung situierten Werkstattareale mit Wohngebäuden durchaus dem enormen Siedlungsdruck der rasch aufstrebenden Siedlung geschuldet sein könnte.

Mit der Werkstatt im Bereich des Kleinen Festspielhauses produzierte zumindest eine weitere Töpferei in Salzburg zonal bemalte Keramik und Terra Sigillata-Imitationen nach helvetischem Vorbild[62], wobei hier nur allgemein eine Herstellung bis an das Ende des 1. Jahrhunderts n. Chr. angenommen werden kann[63]. Insgesamt ist der Anteil der schwarz oder rot engobierten Feinkeramik bzw. der Terra Sigillata-Imitationen in Relation zu den Sigillata-Importen an der Gesamtmenge der Keramikfunde jedoch eher gering, eine Laufzeit bis in das 2. Jahrhundert erscheint zum momentanen Zeitpunkt unwahrscheinlich. Möglicherweise verdrängte die im 1. Jahrhundert im Fundmaterial enorm zunehmende südgallische Sigillata aufgrund ihrer deutlich höheren Qualität und damit einhergehenden besseren Haltbarkeit die einheimische Ware. Über die Laufzeit der zonal bemalten Ware kann nur spekuliert werden. Jedenfalls sind bis auf die Stücke in der Getreidegasse keine weiteren bemalten Breitformen aus *Iuvavum* bekannt, diese wurden – ebenso wie die Doppelhenkelkrüge – seitens der Käuferschaft offenbar nicht angenommen. Ausgenommen die wenigen Exemplare aus Schacht-/Brunnenverfüllungen des 2. Jahrhunderts (Dietrichsruh und Makartplatz) liegen aus

Siedlungsschichten ab dem ausgehenden 1. Jahrhundert nur mehr wenige Fragmente von zonal bemalter Keramik vor, dabei dürfte es sich durchwegs um sekundär verlagerte Altstücke handeln. Überdies stellen Produktion und Rezeption dieser Warenarten im nordwestlichen *Noricum* nach Meinung Verf. ein stark regional geprägtes Phänomen dar, überregionale Analogieschlüsse zur Laufzeit sind daher nur bedingt aussagekräftig[64].

---

[1] Hampel/Niedermayr 2015; Niedermayr/Hampel 2016; Niedermayr 2016.

[2] Zuletzt zusammenfassend Kovacsovics 2002.

[3] Hampel 2014.

[4] Höglinger/Schraffl 2015.

[5] Zum Geländerelief auf der rechten Salzachseite Thüry 2012; ausführlich zu den natürlichen Grenzen des Siedlungsbereiches Thüry 2014, 5–12.

[6] Eine eindrucksvolle Ansicht aus dem 19. Jahrhundert stellt das sog. Sattler-Panorama dar, das im Salzburg Museum-Panoramamuseum zu besichtigen ist (Marx/Laub 2005); Rekonstruktionszeichnung (W. Hölzl nach Angaben G. E. Thüry) in Thüry 2013, Vor- und Nachsatz.

[7] Hampel 2007.

[8] Feldinger 1989, 251.

[9] Zuletzt Kovacsovics 2014, 179.

[10] Lang/Knauseder/Kovacsovics 2012.

[11] Lang/Knauseder/Kovacsovics 2012, 101.

[12] Hampel 2017.

[13] Kaltenberger 1998, 262; Fasold 1993, 75 (T 10).

[14] z.B. Steilrandschale Kat.Nr. 83: Seebacher 1999, 268 (Zusammenfassung/Datierung).

[15] z.B. Steinfundamente über den Öfen im Priesterhausgarten: Lang/Knauseder/Kovacsovics 2012, 101.

[16] Beispiele für Produktion neben Wohnhäusern mit gehobener Ausstattung (Fußbodenheizung/Wandmalerei): Neue Residenz Metallverarbeitung/Töpferei Kovacsovics 2003, 118–122 bzw. Kovacsovics 2009; Makartplatz 6 Gerberei/Horn- und Geweih verarbeitende Betriebe Höglinger et. al 2012; Furtwänglergarten Metallverarbeitung Hampel 2014, 75 f.; Residenzplatz Metallverarbeitung Höglinger 2009, 15.

[17] Ettlinger u.a. 2002, 100.

[18] Drack 1945.

[19] Martin-Kilcher 1999, 33; Schucany 1999b, 36.

[20] Luginbühl 2001, 82.

[21] Luginbühl 2001, 82.

[22] Luginbühl 2001, 126.

[23] Koller 1990, Taf. 4, 33.34.

[24] Schucany 1996, Abb. 127, HP II.

[25] Jauch 2014, Taf. 8, 65–68.

[26] Ulbert 1959, Taf. 6, 2.11.

[27] Koller 1990, 13.

[28] Schucany 1996, 32.

[29] Luginbühl 2001 134; Schucany 1999, 38.

[30] Thüry 2014, 151–152; Taf. 10, Kat. 17.8.

[31] Oberhofer 2016, 520 und 522–526.

[32] Burmeister 1998, 149.

[33] Salzburg Museum Inv.Nr. ARCH 207 BDS-99.

[34] Kovacsovics 2003, 116.

[35] Freundliche Mitteilung S. Schmid/M. Gschwind. Die Gesamtvorlage der italischen Sigillaten aus *Iuvavum* durch S. Schmid und M. Gschwind ist in Vorbereitung.

[36] Schucany 1999, 38.

[37] Keller 1990, Taf. 3, 30–32.

[38] Furger 1991, 264 und Abb. 6, 11.

[39] Balmer 2009, 122, 124.

[40] z.B. Schucany 1996, Abb. 113; Oberhofer 2016, Abb. 5.

[41] Jauch 2014, Taf. 16, 128–133.

[42] Jauch 2014, 48.

[43] Jauch 2014, 27.

[44] Jauch 2014, 48.

[45] Jauch 2014, 43.

[46] Pavlinec 1995, 74.

[47] Schucany 1999, 52 f.

[48] Balmer 2009, Taf. 60, 1155.

[49] Balmer 2009, 94.

[50] Moosleitner 1975, 201.

[51] Moosleitner 1975, 202.

[52] Seebacher 1999, Kat.Nr. 55–57; Hampel 2012, 49 und Kat.Nr. 2.9.5.

[53] Hampel 2012, Kat.Nr. 2.9.5.

[54] Zuletzt mit Literatur Huber/Lang/Wendling 2018, 83–85. Das Randstück eines weitmundigen Topfes aus der Siedlung Uttendorf/Steinbühel (Höglinger 2004, Abb. 2,1) stammt allerdings gesichert aus dem spätlatènezeitlichen Formenkreis. Die Fundlage als Altstück in einer Planierschicht, die zur Errichtung eines bis in das 1. Jahrhundert n. Chr. genutzten Hauses eingebracht wurde, liefert allenfalls einen *terminus postquem* für den Hausbau (freundliche Mitteilung P. Höglinger).

[55] Huber/Lang/Wendling 2018, 92–93.

[56] Moosleitner 1975. Seine Datierungen beruhen vor allem auf den Beobachtungen während der Ausgrabungen Alte Universität (freundliche Mitteilung B. Reiterer).

[57] Huber/Lang/Wendling 2018, Abb. 14; Beitrag L. Huber in vorliegendem Band (s. S. 71–93).

[58] Ruprechtsberger 1978.

[59] Ritterling 1912, 288; Fischer 1957, 28 und Taf. 20,8; Ulbert 1959, 51.

[60] Freundliche Mitteilung W. K. Kovacsovics.

[61] Hampel 2007, 42.

[62] S. Beitrag L. Huber in vorliegendem Band (s. S. 71–93).

[63] Kleines Festspielhaus Huber/Lang/Wendling 2018, 86–87 und Abb. 14.

[64] Ähnlich in der Schweiz Martin-Kilcher 1999, 34.

LITERATUR

Balmer 2009
M. Balmer, Zürich in der Spätlatène- und frühen Kaiserzeit. Vom keltischen Oppidum zum römischen Vicus Turicum. Monographien der Kantonsarchäologie Zürich 39 (Zürich 2009).

Burmeister 1998
S. Burmeister, Vicus und spätrömische Befestigung von Seebruck-Bedaium. Materialhefte zur Bayerischen Vorgeschichte 76 (Kallmünz/Opf. 1998).

Drack 1945
W. Drack, Die helvetische Terra Sigillata-Imitation des 1. Jahrhunderts n. Chr. (Basel 1945).

Ettlinger u.a. 2002
E. Ettlinger/B. Hedinger/B. Hoffmann/P. M. Kenrick/G. Pucci, K. Roth-Rubi/G. Schneider/S. v. Schnurbein/C. M. Wells/S. Zabehlicky-Scheffenegger, Conspectus Formarum Terrae Sigillatae Italico Modo Confectae (Bonn 2002).

Fasold 1993
P. Fasold, Das römisch-norische Gräberfeld von Seebruck-Bedaium. Materialhefte zur Bayerischen Vorgeschichte 64 (Kallmünz/Opf. 1993).

Feldinger 1989
E. M. Feldinger, Stadt Salzburg, Abt. Innere Stadt, *Fundberichte aus Österreich 28,* 1989, 251.

Fischer 1957
U. Fischer, Cambodunumforschungen 1953 II. Keramik aus den Holzhäusern aus der 1. und 2. Querstraße. Materialhefte zur Bayerischen Vorgeschichte 10 (Kallmünz/Opf. 1957).

Furger 1991
A. Furger, Die Töpferbetriebe von Augusta Rauricorum, *Jahresberichte aus Augst und Kaiseraugst 12,* 1991, 259–279.

Hampel 2007
U. Hampel, Ein archäologischer Befund des 1. Jahrhunderts n. Chr. aus der Getreidegasse, Stadt Salzburg, *Salzburg Archiv 32,* 2007, 37–50.

Hampel 2014
U. Hampel, Neue Erkenntnisse zum municipium Iuvavum anhand aktueller Ergebnisse aus Denkmalschutzgrabungen der letzten Jahre. In: Lang/Kastler/Kovacsovics/Traxler 2014, 73–82.

Hampel 2017
U. Hampel, KG Salzburg. SG Salzburg. MNr. 56537.17.27, *Fundberichte aus Österreich 56,* 2017, 382–383.

Hampel/Niedermayr 2015
U. Hampel/B. Niedermayr, KG Salzburg. SG Salzburg. MNr. 56537.15.02, *Fundberichte aus Österreich 54,* 2015, 340–341.

Höglinger 2004
P. Höglinger, Zum Problem der spätlatènezeitliche-frührömischen Siedlungskontinuität auf Höhensiedlungen des oberen Salzach- und Saalachtales im Pinzgau, Land Salzburg. In: Hüssen/Irlinger/Zanier 2004, 187–198.

Höglinger 2009
P. Höglinger, Archäologie am Residenzplatz. In: Der Residenzplatz. Fenster zu Salzburgs Geschichte. Fundberichte aus Österreich, Materialhefte Reihe A, Sonderheft 10 (Wien 2009), 8–17.

Höglinger u.a. 2012
P. Höglinger u.a. 2012, Salzburg, Makartplatz 6. Römisches Gewerbe – Stadtpalais – Bankhaus Spängler. Fundberichte aus Österreich Materialhefte Reihe A, Sonderheft 20 (Wien 2012).

Höglinger/Schraffl 2015
P. Höglinger/M. Schraffl, Ein digitaler Stadtplan des römischen municipums Iuvavum/Salzburg, *Fundberichte aus Österreich 54,* 2015, 319–326.

Huber/Lang/Wendling 2018
L. Huber/F. Lang/H. Wendling, Bemalte Keramik der späten Latène- und frühen Kaiserzeit aus Iuvavum/Salzburg und dessen Umfeld, *Fines Transire 27,* 2018, 81–96.

Hüssen/Irlinger/Zanier 2004
C.-M. Hüssen/W. Irlinger/W. Zanier (Hrsg.), Spätlatènezeit und frühe römische Kaiserzeit zwischen Alpenrand und Donau. Akten des Kolloquiums in Ingolstadt am 11. und 12. Oktober 2001. Kolloquien zur Vor- und Frühgeschichte 8 (Bonn 2004).

Jauch 2014
V. Jauch, Vicustöpfer. Keramikproduktion im römischen Oberwinterthur. Beiträge zum römischen Oberwinterthur – Vitudurum 10/Monographien der Kantonsarchäologie Zürich 45 (Zürich 2014).

Kaltenberger 1998
A. Kaltenberger, Ausgrabung St. Peter: II. Römerzeitliche lokale Gebrauchsware und mittelalterliche Keramik 1980–1995, *Jahreshefte des Österreichischen Archäologischen Institutes 67,* 1998, Beiblatt, Sp. 245–484.

Koller 1990
H. Koller, Ein Töpferofen aus augusteischer Zeit in Vindonissa, *Gesellschaft Pro Vindonissa. Jahresbericht 1990,* 3–41.

Kovacsovics 2002
W. K. Kovacsovics, Iuvavum. In: M. Šašel Kos/P. Scherrer (Hrsg.), The autonomous Towns of *Noricum* and Pannonia. Situla 40 (Ljubljana 2002), 165–201.

Kovacsovics 2003
W. K. Kovacsovics, Die archäologischen Untersuchungen im ersten Innenhof der Neuen Residenz. In: Marx/Laub 2003, 113–132.

Kovacsovics 2009
W. K. Kovacsovics, Die archäologischen Untersuchungen in der Neuen Residenz 2004. In: Marx/Laub 2009, 243–264.

Kovacsovics 2014
W. K. Kovacsovics, Roms Adler an der Salzach. Offene Fragen und neue Erkenntnisse zur Geschichte und Topographie der römischen Stadt Iuvavum. In: Lang/Kastler/Kovacsovics/Traxler 2014, 177–201.

Lang/Knauseder/Kovacsovics 2012
F. Lang/D. Knauseder/W. K. Kovacsovics, Handwerk im municipium Claudium Iuvavum – Sazburg. Keramik-, Metall- und Beinverarbeitung. In: F. Lang/St. Traxler/W. Wohlmayr, Stadt, Land, Fluss/Weg. Aspekte zur römischen Wirtschaft im nördlichen *Noricum*. Workshop Salzburg, 19.–20. November 2010. ArchaeoPlus 3 (Salzburg 2012), 95–117.

Lang/Kastler/Kovacsovics/Traxler 2014
F. Lang/R. Kastler/W. K. Kovacsovics/S. Traxler (Hrsg.), Collloquium Iuvavum. Das municipium Claudium Iuvavum und sein Umland. Bestandsaufnahme und Forschungsstrategien. Tagung im Salzburg Museum, 15.–17. März 2012. Archäologie in Salzburg 8/ Jahresschrift des Salzburg Museum 56 (Salzburg 2014).

Luginbühl 2001
T. Luginbühl, Imitations de Sigillée et Potiers du Haut-Empire en Suisse Occidentale. Archéologie et histoire d'un phénomène artisanal antique. Cahiers d'Archeologie Romande 83 (2001).

Martin-Kilcher 1999
S. Martin-Kilcher, TS-Imitationen. In: Schucany/Martin-Kilcher/Berger/Paunier (Hrsg.) 1999, 33–36.

Marx/Laub 2003
E. Marx/P. Laub (Hrsg.), Die Neue Residenz in Salzburg. Vom „Palazzo Nuovo" zum Salzburg Museum, *Jahresschrift des Salzburger Museums Carolino Augusteum 47–48,* 2001–2002 (2003).

Marx/Laub 2005
E. Marx/P. Laub (Hrsg.), Das Salzburg-Panorama von Johann Michael Sattler. Band 1. Das Werk und sein Schöpfer (Salzburg 2005).

Marx/Laub 2009
E. Marx/P. Laub (Hrsg.), Das Salzburg Museum in der Neuen Residenz. Jahresschrift des Salzburg Museum Band 52 (Salzburg 2009).

Moosleitner 1975
F. Moosleitner, Zonal bemalte Keramik spätkeltischer Art aus Salzburg, *Archäologisches Korrespondenzblatt 5,* 1975, 201 203.

Niedermayr 2016
B. Niedermayr, Bericht zur Grabung Salzburg, Getreidegasse West, *Fundberichte aus Österreich 55,* 2016, D6298-D6349.

Niedermayr/Hampel 2016
B. Niedermayr/U. Hampel, KG Salzburg. SG Salzburg. MNr. 56537.16.02, *Fundberichte aus Österreich 55,* 2016, 424–425.

Oberhofer 2016
K. Oberhofer, Stratifizierte Terra Sigillata Imitationen und engobierte Keramik einheimischer Form aus Brigantium/Bregenz, *Rei Cretariae Romanae Fautorum Acta 44,* 2016, 519–527.

Pavlinec 1995
M. Pavlinec, Zur Datierung römischzeitlicher Keramik in der Schweiz, *Jahrbuch der Schweizer Gesellschaft für Ur- und Frühgeschichte 78,* 1995, 57–82.

Ritterling 1912
E. Ritterling, Das frührömische Lager Hofheim i. T. Annalen des Vereins für Nassauische Geschichtsforschung 40 (Wiesbaden 1912).

Ruprechtsberger 1978
E. M. Ruprechtsberger, Streifenbemalte Keramik aus Lauriacum (Lorch/Enns, Oberösterreich), *Archäologisches Korrespondenzblatt 8,* 1978, 41–43.

Schucany 1996
C. Schucany, Aquae Helveticae. Zum Romanisierungsprozess am Beispiel des römischen Baden. Antiqua 27 (Basel 1996).

Schucany 1999
C. Schucany, 5.1.8 Bemalte Keramik in Spätlatène-Tradition. In: Schucany/Martin-Kilcher/Berger/Paunier 1999, 52–54.

Schucany 1999b
C. Schucany, 5.1.4 Diverse engobierte Keramik einheimischer Form (Drack 20 – 22 etc.). In: Schucany/Martin-Kilcher/Berger/Paunier 1999, 36–39.

Schucany/Martin-Kilcher/Berger/Paunier 1999
C. Schucany/St. Martin-Kilcher/L. Berger/D. Paunier (Hrsg.), Römische Keramik in der Schweiz. Antiqua 31 (Basel 1999).

Seebacher 1999
M. Seebacher, Römisches aus einem Brunnen und einer Zisterne in der sog. Dietrichsruh in Salzburg, *Jahreshefte des Österreichischen Archäologischen Institutes 68,* 1999, Beiblatt, Sp. 235–406.

Thüry 2012
G. E. Thüry, Zum Relief des römischen Stadtbodens in Iuvavum rechts der Salzach. In: Höglinger u.a. 2012, 34–37.

Thüry 2013
G. E. Thüry, Das römische Salzburg. Die antike Stadt und ihre Geschichte. Salzburg Studien, Forschungen zu Geschichte, Kunst und Kultur 14 (Salzburg 2013).

Thüry 2014
G. E. Thüry, Die Stadtgeschichte des römischen Salzburg. Befunde und Funde bis 1987. BAR International Series 2600 (Oxford 2014).

Ulbert 1959
G. Ulbert, Die römischen Donau-Kastelle Aislingen und Burghöfe. Limesforschungen 1 (Berlin 1959).

Municipium Iuvavum – Entstehung und Entwicklung einer römischen Stadt

Peter Höglinger

Die (römische) Neubegründung einer Ansiedlung am heutigen Standort im Bereich der barocken Salzburger Altstadt zwischen den Stadtbergen in der Salzachniederung rechts und links des Flusses steht in engem Zusammenhang mit der Eingliederung des keltischen Königreichs *Noricum* in das *Imperium Romanum* 15 v. Chr. Ausschlaggebend für die Ortswahl waren sicherlich die überaus verkehrsgünstige Position am Schnittpunkt wichtiger Fernhandelswege sowie die Lage an einer besonders gut geeigneten Engstelle für die Querung der Salzach mittels eines dauerhaften und befahrbaren Brückenüberganges, vielleicht auch die unmittelbare Nähe zu einem keltischen Zentralort auf der Anhöhe des Rainberges als bewusst gesetztem Kontrapunkt hierzu. Ausgehend von *Aquileia* erreichte die transalpine Straße über *Teurnia* von Süden her *Iuvavum* und mündete dort in eine Ost-West verlaufende Fernverkehrsroute durch das Alpenvorland. Nach Westen führte diese über die norische Zollstation *Pons Aeni* am Inn nach *Augusta Vindelicum* und *Campodunum*, nach Osten zweigte sie Richtung *Ovilavis* und *Lauriacum* ab.

Schon zuvor hatten im Nahbereich der historischen Altstadt auf beiden Flussufern prähistorische Siedlungen bestanden, diese lagen jedoch – ausgehend von anderen Kriterien für die Ortswahl wie Schutzbedürfnis, Fernsicht und gute Verteidigungsmöglichkeiten – auf den Stadtbergen (Rainberg, Festungsberg, Kapuzinerberg). Als nach derzeitigem Kenntnisstand bedeutendste Höhensiedlung im Stadtgebiet von Salzburg ist der Rainberg zu nennen, der spätestens ab dem beginnenden Jungneolithikum aufgesucht wurde[1].

Die Keimzelle der neuen Siedlung in der Talniederung scheint sich nach Ausweis des bislang bekannten (Be-)Fundbildes etwa im Bereich der heutigen Kai- und Kapitelgasse sowie am Beginn der Nonntaler Hauptstraße befunden zu haben. Als lokale (eponyme) Schutzgottheit wurde – wie anhand der Inschrift auf einem 2008 bei Grabungen am Residenzplatz aufgefundenen Weihealtar (Abb. 1) belegt – *Iuvavus* verehrt.

Schon zur Zeit der Munizipalerhebung – als erstem Ort im römischen Österreich nördlich der Alpen – unter Kaiser Claudius dürfte sie ihre größte Ausdehnung erreicht haben, die annähernd deckungsgleich mit jener der heutigen Salzburger Altstadt beiderseits der Salzach war und indirekt auch durch die Situierung der römischen Friedhöfe erschlossen werden kann. Diese mussten nach römischem Recht außerhalb des Siedlungsareals – üblicherweise an den Aus-

Abb. 1: Salzburg, Residenzplatz. Weihealtar mit Widmung an Iupiter und Iuvavus (Quelle: Bundesdenkmalamt/BDA).

fallsstraßen – angelegt werden. Das bislang größte bekannte Gräberfeld wurde beim Bürglstein im Bereich des Schlosses Arenberg entdeckt, kleinere Ausschnitte weiterer Nekropolen sind am Ende der Linzer Gasse, in der Vierthaler Straße, in der Rainerstraße und vor dem Schloss Mirabell bzw. linksseitig der Salzach am Müllner Hügel und an der Brunnhausgasse aufgedeckt worden.

Iuvavum könnte in seiner Hochblüte eine Siedlungsfläche von rund 35 ha (davon 25 ha am linken Salzachufer) mit geschätzten 7.000 Bewohnern eingenommen haben und fungierte als Hauptstadt eines flächenmäßig großen Verwaltungsbezirks. Dieser umfasste das Gebiet des heutigen Bundeslandes Salzburg mit Ausnahme des Lungaus, hinzu kamen der Chiemgau, der Rupertiwinkel und der Attergau sowie Teile von Nordtirol und des Innviertels. Im Süden bildeten die Tauern die natürliche Grenze zu den Stadtterritorien von *Aguntum* und *Teurnia*, im Westen reichte der Verwaltungsbezirk bis an den Inn und damit an die Provinzgrenze zu Rätien. Die Ausdehnung nach Norden und Osten ist weniger klar bestimmt, könnte aber von der Einmündung der Salzach in den Inn durch das Mattigtal und am Südhang des Hausruck verlaufen sein. Der Abschnitt vom Ostufer des Attersees bis zum oberen Ennstal ist möglicherweise weitestgehend ident mit der heutigen Salzburger Landesgrenze.

Die römische Stadt *Iuvavum* erlebte eine wechselvolle Geschichte[2]. Wahrscheinlich mehrfach verursachten Überschwemmungsereignisse große Zerstörungen. Auch die Einfälle von Germanenstämmen in das Römische Reich hatten zumindest mittelbar Auswirkungen auf die Siedlungsentwicklung. Den Markomannenkriegen unter Kaiser Marc Aurel können möglicherweise Zerstörungsschichten um 170 n. Chr. im Stadtgebiet zugerechnet werden, während die Alamannenstürme der 230- bis 260er Jahre bislang lediglich indirekt fassbar werden. So zeigt die für die Beurteilung der Wirtschaftskraft sehr aufschlussreiche Münzreihe für ersteres Ereignis – vielleicht auch aufgrund der kurzen Zeitspanne – keine Einbrüche, die Bedrohung durch die Alamannen zeichnet sich hingegen in derselben Quelle recht markant ab. *Iuvavum* scheint noch im 3. Jahrhundert n. Chr. von *Ovilavis*/Wels in seiner Bedeutung als Wirtschaftszentrum überholt bzw. abgelöst worden zu sein, erlebte aber wohl im ausgehenden 3. und in der 1. Hälfte des 4. Jahrhunderts n. Chr. nochmals eine Blütephase. Dann setzt der allmähliche Niedergang ein, der vielleicht auch eine zunehmende Verkleinerung des Siedlungsareals bedingte. Ob sich die Menschen tatsächlich ab dem späten 4. Jahrhundert n. Chr. vermehrt auf die geschützte Geländeterrasse im Bereich des Klosters Nonnberg zurückzogen, ist nach derzeitigem Wissensstand nicht eindeutig zu entscheiden. Hiergegen sprechen etwa als öffentlichen Bauten dieser Zeitstellung interpretierte Grundrisse im Bereich des Dom- bzw. Residenzplatzes. Auch die Kaiser Valentinian I. zugeschriebene Errichtung eines Burgus auf der Spitze des Festungsberges ist u.a. mangels der Auffindung von militärischen Ausrüstungsgegenständen nicht unumstritten. In der *Vita Sancti Severini* wird davon berichtet, dass der Heilige um 470 bei seinem Besuch eine kleine Christengemeinde in *Iuvavum* antraf. Dadurch ist die Existenz einer Siedlung mit mehreren Kirchen in dieser Zeit in Salzburg belegt, ihre Lage in der Talniederung oder am Nonnberg/Festungsberg kann jedoch nicht verifiziert werden. Mit Sicherheit haben nicht alle Einwohner von *Iuvavum* dem Räumungsbefehl Odoakers 488 für die Provinz *Ufernoricum* Folge geleistet, sondern auch weiterhin hier Menschen gelebt. Eine durchgängige Siedlungskontinuität an Ort und Stelle aus spätrömischer Zeit in das nachfolgende Frühmittelalter ist durchaus wahrscheinlich, die eindeutigen archäologischen Belege fehlen jedoch bislang.

QUELLENBASIS

Bedingt durch die Ausdehnung des römischen *municipium* etwa flächenident mit jener der mittelalterlichen und barocken Altstadt Salzburgs beidseits der Salzach haben zahlreiche Baumaßnahmen des 19./20. Jahrhunderts in diesem Areal u.a. auch römische Baureste angeschnitten.

In Verbindung mit Publikations- und Ausstellungsprojekten wurden wiederholt Überblickspläne mit den wichtigsten Ergebnissen erstellt, eine gesamthafte Zusammenschau aller bislang gewonnenen Detailerkenntnisse auf digitaler Katasterbasis konnte jedoch erst 2015 (mit Stand Ende 2013) seitens der Abteilung für Archäologie des Bundesdenkmalamtes im Rahmen eines zweijährigen Projektes realisiert werden[3]. Ausgehend von einer umfangreichen Literaturrecherche, der Einsichtnahme in analoge und digitale Planbestände von Kooperationspartnern sowie der Überprüfung der gewonnenen Daten hinsichtlich ihrer Einbindungsfähigkeit in die digitale Oberfläche bzw. Georeferenzierung samt hierfür erforderlichen Maßnahmen wie Nachvermessung oder Entzerrung und Umzeichnungen steht nunmehr eine gesicherte Quellenbasis zur Verfügung. Diese wird nach Bedarf in regelmäßigen Zeitintervallen durch Nachführung neuer Grabungsergebnisse aktualisiert. Die Untergliederung des digitalen Stadtplans in unterschiedliche Layer ermöglicht eine differenzierte Nutzung und erlaubt etwa Abfragen nach Bauperioden (gegliedert nach Jahrhunderten, soweit dies aufgrund bereits vorliegender wissenschaftliche Auswertungen möglich ist oder nach den Angaben der jeweiligen Ausgräber), Funktionsstrukturen (Straßen, Brunnen, Kanäle, Mosaiken etc.), einzelnen Grabungen (mit Angabe der Primärliteratur) und Flächenausschnitten mit/ohne interpretativen Ergänzungen sowie die Erstellung diesbezüglicher Detailpläne.

Die gerade im letzten Jahrzehnt sehr intensive denkmalpflegerische Betreuung des regen innerstädtischen Baugeschehens erweitert zwar kontinuierlich den archäologischen Kenntnisstand, vermag allerdings Detailfragen mangels ergänzender Materialbearbeitungen (zumindest vorerst) nicht immer zu lösen. Dennoch ist generell die archäologische Grundlagenforschung nur durch Denkmalschutzgrabungen, d.h. die engmaschige und kontinuierliche Betreuung aller Baumaßnahmen im Kernareal – unabhängig von geplanten Eingriffsdimensionen und vermeintlichem Kenntnisstand – möglich, um zumindest eine virtuelle Substanzerhaltung zu gewährleisten. Dies betrifft insbesondere auch die – oftmals hinsichtlich ihrer Aussagemöglichkeiten gering geschätzten – Leitungsbauvorhaben. Eine allfäl-

Abb. 2: Salzburg, Residenzplatz. Schemaplan römische Baureste, Stand Ende 2013 (Quelle: BDA).

lige Vorabselektion führt nach Erfahrungswerten zu einer eigenverschuldeten Schmälerung der potentiellen Materialbasis, erst die Fülle an Untersuchungen bietet Chancen auf die Entdeckung neuer (Detail-)Erkenntnisse.

AUSGEWÄHLTE NEUERGEBNISSE GEGENÜBER BISHERIGEM FORSCHUNGSSTAND

Die archäologische Betreuung der Arbeiten 2007/08 bzw. 2018/19 im Zuge einer neuen Oberflächengestaltung des Residenzplatzes (Abb. 2)[4] erbrachte neben jüngeren Befunden zur mittelalterlichen und frühneuzeitlichen Platznutzung (hoch-/spätmittelalterlicher Domfriedhof, spätromanischer Dom, frühneuzeitlicher Übergang Neue/Alte Residenz, romanische Johanneskapelle etc.) in Teilbereichen auch wichtige Hinweise zum römischen Verbauungsbild. So zeigte sich, dass in der Gesamtschau mit Altgrabungen in westlich und nördlich angrenzenden Arealen etwa im Innenhof der Neuen Residenz, am Mozartplatz und Richtung Waagplatz die römischen Baufluchtlinien deutlich von jenen am Residenzplatz abweichen. Dies belegt in Verbindung mit ebenfalls aufgedeckten innerstädtischen römischen Straßentrassen, dass für *Iuvavum* bisherige Denkmodelle nicht länger aufrecht zu erhalten sind. Moderne Vorstellungen suggerieren in Ableitung von „römischen Ordnungsprinzipien“ das Bild eines regelhaften Stadtplans des römischen Salzburg mit orthogonalem Straßenraster und funktional differenzierten Nutzungsarealen. Dies ließe sich für eine Neugründung durchaus erwarten, geht man etwa von renaissancezeitlichen Vergleichen für planmäßig angelegte (Festungs-)Städte aus. In Salzburg ist jedoch bis heute und so scheinbar (nunmehr) auch in römischer Zeit eine dynamische Siedlungsentwicklung („nach Möglichkeit und Erfordernissen“) zu erschließen.

Selbiges scheint sich hinsichtlich einer strikten Trennung in „(Handwerker-/Wohn-)Stadtviertel“ abzuzeichnen[5]. Im zentralen Bereich des römischen Stadtteils links der Salzach findet sich nach bisherigem Kenntnisstand die größte Konzentration an Häusern mit luxuriöser Ausstattung. Gewerbebetriebe, in denen Ton, Glas, Bronze, Eisen, Bein und Horn verarbeitet wurden, verteilen sich aber ebenso über den Westen wie zumindest das Zentrum dieses Stadtteiles. So konnten im Bereich des Residenzplatzes zahlreiche Beispiele für lokal ansässiges Kleingewerbe nachgewiesen werden, das in kleinen Werkstätten entlang einer Durchzugsstraße Fibeln (Abb. 3), Gürtel- und Zaumzeugbestandbestandteile (Halbfabrikate und Fertigprodukte, Bleimodel, Fehlgüsse) in großer Bandbreite herstellte und wohl ebendort auch verkaufte. Es ist daher jedenfalls eine gewisse Durchmischung von Funktionsarealen anzunehmen, deren Intensität und allfällige zeitliche Abfolge allerdings nach derzeitigem Kenntnis- und insbesondere Aufarbeitungsstand nicht klar einzuordnen sind.

Rechts der Salzach sind bislang hingegen keine luxuriösen Wohnbauten aufgedeckt worden, sondern lassen sich lediglich Gewerbebetriebe und direkte wie indirekte Zeugnisse auf zumindest ein öffentliches Gebäude fassen. Archäologische Grabungen im Bauvorgriff ergaben im Bereich des Objektes Makartplatz 6 (Abb. 4) anhand entsprechender

Abb. 3: Salzburg, Residenzplatz. Lokale Fibelherstellung (Quelle: BDA).

Abb. 4: Salzburg, Makartplatz 6. Römische Einbauten (Quelle: Fa. ARDIG, U. Hampel).

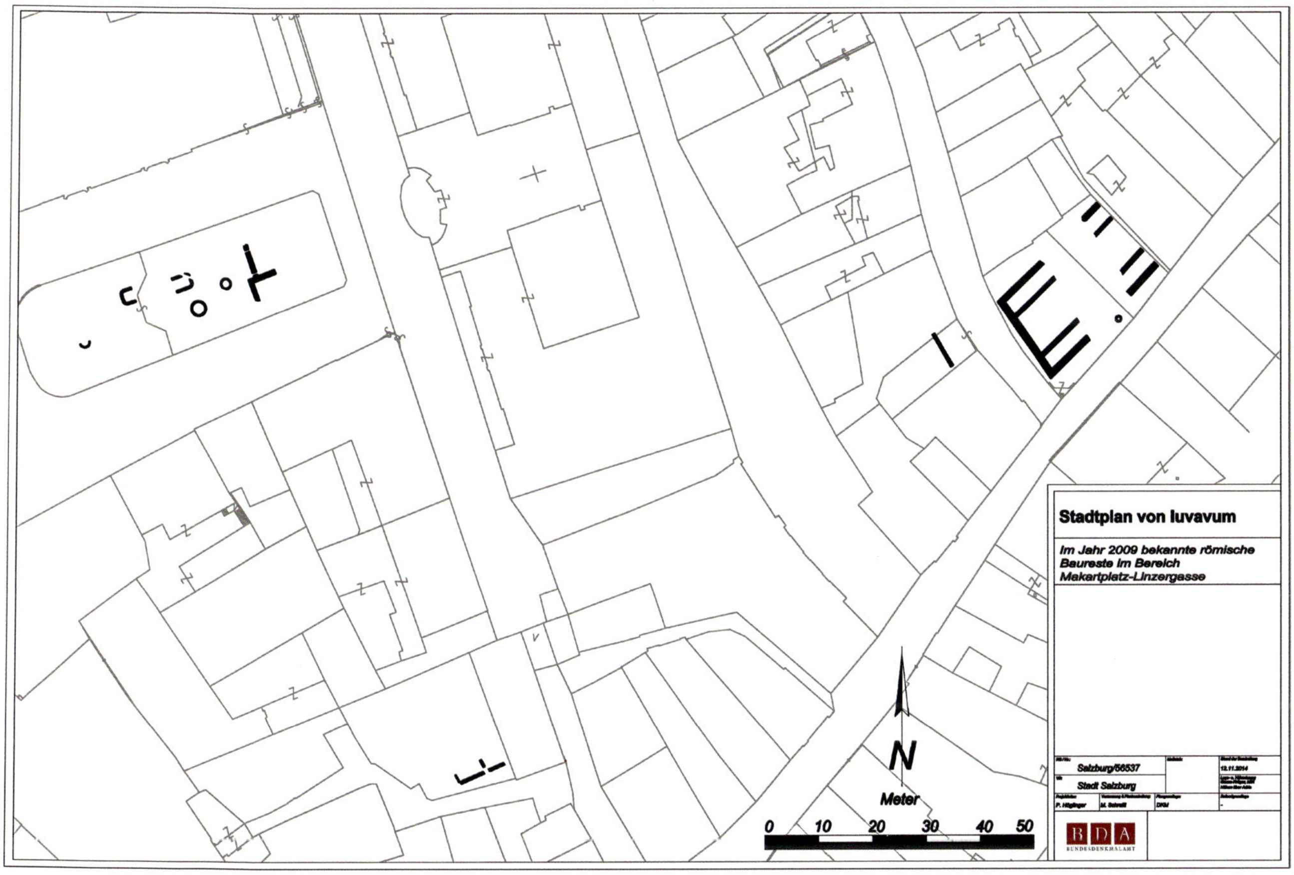

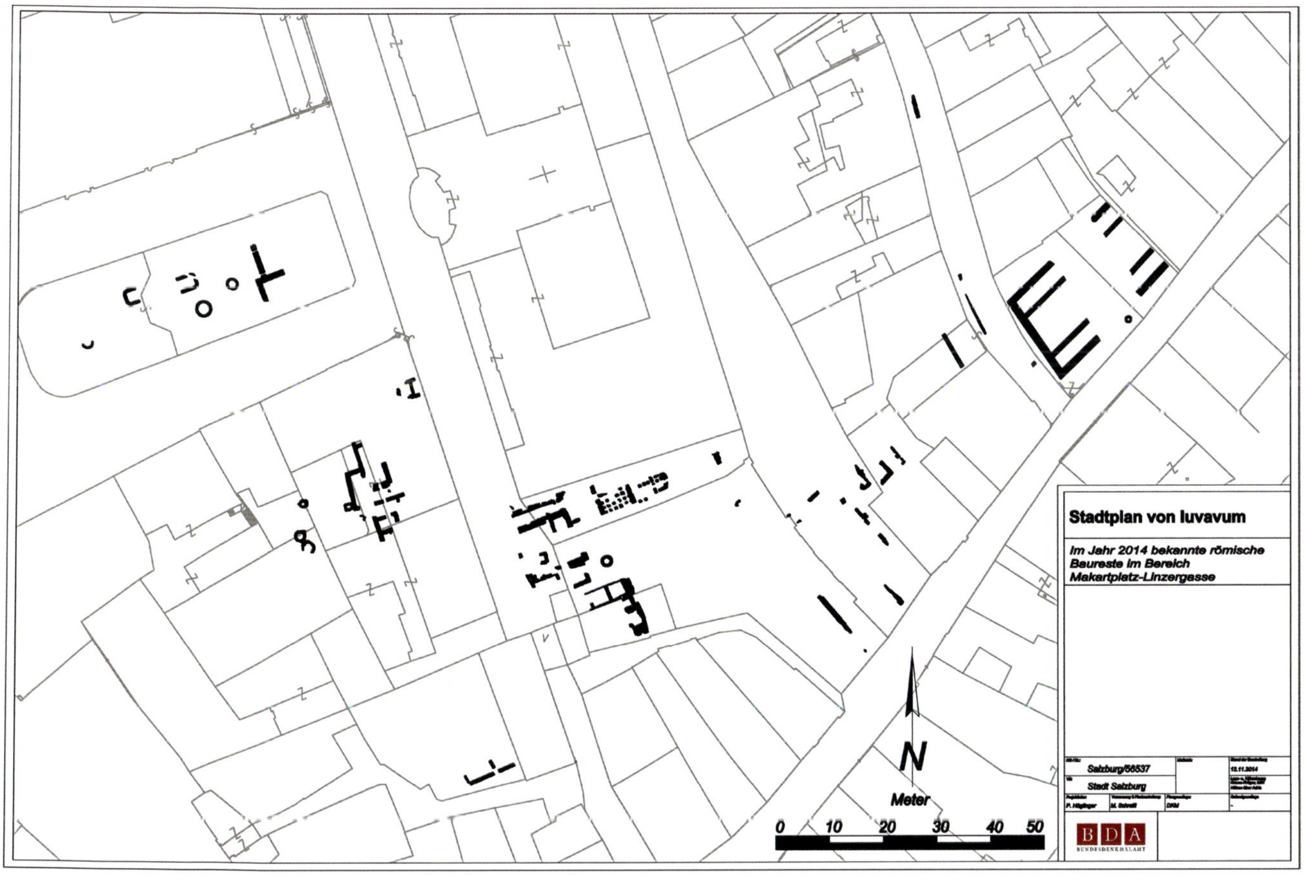

Abb. 5: Auszüge digitaler Stadtplan; *Iuvavum*, rechtsseitiger Stadtteil Stand 2009 bzw. 2014 (Quelle: BDA).

(Be-)Funde[6] klare Hinweise auf lokal ansässige Handwerker wie Bein- bzw. Geweihschnitzer und Gerber (eventuell auch Färber), die vielleicht sogar – aufgrund der verarbeiteten Rohmaterialien – in einer Arbeitsgemeinschaft tätig waren. Die Situierung an einer innerstädtischen Straßentrasse in Siedlungsrandlage trägt möglicherweise der zu vermutenden intensiven Geruchsbelästigung Rechnung.

Ein neu entdeckter Töpfereibefund ebenfalls an der Peripherie der römischen Stadt *Iuvavum* im Verlauf der heutigen Getreidegasse[7] soll an dieser Stelle weniger seiner bemerkenswerten Bedeutung aufgrund des Fundgutes aus der Verfüllung wegen erwähnt werden[8]. Die Einbettung dieses Sonderbefundes in eine insgesamt dichte römische Verbauungsstruktur unterhalb des mittelalterlich-/neuzeitlichen Straßenzuges zeigt entgegen früheren Annahmen, dass die vorderste römische Gebäudefront bis unmittelbar an die Uferkrone zur Salzach hin herangerückt war und die zugehörige innerstädtische Erschließungsstraße – anders als heute – wohl unter den Altstadthäusern zwischen Getreidegasse und Universitätsplatz zu suchen sein dürfte.

EINSCHRÄNKUNGEN DER INTERPRETATIONSMÖGLICHKEITEN

Aufgrund der regen modernen Bautätigkeit und der intensiven denkmalpflegerischen Betreuung derselben hat sich das Befundbild zum römischen Salzburg gerade zuletzt sprunghaft verdichtet (Abb. 5). Dennoch sind diese Erfolge mit gewissen Vorbehalten zu sehen und bleiben alle weiterführenden Interpretationen gewichtigen Limitierungen hinsichtlich der Aussagemöglichkeiten unterworfen, die es stets zu beachten gilt:

In den meisten Grabungsflächen konnte nicht annähernd die gesamte (römische) Schichtabfolge untersucht werden, die archäologischen Untersuchungen müssen im Regelfall auf das durch moderne Bautätigkeit bedingte Zerstörungspotential flächen- wie tiefenmäßig beschränkt bleiben.

Aufgrund der intensiven nachantiken Nutzung eines landschaftsräumlich vorgegeben sehr beengten Siedlungsareals wurden zumindest die Straten/Befunde des 3./4. Jahrhunderts massiv in Mitleidenschaft gezogen, teilweise ist mit flächigen Bodenabträgen in nicht geringer Mächtigkeit zu rechnen (s. etwa barocke Platzgestaltung Residenzplatz).

In den neueren Grabungen konnten wiederholt klare Hinweise darauf gewonnen werden, dass – entgegen früheren Annahmen – das natürliche Oberflächenrelief vor der römischen Siedlungsnutzung nicht flächig überarbeitet/angeglichen wurde, entsprechend ist von einer uneinheitlichen Befunderhaltung auszugehen.

Weiterhin fehlen leider fast durchgängig umfassende Materialbearbeitungen einzelner Grabungen/Befundkomplexe, gesicherte Aussagen zur feinchronologischen Siedlungsabfolge sind somit kaum zu tätigen.

Die Erstellung von Überblicks-Denkmodellen sollte somit stets im Wissen erfolgen, dass jede/r einzelne Grabungsfläche/-befund gesondert vorab einer gewissenhaften Prüfung hinsichtlich ihrer verifizierbaren Aussagemöglichkeit zu unterziehen ist.

FAZIT

Die Bedeutung von *Iuvavum* wird durch mehrere Faktoren unterstrichen. Hierzu zählen u.a. die binnen eines halben Jahrhunderts markant anwachsende Siedlungsfläche, eine nicht geringe Zahl von repräsentativ ausgestatteten Stadtvillen und nicht zuletzt die rasche Erhebung zum *municipium*, d.h. einer Stadt mit eigenem Statut, unter Kaiser Claudius.

Zum Stadtbezirk von *Iuvavum* gehörten sowohl große Anteile an einem inneralpinen Gebiet mit dem Zugang zu natürlichen Ressourcen wie Holz, Bodenschätzen und Steinbrüchen etc. als auch an einem fruchtbaren Landstrich nördlich davon. Die dort zahlreich nachgewiesenen *villae rusticae*, Landgüter unterschiedlicher Größe, produzierten sicher nicht nur für den Eigengebrauch, sondern auch für den „Export" und insbesondere jene aus dem „Speckgürtel" unmittelbar um *Iuvavum* befriedigten die Nachfrage einer zur Blütezeit um die (geschätzten) 7.000 Personen zählenden, städtischen Bevölkerung. Die meisten *villae rusticae* scheinen in den lange andauernden Wirren der Alamanneneinfälle im 3. Jahrhundert n. Chr. zugrunde gegangen zu sein, nur für die sog. Palastvilla von Loig (Gem. Wals-Siezenheim) ist bislang ein Wiederaufbau bzw. Fortleben bis in das späte 4. oder sogar an den Beginn des 5. Jahrhunderts belegt.

Viele für das römische Leben unverzichtbare Güter wie etwa Wein, Oliven, Gewürze, Stoffe etc. erreichten den Warenumschlagplatz *Iuvavum* über die Fernverkehrsstraßen vor allem aus dem Süden und wurden von hier auf dem Landweg und/oder zu Wasser weiter verteilt. *Iuvavum* fungierte hierbei sicherlich auch als wichtige Nachschubetappe für die an der (im Feldzug von 15 v. Chr. erreichten) Donaugrenze stationierten Militäreinheiten, deren Kampfkraft und Einsatzwillen entscheidend von einer adäquaten Versorgung abhängig war. Im Stadtgebiet selbst konnten inzwischen zahlreiche Hinweise auf örtlich ansässiges Gewerbe wie Werkstätten oder Erzeugnisse von Töpfern, Gerbern, Beinschnitzern (Geweih-, Horn-, Knochengriffe etc.), Metallhandwerkern (Herstellung von Fibeln, Gürtelteilen, Pferdegeschirr) u.a. entdeckt werden, die zumindest überwiegend für den lokalen und regionalen Absatz fertigten.

Spätestens zur Zeit einer großen Überschwemmungskatastrophe um 100 n. Chr. scheint sich das Stadtbild gravierend zu verändern, die Holzbebauung wird durch Steingebäude ersetzt. Es ist nicht mit Sicherheit zu entscheiden, ob dies schlagartig in Umsetzung neuer Bauvorschriften (als Reaktion auf die häufigen Brände und Überschwemmungen) oder etappenweise geschah. Die Steinbauweise erhöhte nicht nur die Brandsicherheit, sondern ermöglichte erst die Verwendung von Boden- und Wandheizungen und bot damit einen deutlich höheren Wohnkomfort. Auch die ersten Belege für Abwasserkanäle und Straßenpflasterungen scheinen in dieselbe Zeitphase zu datieren. Intensive Bautätigkeit und repräsentative Bauausführung in Stein geben zugleich Zeugnis von wirtschaftlicher Prosperität.

So entwickelt sich *Iuvavum* in der Zeit der severischen Kaiser Ende des 2. bzw. Anfang des 3. Jahrhunderts n. Chr. zum wichtigsten Zentrum der Mosaikkunst auf heute österreichischem Gebiet. Spezialisten aus einem oder mehreren Salzburger Unternehmen schufen bemerkenswerte Werke, wie uns u.a. das gut erhaltene Theseus- und Ariadnemosaik aus der schon genannten *villa rustica* von Loig (heute Kunsthistorisches Museum Wien) oder das Felicitasmosaik und das Acheloosmosaik aus der *villa urbana* am Mozartplatz (Salzburg Museum) eindrucksvoll vor Augen führen.

Der imposante mehrschiffige Grundriss (ca. 17 x 34 m) mit repräsentativer Ausstattung an der Ecke Linzer Gasse/Bergstraße (im rechtseitigen Stadtteil) ist wohl als Basilika zu interpretieren, ein antikes „Mehrzweckgebäude", wo Geschäfte gemacht oder abgeschlossen werden, Gerichte und auch der Gemeinderat tagen, Feste und Veranstaltungen stattfinden konnten. Ein gegen 1900 wahrscheinlich im Bereich der Einmündung der Wolf-Dietrich-Straße in die Linzer Gasse entdecktes Artefakt entpuppte sich als Bruchstück einer Bronzescheibe (Dm. 1,2 m) mit eingeritzten Sternbildern, die als Teil einer monumentalen, mit Wasserkraft betriebenen astronomischen Uhr zu rekonstruieren ist. Es handelt sich um den einzigen erhaltenen Rest einer Kalenderuhr im gesamten Römischen Reich, Beispiele dieser Art werden bei Vitruv detailgenau beschrieben. Die Uhr war entweder in einem gesonderten Gebäude oder eventuell auch in der genannten Basilika untergebracht.

Nur die Lage eines Kultbaus ist derzeit in *Iuvavum* gesichert nachzuweisen. Er befand sich im Bereich des Mozartkinos in der Kaigasse 33 bzw. erstreckte sich zwischen Krotachgasse und dem Nord-Süd verlaufenden Ast der Kaigasse. Jüngste Überlegungen gehen vom Typus eines einheimisch-keltischen Umgangstempels (ca. 30 x 45 m) aus. Weitere Baureste im Nahbereich deuten eventuell die Existenz mehrerer Sakralbauten in diesem Areal an, entsprechend bleibt die Zuweisung der verstreut entdeckten Bruchstücke von Kultbildern des Asclepius, der Hygieia, des Sarapis und der Kybele zu einem Heiligtum fraglich.

Es darf allerdings nicht unerwähnt bleiben, dass wesentliche und unverzichtbare Bestandteile römischer Städte wie das Forum, der Haupttempel (der kapitolinischen Trias), öffentliche Thermen, Theater etc. derzeit nicht lokalisiert werden können. Für eine Stadtbevölkerung dieser Größenordnung sollten deutlich mehr Gräberfelder zu erwarten sein als bisher aufgedeckt. Auch zum innerstädtischen Straßennetz sind nur kleine Ausschnitte bekannt, straßenbegleitende Kanäle wie überhaupt Anlagen zur Versorgung mit Frischwasser und der Entsorgung von Abwässern fehlen bislang weitestgehend. „Dank" des regen Baugeschehens in der Stadt Salzburg ist aber jederzeit mit neuen Entdeckungen zu rechnen[9], die hoffentlich Wissenslücken weiter zu füllen vermögen.

---

1 Höglinger 2005.

2 Zusammenfassend u.a.: Heger 1974; Kovacsovics 2002; Kovacsovics 2009; Höglinger 2012a; Thüry 2013; Thüry 2014.

3 Höglinger/Schraffl 2015.

4 Höglinger 2009.

5 zuletzt Lang/Knauseder/Kovacsovics 2012, 95, Abb. 1.

6 Höglinger 2012b.

7 Hampel/Niedermayr 2015; Niedermayr/Hampel 2016.

8 Ausführliche Behandlung s. Beitrag U. Hampel in diesem Band (s. S. 51–62).

9 siehe beispielsweise zuletzt Hampel/Niedermayr 2021.

LITERATUR

Hampel/Niedermayr 2015
U. Hampel/B. Niedermayr, KG Salzburg. SG Salzburg. MNr. 56537.15.02, *Fundberichte aus Österreich 54,* 2015, 340 f.

Hampel/Niedermayr 2021
U. Hampel/B. Niedermayr, Salzburg underground. Von der Stadt unter der Stadt – Archäologie in Leitungsgrabungen. Archäologie Aktuell 5 (Horn 2021).

Heger 1974
N. Heger, Salzburg in römischer Zeit, *Jahresschrift des Salzburger Museums Carolino Augusteum 19/1973* (Salzburg 1974).

Höglinger 2005
P. Höglinger, Zur Forschungsgeschichte der prähistorischen Höhensiedlung am Rainberg, Stadt Salzburg. In: M. Chytráček/J. Michálek/M. M. Rind/K. Schmotz (Hrsg.), Archäologische Arbeitsgemeinschaft Ostbayern/West- und Südböhmen. 14. Treffen 23. bis 26. Juni 2004 in Heřmaň bei Písek (Rahden/Westf. 2005), 154–169.

Höglinger 2009
P. Höglinger, Archäologie am Residenzplatz. In: Der Residenzplatz. Fenster zu Salzburgs Geschichte. Fundberichte aus Österreich, Materialhefte Reihe A, Sonderheft 10 (Wien 2009), 8–17.

Höglinger 2012a
P. Höglinger, Salzburg/Iuvavum. Der römische Stadtteil rechts der Salzach. In: Höglinger 2012b, 22–27.

Höglinger u.a. 2012b
P. Höglinger u.a. 2012, Salzburg, Makartplatz 6. Römisches Gewerbe – Stadtpalais – Bankhaus Spängler. Fundberichte aus Österreich Materialhefte Reihe A, Sonderheft 20 (Wien 2012).

Höglinger/Schraffl 2015
P. Höglinger/M. Schraffl, Ein digitaler Stadtplan des römischen municipums Iuvavum/Salzburg, *Fundberichte aus Österreich 54,* 2015, 319–326.

Kovacsovics 2002
W. K. Kovacsovics, Iuvavum. In: M. Šašel Kos/P. Scherrer (Hrsg.), The autonomous Towns of *Noricum* and Pannonia. Situla 40 (Ljubljana 2002), 165–201.

Kovacsovics 2009
W. K. Kovacsovics. Die Stadt Salzburg in römischer Zeit. In: Höglinger 2009, 18–23.

Lang/Knauseder/Kovacsovics 2012
F. Lang/D. Knauseder/W. K. Kovacsovics, Handwerk im municipium Claudium Iuvavum – Sazburg. Keramik-, Metall- und Beinverarbeitung. In: F. Lang/St. Traxler/ W. Wohlmayr, Stadt, Land, Fluss/Weg. Aspekte zur römischen Wirtschaft im nördlichen *Noricum*. Workshop Salzburg, 19.–20. November 2010. ArchaeoPlus 3 (Salzburg 2012), 95–117.

Niedermayr/Hampel 2016
B. Niedermayr/U. Hampel, KG Salzburg. SG Salzburg. MNr. 56537.16.02, *Fundberichte aus Österreich 55,* 2016, 424 f.

Thüry 2013
G. E. Thüry, Das römische Salzburg. Die antike Stadt und ihre Geschichte. Salzburg Studien, Forschungen zu Geschichte, Kunst und Kultur 14 (Salzburg 2013).

Thüry 2014
G. E. Thüry, Die Stadtgeschichte des römischen Salzburg. Befunde und Funde bis 1987. BAR International Series 2600 (Oxford 2014).

Mehr als nur Streifen

Die bemalte Keramik des 1. Jahrhunderts aus *Iuvavum*/Salzburg

Lisa Huber

Im Zuge der Umbaumaßnahmen des Kleinen Festspielhauses in Salzburg legte F. Narobe 1937 die Reste einer Töpferwerkstatt des 1. Jahrhunderts n. Chr. frei. Zu den Funden zählte eine beachtliche Menge von Fragmenten und Ganzgefäßen einer Keramikgattung, die bis zu diesem Zeitpunkt weitgehend unbekannt war und noch heute in der Forschung eine eher stiefmütterliche Behandlung erfährt. Es handelt sich um oxidierend gebrannte Feinware mit polychromer Bemalung in Form roter und weißer Horizontalstreifen und mitunter differenzierten, geometrischen Dekoren (sog. Übermuster oder Sepiamuster). In der Literatur finden sich unterschiedliche Bezeichnungen für die Ware (streifenbemalte-, zonal bemalte Keramik, bemalte Keramik in Spätlatènetradition[1]), die unabhängig der diversen Dekorvarianten und ihrer Vorbilder im Folgenden als bemalte Keramik[2] angesprochen wird.

Zu einer Vorlage des Materials aus dem Kleinen Festspielhaus kam es nicht, da die gesamte Dokumentation und die Mehrheit der Funde bei einem Bombentreffer auf das Salzburg Museum während des Zweiten Weltkrieges zerstört wurden. 1974 rückte die bemalte Keramik durch die Grabungen im Hof der Alten Universität erneut in den Fokus der Salzburger Forschung. In einem dreiseitigen Artikel stellte F. Moosleitner erstmals kursorisch die „zonal bemalte Keramik" aus *Iuvavum* anhand ausgewählter Funde aus dem Hof der Alten Universität sowie aus dem Bombenschutt vom Kleinen Festspielhaus geborgener Scherben vor und postulierte eine spätaugusteisch-tiberische bis claudisch-neronische Zeitstellung[3]. Während F. Moosleitner nur wenige Exemplare bekannt waren, kann heute, vor allem durch die jüngsten Umbaumaßnahmen im Kleinen Festspielhaus in den Jahren 2003–2004, auf einen umfangreichen Materialbestand zurückgegriffen werden, der neue Erkenntnisse zur Genese und Chronologie der Ware erlaubt[4].

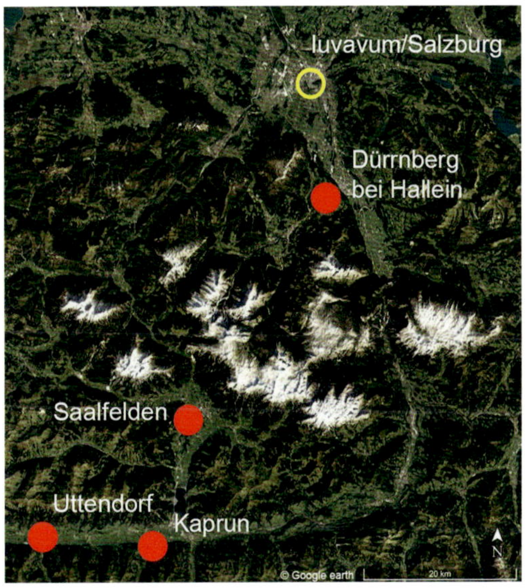

Abb. 1: Fundstellen bemalter Keramik des 1. Jahrhunderts in *Iuvavum*/Salzburg (L. Huber, Plangrundlage Google earth).

Abb. 2: Wandfragmente eines spätlatènezeitlichen Topfes vom Dürrnberg bei Hallein/„Hochbichl" (Keltenmuseum Hallein, o. Inv.-Nr; Foto: H. Wendling).

SPÄTLATÈNEZEITLICHE VORBILDER

Die Ableitung der römischen bemalten Ware aus der spätlatènezeitlichen Keramiktradition ist unbestritten[5]. Dies betrifft sowohl die Gefäßformen als auch die Ornamentik. Charakteristisch für die spätlatènezeitliche Ware ist die monochrome, meist weiße Grundierung mit darüber angebrachten, geometrischen und vegetabilen Dekoren, u.a. werden umlaufende weiße oder rote Streifen auch unmittelbar auf der unbehandelten Oberfläche aufgebracht. Der Dekor umfasst schmale Streifen und breite Bänder, Linienbündel, Wellen- und Zickzack-Linien, Gitter-, Treppen-, Kreuz- und Mäandermuster, Kurven-, Bogen- und Kreismotive sowie Tupfenmuster, Halbmonde und vegetabile Dekore wie Blätter und Ranken. An Gefäßformen treten vorwiegend Flaschen, weitmundige Töpfe, Tonnen und Schüsseln, seltener auch Teller, Becher und Näpfe auf[6]. Mit fortschreitender Zeit verringerte sich die Komplexität der Malmuster, elaborierte Dekore traten zugunsten einfacher Streifenzier zurück[7].

Die spätlatènezeitliche bemalte Keramik ist im Salzburger Raum nur spärlich vertreten (Abb. 1). Für die Höhensiedlungen auf der Felshöhe Bürgkogel in Kaprun, dem Biberg in Saalfelden und dem „Steinbühel" bei Uttendorf sind einige Rand- und Wandfragmente mit Resten von monochromer weißer Grundierung sowie roter und weißer Streifenbemalung nachgewiesen[8].

Etwas ergiebiger ist die Fundstelle „Hochbichl" am Dürrnberg bei Hallein, wenngleich auch hier mit einer höheren Stückzahl zu rechnen sein sollte. Zum Spektrum der bemalten Feinware zählen Fragmente von Töpfen und Flaschen mit monochromer weißer Bemalung sowie darüber angebrachten Streifen und geometrischen Dekor[9]. Vier Wandfragmente mit weißem Überzug tragen einen horizontalen roten Streifen und ein geometrisches Muster aus vertikalen Bändern und Zickzack-Linien (Abb. 2). In den autochthonen

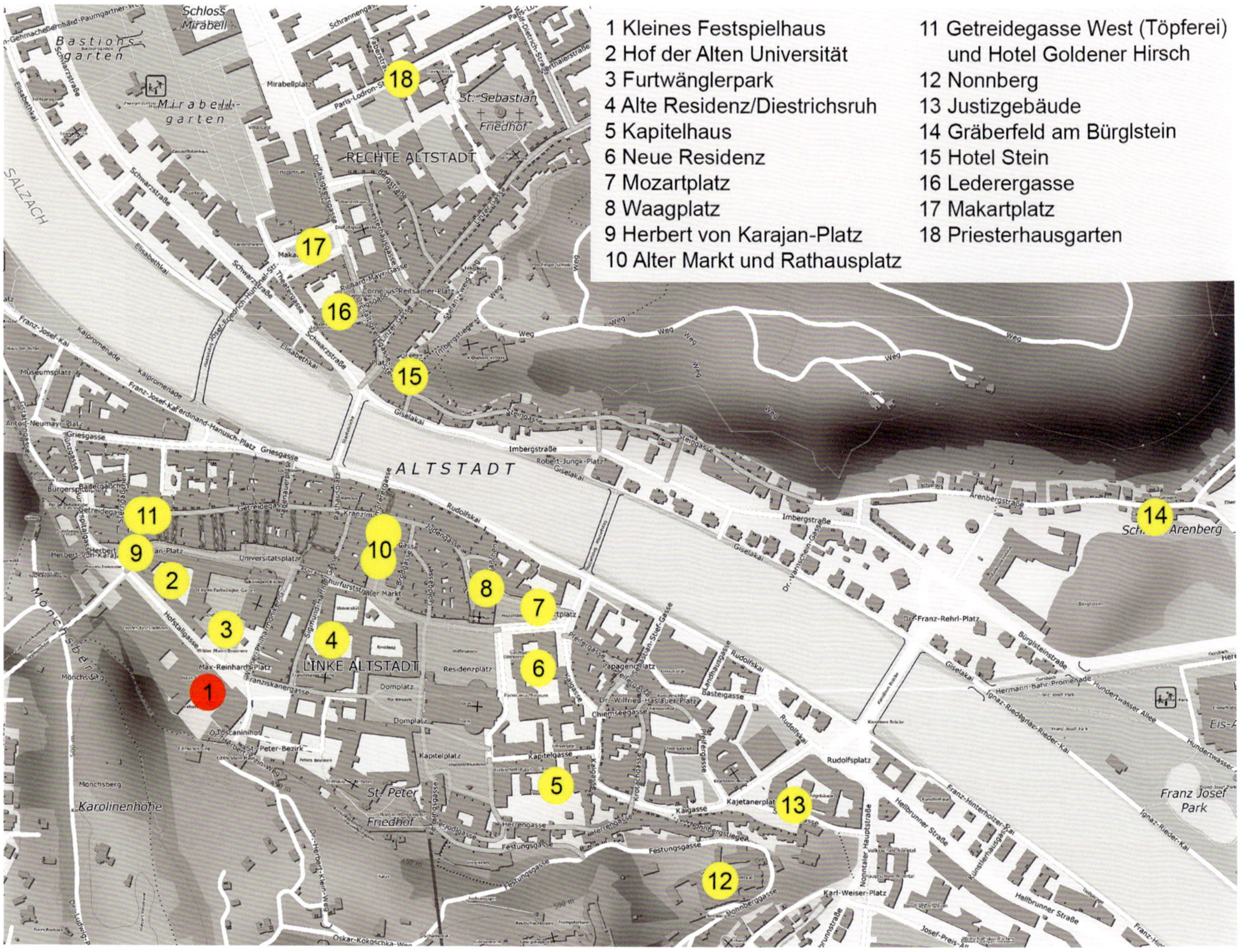

Abb. 3: Fundstellen spätlatènezeitlicher bemalter Keramik im Salzburger Land (L. Huber, Plangrundlage: https://maps.stadt-salzburg.at/#zoom=3&lat=47.79938&lon=13.04644&layers=25 [20.01.2018]).

Höhensiedlungen, die sich vor der Gründung *Iuvavums* um 15 v. Chr. auf den Salzburger Stadtbergen befunden hatten[10], ist die spätlatènezeitliche bemalte Keramik bislang nicht bezeugt, erst die kaiserzeitliche Ware ist in Salzburg ab dem 1. Jahrhundert n. Chr. fassbar (Abb. 3).

BEMALTE KERAMIK DES 1. JAHRHUNDERTS – ORNAMENTIK UND MALTECHNIK

Die bemalte Keramik aus *Iuvavum* zeichnet sich durch eine feine Magerung aus Quarz/Feldspat und Glimmer aus, die Farbe der Oberfläche reicht von Hellbraun bis Orange[11]. An Gefäßformen sind Töpfe, Flaschen und tonnenartige Gefäße mit nach innen geneigter, oberer Wandpartie[12] bezeugt, die auf latènezeitliche Formen zurückgehen. Die einzige Schüssel im aktuellen Fundbestand zählt zum Inventar eines 2016 in der Getreidegasse aufgedeckten Töpferofens frühtiberischer bis neronischer Zeitstellung. Allerdings ist fraglich, ob es sich dabei um ein lokales Erzeugnis oder einen Import handelt[13].

Anhand der Gefäßbemalung lassen sich zwei Varianten greifen, wobei die Grundbemalung stets aus umlaufenden Streifen in den Farben Weiß und/oder Rot/Rotbraun besteht. Gefäße der Dekorvariante I tragen ausschließlich die auf bestimmte Zonen wie Schulter und Bauch beschränkten Horizontalstreifen (Taf. 1,2; 1,5), wobei die Oberfläche unbehandelt oder geglättet worden sein konnte.

Gefäße der Dekorvariante II (mit Übermustern) sind mit geometrischen Mustern in den Farben Dunkelgrau/Schwarz und/oder Rotbraun verziert, die auf den umlaufenden Farbstreifen angebracht wurden. Die Ornamentik besteht stets aus einem metopenartigen System, welches durch vertikale Linienbündel und breitere Streifen gebildet wird und auf spätlatènezeitlichen Vorbildern fußt. Vor allem *Bols Roanne* wurden in der 2. Hälfte des 1. Jahrhunderts v. Chr. auf diese Weise dekoriert[14]. Als Muster sind darüber hinaus diagonale Strichbündel, Wellenlinien, Zickzack-, Gitter- und Treppenmuster sowie das Tannenzweigmotiv belegt (Taf. 1–3). Bislang singulär im Materialbestand ist der Unterteil eines Topfes mit ‚Kammstrichbemalung' (Taf. 3,11).

Eine Sonderform der Dekorvariante II stellen Gefäße mit einem vom Rand über die Schulter reichenden, dunkelbraunen bis schwarzen Überzug dar. Sie ist durch mehrere Fragmente aus dem Kleinen Festspielhaus (Taf. 1,1; 2,1–3; 2,5–6; 3,1) und zwei fast vollständig erhaltene Töpfe vom Makartplatz[15] und aus *Bedaium*/Seebruck[16] dokumentiert. Ein Topf aus der Alten Residenz/Dietrichsruh in Salzburg wurde vom Rand bis zur Schulter mit einem roten Überzug versehen (Taf. 4,3).

Im Fundbestand *Iuvavums* scheint die ausschließlich streifendekorierte Ware zu überwiegen. Da zumeist nur einzelne Wandscherben mit den Resten roter oder weißer Streifenbemalung vorliegen, ist jedoch eine Abgrenzung beider Dekorvarianten problematisch. Zum einen sind die differenzierten Muster im Vergleich zu den darunterliegenden Farbstreifen schlechter erhalten und, wie auf einem Randfragment aus der Alten Residenz, nur noch zu erahnen (Taf. 4,2) respektive gar nicht mehr erkennbar. Zum anderen wurde der Dekor nicht flächendeckend, sondern lediglich an bestimmten Gefäßpartien – oftmals oben und unten durch breitere rote oder weiße Farbstreifen begrenzt – angebracht. So kann vor allem bei kleinfragmentierten Stücken nicht ausgeschlossen werden, dass der restliche Gefäßkörper ursprünglich verziert war und die Gefäße der Dekorvariante II angehörten.

Die Bemalung besteht, wie auch der Überzug, aus einem fein geschlemmten Tonschlicker. Das Farbspektrum umfasst Weiß, unterschiedliche Rottöne und Dunkelgrau/Schwarz. Für die weißen Streifen wurde ein kaolin- oder calcithaltiger Ton, für die später roten bis rotbraunen Partien ein hämatithaltiger Ton verwendet[17]. Wie archäometrische Analysen der spätlatènezeitlichen bemalten Keramik aus Aulnat in Frankreich zeigten[18], resultieren die diversen Rottöne aus der Brandführung. Die Gefäße wurden nur für einen kurzen Zeitraum in oxidierender Atmosphäre gebrannt, was neben unterschiedlichen Rottönen auch einen Reduktionskern zur Folge hatte.

Die Farbstreifen wurden mit einem Schwamm oder breiten Pinsel unter Einbezug der Rotation der Töpferscheibe aufgetragen. Im Gegensatz dazu brachte man die differenzierten Dekore im ruhenden Zustand, Wellenlinien- und Strichbündel mit einem Mehrspurpinsel, an[19]. Die Farbgebung der Muster beruht auf einem ausgeklügelten System und resultierte nicht nur aus den Eigenschaften unterschiedlicher Rohtone, sondern war von der Farbe der Grundierung abhängig. Bereits F. Maier stellte für die spätlatènezeitliche Ware aus Manching drei Anwendungsarten der Übermuster fest[20]. Diese wurden wie auch bei der kaiserzeitlichen bemalten Keramik entweder auf weißer oder roter Grundierung oder direkt auf die unbehandelte Oberfläche aufgetragen, was nach dem Brand eine jeweils unterschiedliche Farbgebung zur Folge hatte. Die Ornamente auf weißer Grundierung erscheinen in einem kräftigen Dunkelgrau/Schwarz, jene auf roter Grundbemalung Rotbraun. Die direkt auf die unbehandelte Oberfläche aufgetragenen Muster wurden in Manching vermutlich transparent übermalt und ergaben einen hellgrauen Dekor.

Auf einem Topf aus dem Hof der Alten Universität sind die auf der unbehandelten Oberfläche aufgetragenen Muster Dunkelgrau, jene auf dem roten Farbstreifen Rotbraun (Taf. 1,3). Sechs Töpfe der Dekorvariante II stammen aus einer um 170 n. Chr. datierten Zisternenverfüllung von der Fundstelle Alte Residenz/Dietrichsruh in Salzburg (Taf. 4)[21]. Die gesamte hellbraune Gefäßoberfläche der drei am besten erhaltenen Vertreter wurde geglättet (Taf. 4,4–6). Um den Bauch verlaufen drei weiße mit dazwischenliegenden rotbraunen Farbstreifen und differenziertem Dekor. Die Ornamentik besteht aus vertikalen Bändern und dazwischenliegenden Tannenzweigmustern, die sich auf den darunterliegenden roten Farbstreifen in Rotbraun abzeichnen, während sie auf den weißen Streifen nur mehr als hellgraue Schattierungen zu erahnen sind, ursprünglich jedoch Dunkelgrau/Schwarz gewesen sein dürften.

DIE LOKALE PRODUKTION IM KLEINEN FESTSPIELHAUS

Für *Iuvavum* sind bislang drei Töpferbetriebe des 1. Jahrhunderts dokumentiert: aus dem Kleinen Festspielhaus (Abb. 3, Nr. 1), der Getreidegasse (Abb. 3, Nr. 11) und dem sog. Priesterhausgarten (Abb. 3, Nr. 18). Die zuletzt genannte und noch nicht aufgearbeitete Fundstelle liegt rechts der Salzach und erbrachte 1952 durch baubegleitende Maßnahmen M. Hells zwei Brennöfen der 2. Hälfte des 1. Jahrhunderts sowie die Reste eines Steingebäudes des 2. Jahrhunderts[22]. Zu den Funden zählen nach einer ersten Durchsicht des Materials auch Fragmente streifenbemalter Töpfe. Während aufgrund der lückenhaften Dokumentation vorerst offenbleiben muss, ob die Stücke tatsächlich einen Ausschnitt des Produktionsspektrums repräsentieren, ist die Herstellung der Ware für die 2016 im westlichen Abschnitt der Getreidegasse freigelegte Töpferei durch Fehlbrände gesichert[23]. Das größte Konvolut bemalter Keramik stammt jedoch von der Fundstelle im Kleinen Festspielhaus, die erstmals 1937 unter der Leitung F. Narobes dokumentiert wurde. Da sowohl der Großteil der Funde als auch die gesamte Dokumentation 1944 bei einem Bombentreffer auf das Salzburg Museum zerstört wurden, liegen zu den Ergebnissen der Grabungen nur Vorberichte und ein Manuskript des Ausgräbers für einen Vortrag bei der Gesellschaft für Salzburger Landeskunde vor[24].

F. Narobe war in einer Tiefe von etwa 7 m auf die Reste zweier 6 m breiter und 10 m langer Blockwandbauten gestoßen. Die Wände bestanden aus abwechselnd innen und außen stehenden Holzstämmen mit dazwischenliegenden, viereckigen Balken. Auf der einzigen heute erhaltenen Aufnahme sind noch bis zu sechs Lagen übereinanderliegender Balken zu erkennen (Abb. 4). Über die Innengliederung, die

Abb. 4: Teilansicht der Ausgrabungen F. Narobes im Kleinen Festspielhaus 1937 (nach Kovacsovics 2001, 233, Abb. 3).

sich durch zahlreiche kleinere Holzstämme abgezeichnet hatte, ist nichts Näheres bekannt. Haus 1 war mit der Schmalseite zur Felswand des Mönchsberges orientiert, Haus 2 lag etwas abseits mit der Breitseite zum Berghang. Im Bereich der Garderobenräume des Festspielhauses stellte F. Narobe in 4,5–5 m Tiefe eine etwa 0,40 m starke Abfallschicht aus „latènezeitlichen Scherben, Fehlbränden aller Brandstufen, halbgebrannten Tonklumpen, gebranntem Ton mit Holzabdrücken, Holzspänen, sehr viel Kohle und Lagen von ausgezeichnetem Töpferlehm"[25] sowie mindestens einen Ofen[26] fest und folgerte, dass es sich bei den Gebäuden um die Reste einer Töpferwerkstatt der 1. Hälfte des 1. Jahrhunderts handelte. Die Datierung stützte sich auf italische und südgallische Terra Sigillata sowie zwei Mittelbronzen des Kaisers Claudius[27]. Am Ende des 1. Jahrhunderts waren die Häuser einer Überschwemmung zum Opfer gefallen, wodurch sich auch der exzeptionelle Erhaltungszustand der Hölzer erklärt. Über der Schwemmschicht folgte eine 2–3 m starke Aufschüttung aus Bauschutt und Gefäßkeramik des späten 1. und frühen 2. Jahrhunderts.

In den Jahren 1990 und 2003/2004 bot sich erneut die Gelegenheit zu baubegleitenden archäologischen Maßnahmen. Trotz der Bedeutung der Fundstelle war bereits 1990 aus Termingründen lediglich eine Fundbergung möglich und auch im Zuge der jüngsten, umfassenden Umbauten von 2003–2004 konnte nur ein Suchschnitt im westlichen Anschluss des alten Orchestergrabens angelegt werden. Dabei kamen die Reste eines Blockwandbaus aus der Mitte des 1. Jahrhunderts sowie eines in Rutenwandtechnik ausgeführten Gebäudes, vermutlich aus dem 3. Viertel des 1. Jahrhunderts, zutage[28]. Der Großteil der Funde wurde aus den Baggeraushüben geborgen und umfasst u.a. lokal produzierte Terra Sigillata-Imitationen (TSI) sowie engobierte Schüsseln spätlatènezeitlicher Tradition. Die Formen waren erstmals von W. Drack klassifiziert und als „helvetische Terra Sigillata-Imitationen" angesprochen worden[29]. Seine Typologie wurde in der Vergangenheit mehrfach verfeinert. Zur TSI zählen nur jene Formen, die formal tatsächlich auf Terra Sigillata Vorbilder zurückzuführen und in lokalen Töpferbetrieben hergestellt worden sind, namentlich die Formen Drack 1–18, Drack 19 mit Vorbehalt[30]. Die Gefäße wurden in unterschiedlichen Techniken produziert, etwa oxidierend gebrannt mit rotem Überzug oder rot geglätteter Oberfläche sowie reduzierend gebrannt mit schwarzem Überzug oder schwarz geglätteter Oberfläche[31]. Dem Erhaltungszustand geschuldet, dürften mehrere Scherben aus Salzburg, deren Oberfläche lediglich geglättet worden zu sein scheint, ursprünglich einen glänzenden Überzug getragen haben[32].

Für das Kleine Festspielhaus ist die Produktion der halbkugeligen Schüssel mit Wandleiste Drack 11/12 sowohl in roter als auch schwarzer Technik bezeugt (Taf. 6,5–6). Als Imitation der Form Drag. 24 ist sie ab tiberischer Zeit belegt und tritt vermehrt in claudisch-neronischen bis frühflavischen Kontexten auf[33]. Während bei besagten Exemplaren aufgrund des Erhaltungszustandes nicht endgültig entschieden werden kann, ob die Oberfläche geglättet oder mit einem glänzenden Überzug versehen war, ist auf einem Randfragment einer Schüssel mit s-förmig geschwungener Wandung der Form Drack 9/10 der metallisch glänzende, schwarze Überzug vollständig erhalten (Taf. 6,4). Die Form ist in der 1. Hälfte des 1. Jahrhunderts mehrfach dokumentiert, ein ähnliches Exemplar stammt aus einer Planierschicht der tiberischen Zeit aus Zürich[34].

Mehrere Fragmente zählen zu überwiegend reduzierend gebrannten, in einem Fall mit einem metallisch glänzenden, schwarzen Überzug versehenen Kragenrandschüsseln des Typs Drack 19 (Taf. 6,1–2). Sie wurde nach dem Vorbild der TS-Schüssel Hofheim 12 ab claudischer Zeit[35] hergestellt und erfuhr in der Mitte des 1. Jahrhunderts eine eigene Ausprägung, wodurch sie nur mit Vorbehalt zur TSI gezählt werden kann[36]. Bei den Beispielen aus dem Kleinen Festspielhaus handelt es sich um die Form Drack 19A mit annähernd horizontalem, im Profil dreieckigen oder rechteckigen Kragenrand, deren Schwerpunkt in claudisch-neronischer Zeit liegt[37].

Zur engobierten Keramik spätlatènezeitlicher Tradition zählen rote und schwarze Schüsseln der Formen Drack 20–22 (Taf. 5)[38]. Die Schüssel Drack 20 mit ungegliedertem Rand wurde meistens in schwarzer Technik ab frühtiberischer Zeit hergestellt und ist vermehrt für claudisch-neronische Kontexte bezeugt. Die späteren Vertreter mit innen gegliedertem Rand, die in Baden ab domitianischer Zeit auftreten, sind im Kleinen Festspielhaus nicht nachgewiesen; die Salzburger Stücke (Taf. 5,1) repräsentieren die ältere Variante mit geschweifter Wandung und leicht abgerundetem Rand, die ab der Mitte und in der 2. Hälfte des 1. Jahrhunderts nicht nur in der Schweiz, sondern auch im südbayerischen Raum bezeugt ist[39].

Die Schüssel mit profiliertem Rand Drack 21 (Taf. 5,2–4) wurde regional bedingt in unterschiedlichen Ausführungen hergestellt. Charakteristisch für die früheren Beispiele ist die gerade, klar gegliederte Randausbildung. Ab dem 3. Viertel des 1. Jahrhunderts wurden die Gefäße zunehmend in schwarzer Technik hergestellt und weisen einen nach außen geknickten und gerillten Rand auf[40].

Die halbkugelige Schüssel Drack 22 ist im Fundbestand nur durch einen reduzierend gebrannten Randscherben vertreten (Taf. 5,5). Die chronologisch den Knickwandschüsseln Drack 20–21 vorhergehende Form ist in der Schweiz für das späte 1. Jahrhundert v. Chr. und frühe 1. Jahrhundert n. Chr. dokumentiert[41].

Mehrere Randfragmente aus dem Kleinen Festspielhaus stammen von rot und schwarz engobierten Tellern mit Rundstablippe, die zu den Imitationen der Form Drag. 18 zählen und von tiberischer Zeit bis ans Ende des 1. Jahrhunderts belegt sind (Taf. 6,3)[42].

Zusammenfassend ist für die Errichtung der Töpferei im Kleinen Festspielhaus der bereits 1937 von F. Narobe vorgeschlagenen Datierung in die 1. Hälfte des 1. Jahrhunderts nichts entgegenzusetzen. Die Produktion wurde frühestens in spättiberischer Zeit aufgenommen und umfasste neben oxidierend und reduzierend gebrannter Grobkeramik (Töpfe, Schüsseln und Krüge) die bemalte Keramik mit und ohne Übermustern sowie engobierte Feinware, darunter Schüsseln der Formen Drack 20–21 und schwarze und rote TSI.

Anhand des Keramikspektrums zeichnet sich vorläufig ein Schwerpunkt für die claudisch-neronische Phase ab. Mit der Überschwemmung im ausgehenden 1. Jahrhundert wurde die Produktion aufgegeben und das Areal einplaniert.

Im Zusammenhang mit der Töpferei im Kleinen Festspielhaus muss die benachbarte Fundstelle im Hof der Alten Universität genannt werden, wo zu Beginn der 1970er Jahre durch F. Moosleitner und N. Heger mehrere Gebäudereste von Werkstattbetrieben der 2. Hälfte des 1. bis mittleren 2. Jahrhunderts freigelegt wurden. Daneben stießen die Ausgräber auf eine Abfallschicht, die als ‚Scherbenteich' angesprochen wurde, ein muldenförmiges Areal, welches mit über 1000 kg keramischem Material, darunter auch zahlreiche Fehlbrände, verfüllt worden war[43]. Das Spektrum umfasst im Wesentlichen jenes aus dem Kleinen Festspielhaus, darunter auch bemalte Keramik mit und ohne Übermustern (Taf. 1,3–5), TSI und schwarze und rote Schüsseln der Formen Drack 20–22. Nachdem ansonsten keine Nachweise für einen Töpferbetrieb erbracht werden konnten, handelt es sich vermutlich um eine Abfalldeponie für die benachbarte Töpferei im Kleinen Festspielhaus.

CHRONOLOGISCHE EINORDNUNG

Die Datierung der kaiserzeitlichen bemalten Keramik ist für *Iuvavum* mangels aufgearbeiteter Fundstellen und vorgelegten Materials problematisch. Zwar ist die Ware in den Schichten des 1. Jahrhunderts im gesamten Stadtgebiet anzutreffen (Abb. 3), allerdings sind meist nur einzelne Wandscherben mit den Resten weißer oder roter Farbstreifen erhalten, die aus chronologisch unempfindlichen Straten stammen und anhand vergesellschafteter Funde nur grob ins 1. Jahrhundert gesetzt werden können[44]. Die gut erhaltenen Töpfe mit Übermustern von den Fundstellen Alte Residenz/Dietrichsruh (Taf. 4) und Makartplatz sind sekundär verlagerte Gefäße aus Verfüllschichten des 2. Jahrhunderts und für eine chronologische Einordnung ebenfalls nicht heranzuziehen[45]. Die Grabungen im Hof der Alten Universität harren noch immer einer Aufarbeitung und auch das mehrheitlich unstratifizierte Material aus dem Kleinen Festspielhaus wurde bis dato nicht in seiner Gesamtheit vorgelegt. Unter Einbezug kontextualisierter Funde aus der Schweiz und Süddeutschland erlauben dennoch vor allem die aktuellen Kenntnisse über die Töpferei im Kleinen Festspielhaus Aussagen zur zeitlichen Einordnung und zur Entwicklung der iuvavenser Ware.

In *Iuvavum* ist die bemalte Keramik frühestens ab spättiberischer Zeit durch die Exemplare vom Kleinen Festspielhaus, dem Hof der Alten Universität und der Liegenschaft Mozartplatz 4 nachweisbar[46]. Sie zählte damit von Beginn an zum Produktionsspektrum der Töpferei im Kleinen Festspielhaus. Die Datierung wird durch entsprechende Parallelen aus dem Schweizer Mittelland gestützt, wo die Produktion bemalter Keramik für sämtliche größere Töpferzentren anzunehmen und mehrheitlich ab tiberischer Zeit fassbar ist[47]. *Bols Roanne* mit Metopendekor sind im helvetischen Raum bereits in frühaugusteischen Schichten bezeugt[48], die einzige Schüssel dieser Art im Fundbestand Salzburgs aus dem Töpferofen in der Getreidegasse kann jedoch nicht als schlagkräftiges Indiz für eine frühere Datierung des Produktionsbeginnes bemalter Keramik in augusteischer Zeit gelten.

Die Dekorvariante II (mit Übermustern) ist gegenüber der ausschließlich streifenbemalten Keramik seltener dokumentiert und stellt die kurzlebigerer Variante dar. Die engsten Parallelen stammen aus *Cambodunum*/Kempten und *Arae Flaviae*/Rottweil[49]. Aus Rottweil ist auch das in *Iuvavum* beliebte und ansonsten seltene Tannenzweigmuster bezeugt. Als weitere Belege für das Motiv sind eine Züricher Flasche aus einem claudischen Kontext sowie ein mit Keramik der 1. Hälfte des 1. Jahrhunderts vergesellschaftetes Wandfragment aus Chur anzuführen[50].

Die bemalte Keramik mit Übermustern aus Kempten tritt vor allem in tiberischen, vereinzelt in claudischen Straten auf. Zeitlich später, in die frühflavische Periode, ist nach Chr. Flügel die bemalte Ware in Rottweil einzuordnen[51].

Anders als in Kempten, wo nach der Mitte des 1. Jahrhunderts nur noch die ausschließlich streifendekorierte Ware bezeugt ist[52], sind in der Schweiz Tonnen und Töpfe mit geometrischen Ornamenten, zumeist Wellenbänder und Strichbündel, bis ins ausgehende 1. Jahrhundert belegt[53]. Flaschen mit Übermustern treten vereinzelt noch im frühen 2. Jahrhundert auf, wobei der Dekor, wie ein Beispiel aus Straubing zeigt, bereits stark stilisiert ist[54].

Die Produktion der Dekorvariante II kam in *Iuvavum* wohl spätestens mit der Zerstörung der Töpferei im Kleinen Festspielhaus in flavischer Zeit zum Erliegen. Die Parallelen aus Kempten, Zürich und Chur deuten auf einen Schwerpunkt in der spättiberisch-claudischen Periode an. Ob, wie in Kempten, bereits in der 2. Hälfte des 1. Jahrhunderts nur noch die ausschließlich streifenbemalte Keramik hergestellt wurde, muss vorerst offenbleiben. Der allgemeine Rückgang der bemalten Keramik im Laufe des 1. Jahrhunderts ist sowohl in Süddeutschland als auch in der Schweiz feststellbar, wobei sich die ausschließlich streifenbemalten Gefäße noch bis ins 2. Jahrhundert halten[55]. Ein analoges Modell darf auch für *Iuvavum* angenommen werden, allerdings fehlen bislang konkrete Nachweise für eine andauernde Produktion streifenbemalter Keramik aus stratigraphisch differenzierbaren Schichten.

RESÜMEE

Die bemalte Keramik des 1. Jahrhunderts zählt zu den herrausragendsten Erzeugnissen der Iuvavenser Töpfer. Es handelt sich um oxidierend gebrannte Feinware mit polychromer Gefäßbemalung, für die sich zwei Dekorvarianten fassen lassen: Eine reine Streifenbemalung aus umlaufenden Horizontalbändern in den Farben Weiß und/oder Rot/Rotbraun sowie eine Streifenbemalung mit differenzierten, geometrischen Mustern. Sowohl die Gefäßformen als auch die Ornamentik fußen auf spätlatènezeitliche Keramiktraditionen. Trotz der formalen und stilistischen Verwandtschaft lässt sich für die Produktion bemalter Feinkeramik in Salzburg, wie auch anderenorts[56], keine bis in die Kaiserzeit andauernde Kontinuität fassen[57]. In den autochthonen Siedlungszentren auf den Salzburger Stadtbergen fehlt die spätlatènezeitliche bemalte Ware bislang völlig, die Siedlungen am Bürgkogel in Kaprun und am Dürrnberg bei Hallein brechen vermutlich um 50 v. Chr. ab[58]. Vom Biberg in Saalfelden stammen ausschließlich Lesefunde, die überwiegend in die späte Latènezeit datieren. Einige Funde weisen auf eine mögliche Siedlungskontinuität bis in die augusteische Phase[59]. Die Befunde von der Höhensiedlung auf dem „Steinbühel" bei Uttendorf legen zwar eine die Zeitenwende überdauernde Siedlungskontinuität nah, ein einzelner Randscherben eines streifenbemalten Topfes aus dem unteren Bereich einer mutmaßlich stratigraphisch differenzierbaren Planierschicht kann allerdings nicht als Nachweis einer andauernden Produktion gewertet werden[60]. Generell muss eine eigenständige Produktion bemalter Keramik während der späten Latènezeit im Salzburger Land hinterfragt werden. Aufgrund der geringen Stückzahl könnte es sich bei den wenigen Beispielen durchaus um Importe handeln.

In *Iuvavum* ist die kaiserzeitliche bemalte Keramik frühestens ab spättiberischer Zeit fassbar. Von Beginn an wurden in der Töpferei im Keinen Festspielhaus sowohl ausschließlich streifenbemalte Gefäße als auch jene der Dekorvariante II mit Übermustern hergestellt, letztere vermutlich mit einem Schwerpunkt in spättiberisch-claudischer Zeit. Die Ornamente und deren Ausführungen in den Farben Dunkelgrau/Schwarz oder Rot/Rotbraun sind von einer bemerkenswerten Vielfalt geprägt, weshalb eine chronologische Entwicklung der Dekorationen kaum fassbar ist. Spätestens im ausgehenden 1. Jahrhundert dürfte die Produktion der bemalten Keramik mit Übermustern zum Erliegen gekommen sein. Ob die ausschließlich streifenbemalten Gefäße in geringem Umfang noch im frühen 2. Jahrhundert hergestellt wurden, muss mangels stratifizierten Materials offenbleiben.

Das umfangreiche Produktionsspektrum bezeugt die große Beliebtheit, derer sich die Ware bis ins ausgehende 1. Jahrhundert erfreute und die zweifelsohne auch in der Ähnlichkeit zur, im frühen 1. Jahrhundert noch bekannten, Keramiktradition der vorhergehenden Generationen wurzelt. Dennoch reichte es nicht für eine überregionale Produktion und so ist die Dekorvariante II für *Noricum* nur im Umfeld *Iuvavums* bezeugt[61]. Auch die ausschließlich streifenbemalte Keramik des 1. Jahrhunderts, die von der Ware des späteren 2. und 3. Jahrhunderts abzugrenzen ist, wurde in *Noricum* nur selten dokumentiert[62].

Das vermeintlich plötzliche Auftreten der bemalten Ware in spättiberischer Zeit zusammen mit für Rätien und den helvetischen Raum charakteristischer Gefäßkeramik – engobierte Schüsseln der Formen Drack 20–22 sowie rote und schwarze TSI – deutet auf einen intensiven Austausch mit den benachbarten Westprovinzen im frühen 1. Jahrhundert. Mit hoher Wahrscheinlichkeit gelangten die nötigen Kenntnisse zur Herstellung bemalter Feinware mit zugezogenen Töpfern aus dem Westen nach *Iuvavum*, die ihr Handwerk vor Ort fortsetzten und damit externe Traditionen weiterführten.

---

1 Streifenbemalte Keramik: Mackensen 1978, 91–94; Czysz/Mackensen 1983, 140; 157. Zonal bemalte Keramik: Moosleitner 1975. Bemalte Keramik in Spätlatènetradition: Ettlinger/Simonett 1952, 8 f.; Schucany 1999a, 52.

2 So auch bei Ulbert 1959, 48; Walke 1965, 45; Ebnöther/Wyss 2004, 286.

3 Moosleitner 1975.

4 Mit der Fragestellung nach einer Kontinuität der bemalten Keramik der späten Latène- und frühen Kaiserzeit in Salzburg wurden 2018 bei einem Kolloquium in Schlögen ein Teil des Materials aus dem Festspielhaus sowie bis dato noch unpublizierte Stücke aus *Iuvavum* und dessen Umland erstmals vorgestellt: Huber u.a. 2018.

5 vgl. Schucany 1999a, 52; Ulbert 1965, 72; Flügel 1996, 349.

6 Maier 1970, 15–62.

7 Wendling 2012, 182.

8 Zu den Funden aus Saalfelden und Kaprun s. Huber u.a. 2018, 83, Abb. 2 f.; Zur Scherbe aus Uttendorf s. Höglinger 2004, 189, Abb. 2,1.

9 Huber u.a. 2018, 84 Abb. 4.

10 Spätlatènezeitliche Funde sind von allen Stadtbergen bekannt, wobei das regionale Siedlungszentrum der autochthonen Bevölkerung am Rainberg angenommen wird: Höglinger 2005, 168; Dopsch/Hoffmann 1996, 36 f.; Kovacsovics 2001, 166; Moosleitner 2004, 176, Anm. 6.

11 Munsell 7.5 YR 6/4 (orange) bis 5YR 7/6 (reddishyellow).

12 Zur Definition: Schucany 1996, 125.

13 s. Beitrag U. Hampel in diesem Band (s. S. 51–62).

14 Balmer 2009, 119 f.

15 Hampel 2012, 96, Abb. 2.9.5.

16 Steidl 2014, 284, Abb. 10.

17 Andrews 1991, 5; Schmid 2008, 196.

18 Andrews 1991, 1–6.

19 vgl. Maier 1970, 70–77; zum Mehrspurpinsel s. Czysz 2015, 4–11.

20 Maier 1970, 73 f.

21 Seebacher 1999, 267 f.; Kovacsovics 1999, 229.

22 Vorbericht in Hell 1952, 45.

23 s. Beitrag U. Hampel in diesem Band (s. S. 51–62).

24 Narobe 1935–1938; 1937. Das Manuskript wird im Archiv des Salzburg Museum verwahrt.

25 Narobe 1937, 6.

26 Der Ofen wird lediglich in besagtem Manuskript, nicht jedoch in den Fundberichten und dem Zeitungsartikel erwähnt.

27 Narobe 1935–1938, 282.

28 Reiterer 1990; Kovacsovics 2003; 2004.

29 Drack 1945.

30 vgl. Martin-Kilcher 1999, 33; Trumm 2002, 67 f.

31 Drack 1945, 23–30; vgl. Martin-Kilcher 1999, 33.

32 vgl. Schmid 2008, 193, die das Problem des Erhaltungszustandes bei vermeintlich fehlendem Überzug anschneidet.

33 Drack 1945, 80 f.; Luginbühl 2001, 132, Nr. 29. – Aus Augst (Phase 5, 40–60 n. Chr.): Furger/Deschler-Erb 1992, 193, Taf. 16,5/57; 455; Oberwinterthur, Ofen 3 in der Bäumlistrasse 1a (70 n. Chr.): Jauch 2014, 74,Taf. 36,122.

34 Balmer 2009, 122 f., Taf. 33,636; Allgemein zur Form Drack 9/10: Luginbühl 2001, 131, Nr. 23.

[35] vgl. Ackermann 2013, 107 – In Zürich tritt die Form bereits in spättiberischen Schichten auf: Balmer 2009, 124.

[36] Drack 1945, 89–92; Martin-Kilcher 1999, 35 f.

[37] Drack 1945, 89–91; vgl. Trumm 2002, 66; Jauch 1997, 46.

[38] Schucany 1999c, 36–39.

[39] Schucany 1999d, 179; Meyer-Freuler/Regin 1999, 161; Franke 2003, 123; Balmer 2009, 124; Jauch 2014, 142–144.

[40] Schucany 1999d, 39; Jauch 2014, 144; Oberhofer 2016, 526; Franke 2003, 124; Balmer 2009, 124.

[41] Allgemein zur Form Drack 22 s. Schucany 1999c, 38; Zum Material aus Zürich: Balmer 2009, 124; 133.

[42] Luginbühl 2001, 127, Nr. 6.

[43] Heger/Moosleitner 1971, 92–94; Heger 1973, 42 f.

[44] Waagplatz 3: Moosleitner 1972, 111–114. Getreidegasse: Niedermayr 2015, D5609; D5616; D5620; Niedermayr 2016, D6304; D6305. Justizgebäude: Hampel/Imre 2016, D6281; D6282. Nonnberg: Binder 2014, 26, Abb. 7,40–41; 35. Bürgerspitalgasse und Herbert von Karajan-Platz: Leiner 2015, D5658; D5659. Priesterhausgarten: Hell 1952, 45. Hotel Stein: Imre/Leiner 2016, D6408. Die Ware ist daneben auch für die noch nicht vorgelegten Fundstellen Hotel Goldener Hirsch und Neue Residenz bezeugt.

[45] Die Töpfe aus der Alten Residenz/Dietrichsruh stammen aus einer um 170 n. Chr. datierten Zisternenverfüllung (Seebacher 1999, 267 f.; Kovacsovics 1999, 229), der Topf vom Makartplatz aus einem in der ersten Hälfte des 2. Jahrhunderts verfüllten Schacht, der im Zusammenhang mit einer Gerberei oder Färberei stehen könnte (Hampel 2012, 46; 48). Auch die drei bereits vorgelegten Wandfragmente mit den Resten je eines dunkelroten Farbstreifens vom Furtwänglerpark (Krammer 2007, 62, Nr. 254–256; 63, Abb. 16) sind sekundär verlagerte Stücke aus einer Planierschicht des späten 2. Jahrhunderts.

[46] Die bemalte Keramik mit Übermustern aus dem Hof der Alten Universität stammt nach F. Moosleitner vorwiegend aus spättiberisch-claudischen Schichten: Moosleitner 1975, 202. Zwei Wandfragmente mit je einem dunkelroten Farbstreifen wurden aus einer Abfallgrube in der Liegenschaft Mozartplatz 4 geborgen, die ebenfalls in spättiberisch-claudische Zeit datiert: Heger 1986, 150, Nr. 92 f.; 151, Abb. 14.

[47] Allgemein zur bemalten Keramik in der Schweiz: Schucany 1999a, 52–54.

[48] Zürich: Balmer 2009, 125; Vindonissa: Ettlinger/Simonett 1952, 8 f.; Augst: Ettlinger 1949, 31–37.

[49] Kempten: Fischer 1957, 17 f., Taf. 7; 33; Rottweil: Flügel 1996, 350, Abb. 16.

[50] Zürich: Balmer 2009, 132 f., Taf. 42,812; Chur: Hochuli-Gysel u.a. 1986, 98 f.; 309, Taf. 24,1.

[51] Flügel 1996, 353.

[52] s. Fischer 1957, 17 f.; Mackensen 1978, 93 f. – Zur streifenbemalten Ware aus Schwabmünchen, die in flavische Zeit datiert, s. Czysz/Sommer 1983, 22.

[53] In die neronische Zeit ist eine Flasche aus Baden (Schucany 1996, 297 Kat. 560, Taf. 27, 560) zu setzen, die mit vertikalen Zickzack-Linien und Strichbündeln verziert ist. In einer Strate des 3. Viertels des 1. Jahrhunderts des *vicus* von Solothurn fanden sich die Reste einer Flasche mit horizontalen Wellenlinien, diagonalen Strichbündeln und einem Bogenmuster (Schucany 1999b, 135 C.9.20; Taf. 52). Einen ähnlichen Dekor weist ein Wandfragment aus der claudischen bis frühflavischen *vicus*-Schicht von Chur auf (Hochuli-Gysel 1999, 218; 221 G1,4, Taf. 131,4).

[54] Aus Straubing: Walke 1965, 45, Taf. 57,4; Aus Oberwinterthur: Jauch 2014, 96, Abb. 208; 97 f.,Taf. 67,212.

[55] Vgl. Balmer 2009, 133; Schucany 1999a, 53; Hochuli-Gysel u.a. 1986, 98 f.; Ulbert 1959, 48.

[56] Zu *Noricum* Sedlmayr 2002, 297. Zu Rätien Ulbert 1965, 72. Zur Diskussion um die Kontinuität der bemalten Keramik der späten Latène- und frühen Kaiserzeit in der Schweiz: Vogt 1931, 58 f.; Major 1940, 94–115; Ettlinger 1949, 36 f.; Ettlinger/Simonett 1952, 8 f. – Zum Fundspektrum der Höhensiedlung am Karlstein bei Bad Reichenhall zählen nur wenige Fragmente kaiserzeitlich bemalter Feinkeramik, wobei Hinweise auf eine lokale Produktion fehlen: mündliche Mitteilung von Florian Odijk.

[57] vgl. Huber u.a. 2018, 81–85.

[58] Preinfalk u.a. 2015.

[59] Höglinger 2004, 193–195.

[60] Höglinger 2004, 187–193; 189, Abb. 2,1; vgl. Beitrag U. Hampel in diesem Band (s. S. 51–62).

[61] Ausschließlich streifenbemalte Keramik ist aus Hörafing (Gerhardt/Maier 1964, 126 f., Abb. 2) und Loig (Gruber 2015, Taf. 18,228) bezeugt. Aus *Bedaium*/Seebruck (Steidl 2014, 284, Abb. 10) und Bad Reichenhall (vgl. Moosleitner 1975, 202, Anm. 5) ist auch die Ware mit Übermustern belegt.

[62] So etwa ein streifenbemalter Topf aus einem spätaugusteisch-tiberischen Erdkeller aus *Lentia*/Linz: Ruprechtsberger/Urban 2010, 9; 32, Abb. 26. Zur streifenbemalten Ware des 2. und 3. Jahrhunderts aus *Lauriacum*/Enns: Ruprechtsberger 1978; aus *Favianis*/Mautern und dem ostnorischen Bereich: Sedlmayer 2002, 296–299.

KATALOG

Abkürzungen:

WS	Wandscherben
RS	Randscherben
BS	Bodenscherben
RDm	Randdurchmesser
BDm	Bodendurchmesser
H	Höhe

Taf. 1: Bemalte Keramik aus *Iuvavum*/Salzburg

1. WS eines Topfes, Dekorvariante II. Schwarzer Überzug auf der Schulter, darunter abwechselnd weiße und rote Farbstreifen mit differenzierten, senkrechten Bändern und Tannenzweigmuster. Fundstelle: Salzburg, Kleines Festspielhaus (Fundbergung 1990). Salzburg Museum Inv.-Nr. ARCH 312-90.

2. Topf, Dekorvariante I. Oberfläche geglättet, drei weiße Farbstreifen. RDm 7,6–8 cm; BDm ca. 6,3 cm; H ca. 18,5 cm. Fundstelle: Salzburg, Makartplatz. Aus dem unteren Bereich von Zisterne 2, die mit Material des 2. und 3. Jhs. verfüllt war (s. Kovacsovics 2012, 31 f.). Salzburg Museum Inv.-Nr. ARCH 3026-2002.

3. RS eines Topfes, Dekorvariante II. Oberfläche vom Rand bis zur Schulter geglättet, darunter diagonale Streifen und diagonal kreuzende, schmale Streifen sowie Tannenzweigmuster; RDm ca. 10,5 cm; Fundstelle: Salzburg, Hof der Alten Universität. Salzburg Museum Inv.-Nr. ARCH 51-72.

4. Topf, Dekorvariante II. Abwechselnd weiße und rote Farbstreifen, auf den roten Streifen Metopendekor mit Tannenzweigmuster. RDm ca. 7,5 cm; BDm ca. 6,5 cm; H ca. 21 cm; Fundstelle: Salzburg, Hof der Alten Universität, aus ‚Scherbenteich'. Salzburg Museum Inv.-Nr. ARCH 568-71.

5. Flasche, Dekorvariante I, mit rotem Horizontalstreifen. RDm ca. 9 cm; BDm ca. 10 cm; H ca. 24,5 cm; Fundstelle: Salzburg, Hof der Alten Universität, aus ‚Scherbenteich'. Salzburg Museum Inv.-Nr. ARCH 560-71.

Taf. 1: Bemalte Keramik aus *Iuvavum*/Salzburg (Fotos und Zeichnungen: L. Huber).

Taf. 2: Bemalte Keramik aus dem Kleinen Festspielhaus
(Fundbergung 2003/2004)

1. RS eines Topfes, Dekorvariante II. Schwarzer Überzug vom Rand bis zur Schulter, darunter weiße und rote Farbstreifen mit differenzierten, dunklen Mustern (horizontales Zickzack-Muster, Strichbündel und vertikale Wellenlinien). RDm ca. 12 cm. Salzburg Museum Inv.-Nr. ARCH 6438-2003; 6443-2003.

2. RS eines Topfes, Dekorvariante II. Schwarzer Überzug vom Rand bis zur Schulter, darunter weißer Farbstreifen mit differenziertem Metopendekor. RDm ca. 12 cm. Salzburg Museum Inv.-Nr. ARCH 6436-2003.

3. RS eines Topfes, Dekorvariante II. Schwarzer Überzug vom Rand bis zur Schulter, darunter weißer und roter Farbstreifen, auf letzterem dunkler Metopendekor. RDm ca. 13,5 cm; Salzburg Museum Inv.-Nr. ARCH 6681-2003.

4. RS eines Topfes mit Resten eines roten Farbstreifens. RDm ca. 17 cm. Inv.-Nr. ARCH 6672-2003.

5. RS eines Topfes, Dekorvariante II. Schwarzer Überzug bis knapp unter den Rand, darunter weißer Farbstreifen mit differenziertem Metopendekor. RDm ca. 11 cm. Salzburg Museum Inv.-Nr. ARCH 6434-2003.

6. RS eines Topfes. Schwarzer Überzug vom Rand bis zur Schulter, darunter weißer Farbstreifen. RDm ca. 12 cm. Salzburg Museum Inv.-Nr. ARCH 6676-2003.

Taf. 2

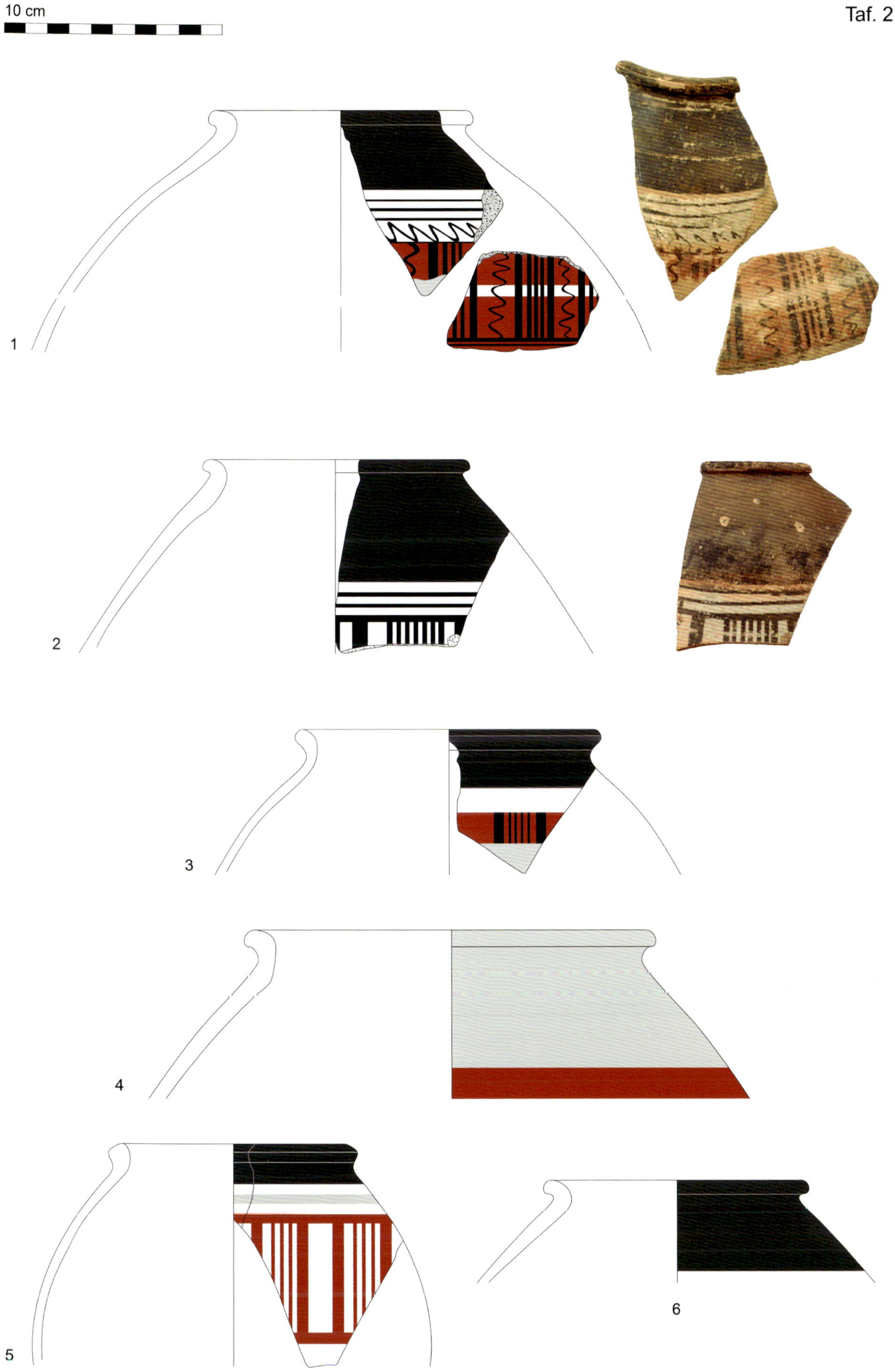

Taf. 2: Bemalte Keramik aus dem Kleinen Festspielhaus (Fundbergung 2003/2004) (Fotos und Zeichnungen: L. Huber).

Taf. 3: Bemalte Keramik aus dem Kleinen Festspielhaus
(Fundbergung 2003/2004)

1. WS mit dunklem Überzug, darunter weißer und roter Farbstreifen mit differenzierten, vertikalen, breiteren Bändern und horizontalen, schalen Streifen. Salzburg Inv.-Nr. ARCH 6605-2003; 6615-3003.

2. WS mit horizontalen Strichbündeln und vertikalen Wellenlinien. Salzburg Inv.-Nr. ARCH 6446-2003.

3. Fehlbrand eines Topfes mit Streifenbemalung. Salzburg Inv.-Nr. ARCH 6540-2003.

4. WS mit Pichung an der Innenseite. Salzburg Museum Inv.-Nr. ARCH 6684-2003.

5. WS mit dunklem Überzug, darunter roter Farbstreifen mit differenzierten, vertikalen Bändern und Gittermuster. Salzburg Museum Inv.-Nr. ARCH 6669-2003.

6. WS mit diagonalen Strichbündeln und horizontalen, schmalen Streifen. Salzburg Museum Inv.-Nr. ARCH 6560-2003.

7. WS mit Gittermuster. Salzburg Museum Inv.-Nr. ARCH 6668-2003.

8. Fehlbrand mit Resten von Streifenbemalung. Salzburg Museum Inv.-Nr. ARCH 6630-2003.

9. WS mit Wellenlinien-Bündel. Salzburg Museum Inv.-Nr. ARCH 6609-2003.

10. WS mit Strichbündeln und Tannenzweigmuster. Salzburg Museum Inv.-Nr. ARCH 6453-2003.

11. Unterteil eines Topfes mit dunkler ‚Kammstrichbemalung'. Salzburg Museum Inv.-Nr. ARCH 6695-2003.

Taf. 3

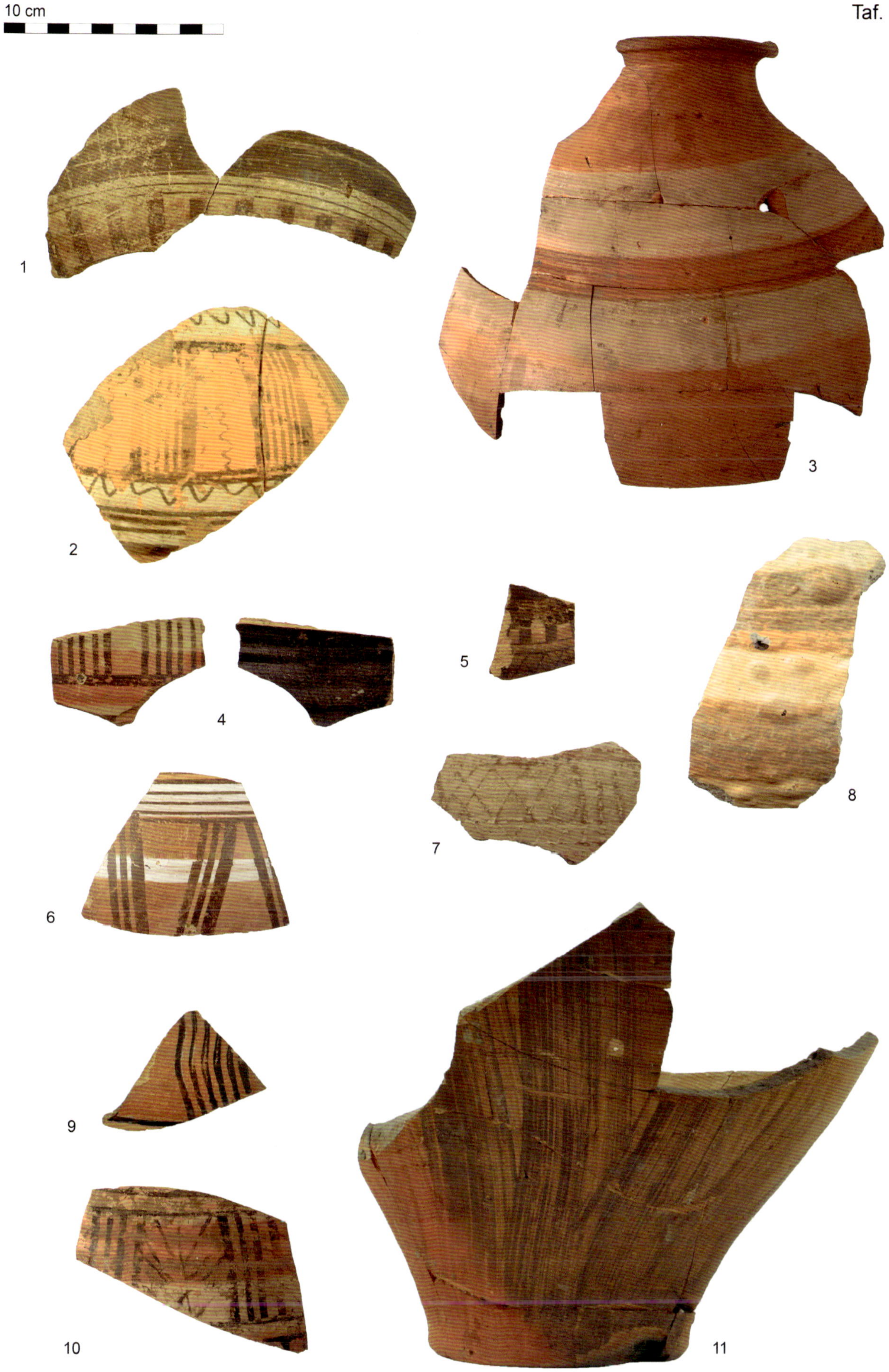

Taf. 3: Bemalte Keramik aus dem Kleinen Festspielhaus (Fundbergung 2003/2004) (Fotos und Zeichnungen: L. Huber).

Taf. 4: Salzburg, Alte Residenz/Dietrichsruh
(Zisternenverfüllung um 170 n. Chr., s. Kovacsovics 1999, 229)

1. Fragmente eines Topfes, Dekorvariante II. Oberfläche geglättet, abwechselnd weiße und rote Horizontalstreifen mit differenziertem Metopendekor und Tannenzweigmuster. RDm 10,5 cm; BDm 11,8 cm. Salzburg Museum Inv.-Nr. ARCH 2086-90.

2. RS eines Topfes, Dekorvariante II. Abwechselnd weiße und rote Horizontalstreifen mit kaum mehr erkennbarem, differenzierten Metopendekor und Tannzweigmuster. RDm ca. 8 cm. Salzburg Museum Inv.-Nr. ARCH 2087-90.

3. WS eines Topfes mit rotem Überzug vom Rand bis zur Schulter, darunter weiße und rote Farbstreifen mit differenziertem Dekor (horizontale Streifen und Tannenzweigmuster). Salzburg Museum Inv.-Nr. ARCH 2091-90.

4. Topf, Dekorvariante II. Oberfläche geglättet, abwechselnd weiße und rote Horizontalstreifen mit differenziertem Metopendekor und Tannenzweigmuster. RDm 7,4 cm; BDm 6,6 cm; H ca. 19,5 cm. Salzburg Museum Inv.-Nr. ARCH 2085-90.

5. Topf, Dekorvariante II. Oberfläche geglättet, abwechselnd weiße und rote Horizontalstreifen mit differenziertem Metopendekor und Tannenzweigmuster. RDm 7,4 cm; BDm 7 cm; H ca. 18,5 cm. Salzburg Museum Inv.-Nr. ARCH 2001-90.

6. Topf, Dekorvariante II. Oberfläche geglättet, abwechselnd weiße und rote Farbstreifen mit differenziertem Metopendekor, Tannenzweig- und Gittermuster. RDm 7,2 cm; BDm 7,2 cm; H 22 cm. Salzburg Museum Inv.-Nr. ARCH 2416-90.

Taf. 4

Taf. 4: Bemalte Keramik aus der Alten Residenz/Dietrichsruh (Fotos: L. Huber; Zeichnungen: 1. 4–6: Seebacher 1999; 2–3: L. Huber).

Taf. 5: Kleines Festspielhaus
(Fundbergung 2003/2004)

1. RS einer Schüssel, Drack 20. Reduzierend gebrannt, Oberfläche geglättet?. RDm ca. 16 cm. Salzburg Museum Inv.-Nr. ARCH 6237-2003.

2. RS und BS einer Schüssel, Drack 21. Oxidierend gebrannt mit rotbraunem Überzug außen. RDm ca. 21 cm; BDm ca. 10 cm. Salzburg Museum Inv.-Nr. ARCH 6644-2003.

3. RS einer Schüssel, Drack 21. Reduzierend gebrannt, matt-schwarzer Überzug außen. RDm 26,4 cm. Salzburg Museum Inv.-Nr. ARCH 6958-2003.

4. Schüssel, Drack 21. Oxidierend gebrannt mit rotbraunem Überzug, der vermutlich mit einem Schwamm aufgetragen wurde. RDm ca. 21 cm; BDm ca. 9 cm; H ca. 11 cm. Salzburg Museum Inv.-Nr. ARCH 6539-2003.

5. RS einer Schüssel, Drack 22. Reduzierend gebrannt, matt-schwarzer Überzug außen. RDm 21,8 cm. Salzburg Museum Inv.-Nr. ARCH 8591-2003.

Taf. 5

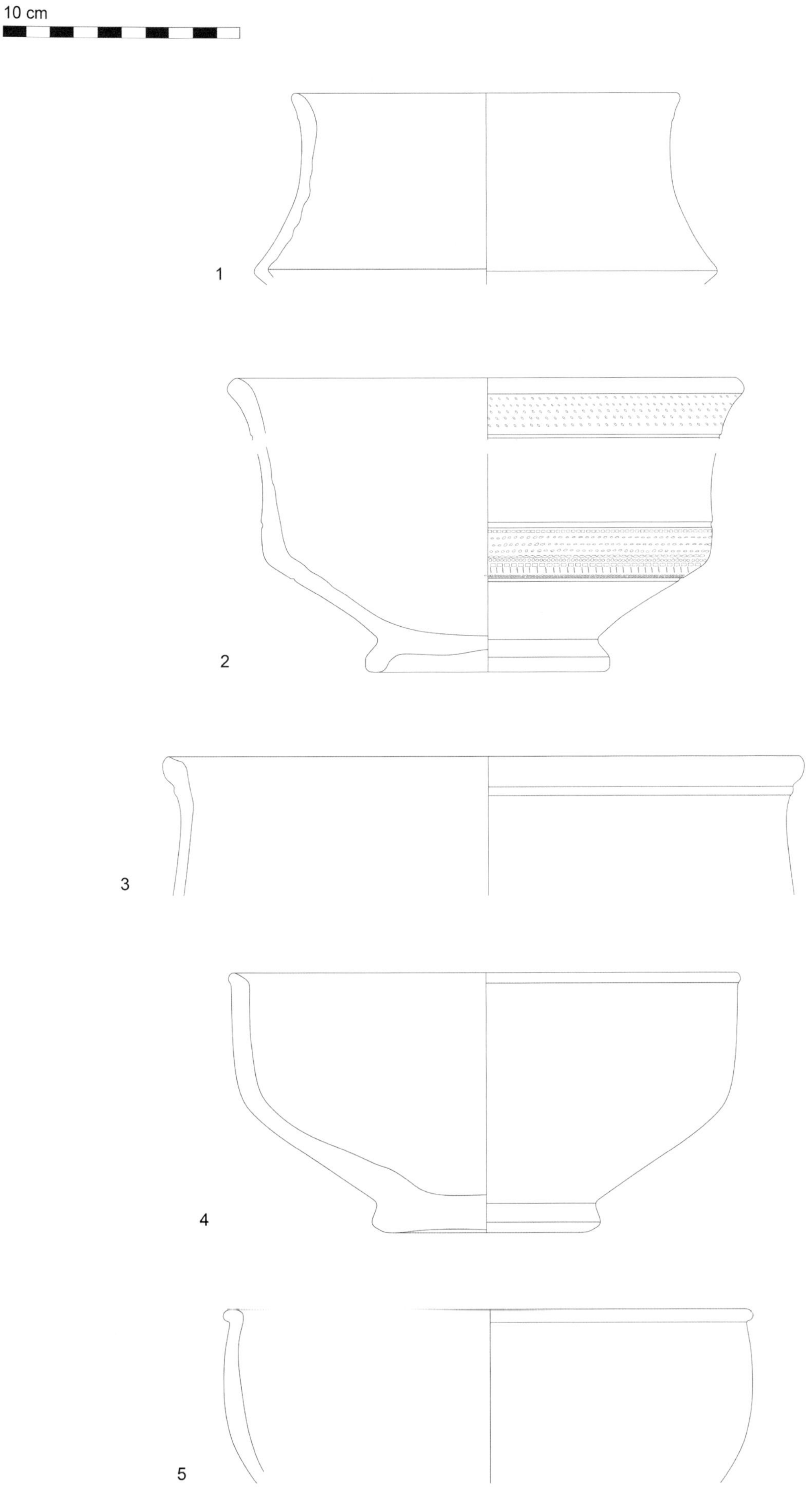

Taf. 5: Engobierte Schüsseln Drack 20–22 aus dem Kleinen Festspielhaus (Fundbergung 2003/2004) (Fotos und Zeichnungen: L. Huber).

Taf. 6: Kleines Festspielhaus
(Fundbergung 2003/2004)

1. RS einer Schüssel, Drack 19A. Reduzierend gebrannt mit metallisch glänzendem, schwarzen Überzug innen und außen. RDm min. 22 cm. Salzburg Museum Inv.-Nr. ARCH 6416-2003.

2. RS einer Schüssel, Drack 19A. Reduzierend gebrannt, Reste des schwarzen Überzugs innen und außen. RDm min. 21,8 cm. Salzburg Museum Inv.-Nr. ARCH 6302-2003.

3. RS eines Tellers, Imitation der Form Drag. 18. Oxidierend gebrannt mit mattem, roten Überzug innen und außen. RDm min. 21 cm; Salzburg Museum Inv.-Nr. ARCH 6659-2003.

4. RS einer Schüssel, Drack 9/10. Reduzierend gebrannt. RDm ca. 24 cm. Salzburg Museum Inv.-Nr. ARCH 6584-2003.

5. Schüssel, Drack 11/12. Oxidierend gebrannt mit rotem Überzug innen und außen. RDm ca. 6,3 cm; BDm ca. 3,7 cm; H ca. 2,8 cm. Salzburg Museum Inv.-Nr. ARCH 6664-2003.

6. RS einer Schüssel, Drack 11/12. Oxidierend gebrannt mit rotem Überzug innen und außen. RDm ca. 9 cm. Salzburg Museum Inv.-Nr. ARCH 6665-2003.

7. BS eines Tellers, TSI. Reduzierend gebrannt, schwarzer Überzug innen und außen, an der Innenseite Ratterdekor und anepigraphischer Stempel. BDm ca. 12 cm. Salzburg Museum Inv.-Nr. ARCH 6299-2003.

Taf. 6

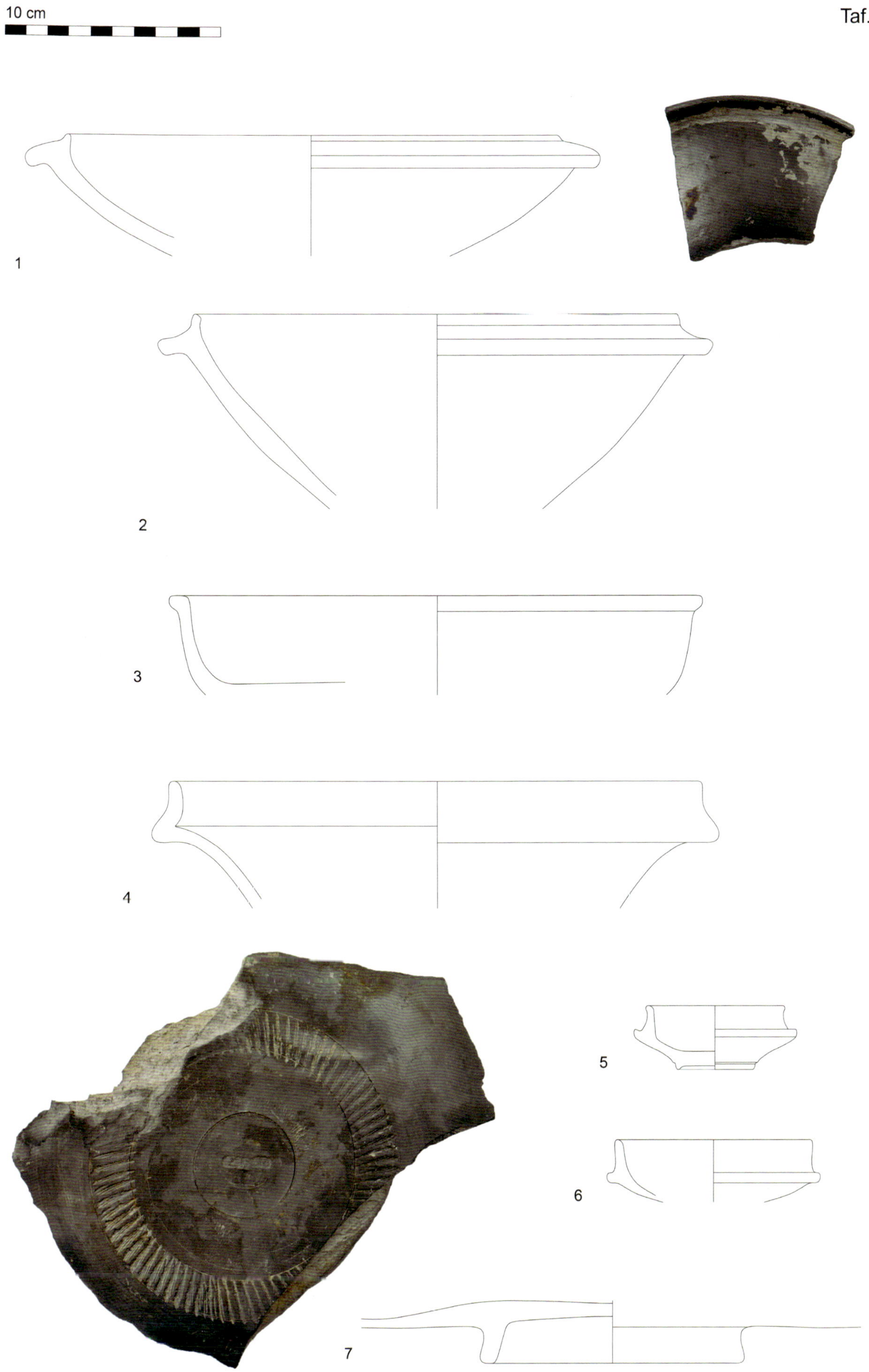

Taf. 6: Engobierte Schüsseln Drack 19 und TSI aus dem Kleinen Festspielhaus (Fundbergung 2003/2004) (Fotos und Zeichnungen: L. Huber).

LITERATUR

Ackermann 2013
R. Ackermann, Der römische vicus von Kempraten, Rapperswil-Jona. Neubetrachtung anhand der Ausgrabungen Fluhstrasse 6–10 (2005–2006). Archäologie im Kanton St. Gallen 1 (St. Gallen 2013).

Andrews 1991
K. Andrews, The technology of Late La Téne 'painted pottery' decoration. In: P. Budd/B. Chapman/C. Jackson/R. Janaway/B. Ottaway (Hrsg.), Archaeological Sciences 1989. Proceedings of a conference on the application of scientific techniques to archaeology. Bradford, September 1989. Oxbow Monograph 9 (Oxford 1991), 1–7.

Balmer 2009
M. Balmer, Zürich in der Spätlatène- und frühen Kaiserzeit. Vom keltischen Oppidum zum römischen Vicus Turicum. Monographien der Kantonsarchäologie Zürich 39 (Zürich 2009).

Binder 2014
E. Binder, Nonnberg und Festungsberg in römischer Zeit. Das römische Fundmaterial der Grabungen in der Stiftskirche Nonnberg (1978) und in der Festung Hohensalzburg (1993–2001). In: Lang/Kastler/Kovacsovics/Traxler 2014, 17–39.

Czysz 2015
W. Czysz, Der Mehrspurpinsel im römischen Töpferdorf Rapis/Schwabmünchen. Tradition und Innovation im raetischen Keramikhandwerk. In: L. Grunwald (Hrsg.), Den Töpfern auf der Spur – Orte der Keramikherstellung im Licht der neuesten Forschungen. 46. Internationales Symposium Keramikforschung des Arbeitskreises für Keramikforschung und des Römisch-Germanischen Zentralmuseums Mainz vom 16. bis zum 20. September 2013 in Mayen, RGZM – Tagungen 21 (Mainz 2015), 1–14.

Czysz/Mackensen 1983
W. Czysz/M. Mackensen, Römischer Töpfereiabfall von der Keckwiese in Kempten. Zu den römischen Töpfereien von Kempten-Cambodunum, *Bayerische Vorgeschblätter 48,* 1983, 129–164.

Czysz/Sommer 1983
W. Czysz/S. Sommer, Römische Keramik aus der Töpfersiedlung von Schwabmünchen im Landkreis Augsburg. Kataloge der Prähistorischen Staatssammlung 22 (Kallmünz 1983).

Dopsch/Hoffmann 1996
H. Dopsch/R. Hoffmann, Geschichte der Stadt Salzburg (Salzburg/München 1996).

Drack 1945
W. Drack, Die helvetische Terra Sigillata-Imitation des 1. Jahrhunderts n. Chr. Schriften des Institutes für Ur- und Frühgeschichte der Schweiz 2 (Basel 1945).

Ebnöther/Wyss 2004
Ch. Ebnöther/S. Wyss, Brenodor – Brenodurum im Brennpunkt: Fakten, Fragen und Perspektiven. Zu den Ergebnissen der Sondierungen von 2000 im Vicus Reichenbachwald (Bern-Engehalbinsel), *Jahrbuch der Schweizerischen Gesellschaft für Ur- und Frühgeschichte 87,* 2004, 282–296.

Ettlinger 1949
E. Ettlinger, Die Keramik der augster Thermen (Insula XVII). Ausgrabung 1937–38. Monographien zur Ur- und Frühgeschichte der Schweiz 6 (Basel 1949).

Ettlinger/Simonett 1952
E. Ettlinger/Ch. Simonett, Römische Keramik aus dem Schutthügel von Vindonissa. Veröffentlichungen der Gesellschaft Pro Vindonissa 3 (Basel 1952).

Fischer 1957
U. Fischer, Cambodunumforschungen 1953 – II. Keramik aus den Holzhäusern zwischen der 1. und 2. Querstraße (Kallmünz 1957).

Flügel 1996
Chr. Flügel, Handgemachte Grobkeramik aus Arae Flaviae-Rottweil, *Fundberichte aus Baden-Württemberg 21,* 1996, 315–400.

Franke 2003
R. Franke, Arae Flaviae 5. Die Kastelle I und II von Arae Flaviae/Rottweil und die römische Okkupation des oberen Neckargebietes. Forschungen und Berichte zur Vor- und Frühgeschichte in Baden-Württemberg 93 (Stuttgart 2003).

Furger/Deschler-Erb 1992
A. R. Furger/S. Deschler-Erb, Das Fundmaterial aus der Schichtenfolge beim Augster Theater. Typologische und osteologische Untersuchungen zur Grabung Theater-Nordwestecke 1986/87. Forschungen in Augst 15 (Augst 1992).

Gerhardt/Maier 1964
K. Gerhardt/R. A. Maier, Norische Gräber bei Hörafing im Chiemgau, *Bayerische Vorgeschichtsblätter 29,* 1964, 119–177.

Gruber 2015
Ch. Gruber, Herrschaft und Produktion – Die römische Palastvilla von Loig bei Salzburg (Diss. Universität Graz 2015).

Hampel 2012
U. Hampel, Zwei ausgewählte Baubefunde aus der Grabung Makartplatz 6. In: Höglinger u.a. 2012, 38–49.

Hampel/Imre 2016
U. Hampel/D. Imre, Bericht zur Grabung. Salzburg-Justizgebäude, *Fundberichte aus Österreich 55*, 2016, Digitaler Teil, D 6250-6297.

Heger 1973
N. Heger, Salzburg in römischer Zeit. Jahresschrift des Salzburg Museums 19 (Salzburg 1973).

Heger 1986
N. Heger, Frührömische Amphoren aus der Stadt Salzburg (Mozartplatz 4), *Bayerische Vorgeschichtsblätter 51,* 1986, 131–161.

Heger/Moosleitner 1971
N. Heger/F. Moosleitner, Notgrabungen im Hof des Studiengebäudes, *Fundberichte aus Österreich 10,* 1971, 92–94.

Hell 1952
M. Hell, Römische Töpferei im Priesterhausgarten, *Pro Austria Romana 2,* 1952, 45.

Hochuli-Gysel u.a. 1986
A. Hochuli-Gysel/A. Siegfried-Weiss/E. Ruoff/V. Schaltenbrand, Chur in römischer Zeit 1. Ausgrabungen Areal Dosch. Antiqua 12 (Basel 1986).

Höglinger 2004
P. Höglinger, Zum Problem der spätlatènezeitlich-frührömischen Siedlungskontinuität auf Höhensiedlungen des oberen Salzach- und Saalachtales im Pinzgau, Land Salzburg. In: Hüssen/Irlinger/Zanier 2004, 187–198.

Höglinger 2005
P. Höglinger, Zur Forschungsgeschichte der prähistorischen Höhensiedlung am Rainberg, Stadt Salzburg. In: M. Chytráček/J. Michálek/M. M. Rind/K. Schmotz (Hrsg.), Archäologische Arbeitsgemeinschaft Ostbayern/West- und Südböhmen. 14. Treffen 23. bis 26. Juni 2004 in Heřmaň bei Písek (Rahden/Westf. 2005), 154–169.

Höglinger u.a. 2012
P. Höglinger u.a. 2012, Salzburg, Makartplatz 6. Römisches Gewerbe – Stadtpalais – Bankhaus Spängler. Fundberichte aus Österreich Materialhefte Reihe A, Sonderheft 20 (Wien 2012).

Huber u.a. 2018
L. Huber/F. Lang/H. Wendling, Bemalte Keramik der späten Laténe- und frühen Kaiserzeit aus Iuvavum/Salzburg und dessen Umland. In: O. Chvojka/M. Chytráček/H. Gruber/L. Husty/J. Michálek/R. Sandner/K. Schmotz/St. Traxler (Hrsg.), Fines Transire 27. Archäologische Arbeitsgemeinschaft Ostbayern/West- und Südböhmen/Oberösterreich. 27. Treffen vom 21.–24. Juni 2017 in Schlögen (Rhaden/Westf. 2018), 81–96.

Hüssen/Irlinger/Zanier 2004
C.-M. Hüssen/W. Irlinger/W. Zanier (Hrsg.), Spätlatènezeit und frühe römische Kaiserzeit zwischen Alpenrand und Donau. Akten des Kolloquiums in Ingolstadt am 11. und 12. Oktober 2001. Kolloquien zur Vor- und Frühgeschichte 8 (Bonn 2004).

Imre/Leiner 2016
D. Imre/D. Leiner, Bericht zur Grabung. Salzburg. Hotel Stein, *Fundberichte aus Österreich 55,* 2016, Digitaler Teil, D 6402-6433.

Jauch 1996
V. Jauch, Eschenz-Tasgetium. Römische Abwasserkanäle und Latrinen. Archäologie im Thurgau 5 (Frauenfeld 1997).

Jauch 2014
V. Jauch, Vicustöpfer. Keramikproduktion im römischen Oberwinterthur. Vitudurum 10/Monographien der Kantonsarchäologie Zürich 45 (Zürich – Egg 2014).

Kovacsovics 1999
W. K. Kovacsovics, Grabungen im Dietrichruh genannten Hof der Residenz in Salzburg, *Jahreshefte des Österreichischen Archäologischen Institutes 68,* 1999 Beiblatt, 221–236.

Kovacsovics 2001
W. K. Kovacsovics, Iuvavum – Zum Beginn und zur Entwicklung der römischen Stadt im 1. Jahrhundert. In: G. Precht/N. Zieling, (Hrsg.), Genese, Struktur und Entwicklung römischer Städte im 1. Jahrhundert n. Chr. in Nieder- und Obergermanien. Xantener Berichte 9 (Mainz 2001), 227–244.

Kovacsovics 2003
W. K. Kovacsovics, SG Salzburg, KG Stadt Salzburg, Abt. Innere Stadt, *Fundberichte aus Österreich 42,* 2003, 729.

Kovacsovics 2004
W. K. Kovacsovics, Stadt Salzburg, KG Salzburg, Abt. Innere Stadt, *Fundberichte aus Österreich 43,* 2004, 917.

Kovacsovics 2012
W. K. Kovacsovics, Die Grabungen des Salzburg Museum 2001/2002 am Makartplatz. In: Höglinger u.a. 2012, 28–33.

Krammer 2007
A. Krammer, Ein mittelkaiserzeitlicher Zerstörungshorizont in Iuvavum/Salzburg. Die Ausgrabungen im Furtwänglerpark in den Jahren 1987/88, *Bayerische Vorgeschichtsblätter 72,* 2007, 7 75.

Lang/Kastler/Kovacsovics/Traxler 2014
F. Lang/R. Kastler/W. K. Kovacsovics/St. Traxler (Hrsg.), Collloquium Iuvavum. Das *municipium Claudium Iuvavum* und sein Umland. Bestandsaufnahme und Forschungsstrategien. Tagung im Salzburg Museum, 15.–17. März 2012. Archäologie in Salzburg 8/Jahresschrift des Salzburgs Museum 56 (Salzburg 2014).

Leiner 2015
D. Leiner, Bericht zur Grabung. Salzburg. Bürgerspitalgasse – Leitungsbau, *Fundberichte aus Österreich 55,* 2015, Digitaler Teil, D 5649-5665.

Luginbühl 2001
T. Luginbühl, Imitations de sigillée et potiers du Haut-Empire en Suisse occidentale. Archaéologie et historie d'un phénomène artisanal antique. Cahiers d'archéologie romande 83 (Lausanne 2001).

Mackensen 1978
M. Mackensen, Das römische Gräberfeld auf der Keckwiese in Kempten I. Gräber und Grabanlagen des 1. und 4. Jahrhunderts. Cambodunumforschungen 4. Materialhefte zur bayerischen Vorgeschichte 34 (Kallmünz 1978).

Maier 1970
F. Maier, Die bemalte Spätlatène-Keramik von Manching. Ausgrabungen in Manching 3 (Wiesbaden 1970).

Major 1940
E. Major, Gallische Ansiedlung mit Gräberfeld bei Basel (Basel 1940).

Martin-Kilcher 1999
S. Martin-Kilcher, TS-Imitation. In: Schucany u.a. 1999, 33.36.

Meyer-Freuler/Regin 1999
Ch. Meyer-Freuler/E. Regin, Vindonissa. In: Schucany u.a. 1999, 158.175.

Moosleitner 1972
F. Moosleitner, Salzburg, KG Stadt Salzburg, Abt. Innere Stadt, *Fundberichte aus Österreich 11,* 1972, 111–114.

Moosleitner 1975
F. Moosleitner, Zonal bemalte Keramik spätkeltischer Art aus Salzburg, *Archäologisches Korrespondenzblatt 5,* 1975, 201–203.

Moosleitner 2004
F. Moosleitner, Zur Kontinuität von der Spätlatènezeit zur frühen römischen Kaiserzeit im Salzburger Land. In: Hüssen/Irlinger/Zanier 2004, 175.186.

Narobe 1937
F. Narobe, Aus Salzburgs Vorzeit. Bedeutsame Funde beim Festspielhaus-Umbau, *Salzburger Volksblatt,* 26. Juli 1937, 6.

Narobe 1935-1938
F. Narobe, Festspielhausumbau, *Fundberichte aus Österreich 2,* 1935.1938, 282 f.

Niedermayr 2015
B. Niedermayr, Bericht zur Grabung. Salzburg, Getreidegasse Leitungsbau, *Fundberichte aus Österreich 55,* 2015, Digitaler Teil, D 5604.5648.

Niedermayr 2016
B. Niedermayr, Bericht zur Grabung. Salzburg, Getreidegasse West, *Fundberichte aus Österreich 55,* 2016, Digitaler Teil, D 6298.6349.

Oberhofer 2016
K. Oberhofer, Stratifizierte Terra Sigillata Imitationen und engobierte Keramik einheimischer Form aus Brigantium/Bregenz, *Rei Cretariae Romanae Fautorum acta 44,* 2016, 519.527.

Preinfalk u.a. 2015
A. Preinfalk/F. Preinfalk/H. Wendling, KG Dürrnberg, SG Hallein. Grabungsbericht, *Fundberichte aus Österreich 54,* 2015, 328.331.

Reiterer 1990
B. Reiterer, SG Salzburg, KG Stadt Salzburg, Abt. Innere Stadt, *Fundberichte aus Österreich 29,* 1990, 255.

Ruprechtsberger 1978
E. M. Ruprechtsberger, Streifenbemalte Keramik aus Lauriacum (Lorch/Enns, Oberösterreich), *Archäologisches Korrespondenzblatt 8,* 41.44.

Ruprechtsberger/Urban 2010
E. M. Ruprechtsberger/O. H. Urban (Hrsg.), Zwei frührömische Erdkeller und deren Inhalt – Linz/Keplerwiese 2008. Linzer Archäologische Forschungen Sonderheft 44 (Linz 2010).

Schmid 2008
D. Schmid, Die ältere Töpferei an der Venusstrasse-Ost in Augusta Raurica. Untersuchungen zur lokal hergestellten Gebrauchskeramik und zum regionalen Keramikhandel. Forschungen in Augst 41 (Augst 2008).

Schucany 1996
C. Schucany, Aquae Helveticae. Zum Romanisierungsprozess am Beispiel des römischen Baden. Antiqua 27 (Basel 1996).

Schucany 1999a
C. Schucany, Bemalte Keramik in Spätlatène-Tradition. In: Schucany u.a. 1999, 52–54.

Schucany 1999b
C. Schucany, Solothurn. In: Schucany u.a. 1999, 129–137.

Schucany 1999c
C. Schucany, Diverse engobierte Keramik einheimischer Form (Drack 20–22 etc.). In: Schucany u.a. 1999, 36–39.

Schucany 1999d
C. Schucany, Baden. In: Schucany u.a. 1999, 177–186.

Schucany u.a. 1999
C. Schucany/S. Martin-Kilcher/L. Berger/D. Paunier (Hrsg.), Römische Keramik in der Schweiz. Antiqua 31 (Basel 1999).

Sedlmayer 2002
H. Sedlmayer, Kaiserzeitliche streifenbemalte und „pannonische“ streifendekorierte Keramik. In: S. Groh/H. Sedlmayer (Hrsg.), Forschungen im Kastell Mautern-Favianis. Die Grabungen der Jahre 1996 und 1997. Der römische Limes in Österreich (Wien 2002), 296–299.

Seebacher 1999
M. Seebacher, Römisches aus einem Brunnen und einer Zisterne in der sog. Dietrichsruh in Salzburg, *Jahreshefte des Österreichischen Archäologischen Institutes 68,* 1999 Beiblatt, 235–406.

Steidl 2014
B. Steidl, Bedaium – Seebruck. Heiligtum und Straßenvicus auf dem Territorium des municipium Claudium Iuvavum. In: Lang/Kastler/Kovacsovics/Traxler 2014, 277–293.

Trumm 2002
J. Trumm, Die römerzeitliche Besiedlung am östlichen Hochrhein (50 v. Chr.–450 n. Chr.). Materialhefte zur Archäologie in Baden-Württemberg 63 (Stuttgart 2002).

Ulbert 1959
G. Ulbert, Die römischen Donau-Kastelle Aislingen und Burghöfe. Limesforschungen 1 (Berlin 1959).

Ulbert 1965
G. Ulbert, Der Lorenzberg bei Epfach. Die frührömische Militärstation. Münchner Beiträge zur Vor- und Frühgeschichte 9 (München 1965).

Vogt 1931
E. Vogt, Bemalte gallische Keramik aus Windisch (Kt. Aargau), *Anzeiger für Schweizerische Altertumskunde N. F. 33,* 1931, 47–59.

Walke 1965
N. Walke, Das römische Donaukastell Straubing-Sorviodurum. Limesforschungen 3 (Berlin 1965).

Wendling 2012
H. Wendling, Der Münsterberg von Breisach in der Spätlatènezeit. Siedlungsarchäologische Untersuchungen am Oberrhein. Materialhefte zur Archäologie in Baden-Württemberg 94 (Stuttgart 2012).

Schöner Baden in der Provinz

Die Thermen von *Biricianis*

Yvonne Reichel

EINLEITUNG

Bereits 1890 fanden unter der Leitung von W. Kohl die ersten Ausgrabungen in *Biricianis*, dem römischen Weißenburg, im Bereich des Kastells statt. Die gewonnenen Befunde und Funde gaben den Anstoß für eine rege Forschungstätigkeit. Seitdem wurde im Laufe der Jahrzehnte sowohl Fragen nach militärischen als auch zivilen Aspekten der Siedlung nachgegangen.

Für die Vermittlungsarbeit ist Weißenburg bis heute ebenso von zentraler Bedeutung. Das Areal des Kastells wurde nie überbaut und ist frei zugänglich. Moderne Mauerzüge über denen der römischen Umwehrung, den Toren und Türmen vermitteln einen visuellen Eindruck der Militäranlage, wobei besonders das nachgebaute Nordtor in Erinnerung bleibt[1]. Die lange Forschungstradition in Weißenburg, die gut erhaltenen Befunde und Funde – wie das Militärdiplom des Mogetissa oder der Schatzfund – sowie das Kastellgelände machen den Ort zum idealen Ausgangspunkt für an der Römerzeit interessierte Menschen. Dabei ist ein Aspekt der römischen Antike fest mit Weißenburg verknüpft: das römische Badewesen.

Im Jahr 1926 wurden bei Kanalisationsarbeiten westlich des Kastells Reste eines römischen Gebäudes (ca. 34 x 30 m) entdeckt und in zwei Grabungskampagnen untersucht. Schnell wurde es als „Kastellbad" gedeutet, eine Interpretation, die jedoch umstritten ist[2]. Die Strukturen befinden sich derzeit unterhalb des Spielplatzes an der Straße „Am Römerbad". Nur wenige Meter entfernt stießen 1977 Arbeiter beim Bau einer neuen Reihenhaussiedlung erneut auf römische Mauerzüge. Nach der vollständigen Freilegung (Abb. 1) ließen sie sich eindeutig als Thermenanlage mit außergewöhnlichen Ausmaßen (max. Ausdehnung 65 x 42,5 m) identifizieren. Diese Thermen wurden als archäologisches Denkmal[3] mit dem Namen „Römische Thermen" unter einem Schutzbau konserviert und können besichtigt werden[4].

Etwa 160 m nördlich wurden weitere römische Mauerzüge mit anschließendem Kaltwasserbecken freigelegt[5]. Eine ursprüngliche Interpretation als drittes Badegebäude wurde von S. Burmeister[6] zu Recht in Frage gestellt. Hauptargumente waren die Tatsache, dass Wasserbecken auch außerhalb von Thermen existieren, und die für ein Bad untypische Raumanordnung. Ebenso die abgelegene Lage im Gebiet des Vicus lässt diese Deutung unwahrscheinlich erscheinen.

Abb. 1: Weißenburg, Luftaufnahme der Römischen Thermen nach der vollständigen Freilegung (Foto: Museen Weißenburg).

Sollte sich heraus stellen, dass mehrere Gebäude eindeutig als Bäder zu identifizieren sind, wäre das nicht ungewöhnlich. Am raetischen Limes sind durchaus Militärstandorte mit mehreren Thermen bekannt, z.B. in Rainau-Buch oder Eining[7]. Warum sie über mehr als nur ein Thermengebäude verfügten, ist unklar. Auffällig ist, dass in den genannten Fällen immer ein größeres und ein kleineres Bad nebeneinander lagen. Möglicherweise war der Bedarf derart hoch, dass ein zweites Badegebäude benötigt wurde. Allerdings wäre in dem Fall der (Neu-)Bau einer ausreichend großen Thermenanlage bzw. eine Vergrößerung der bestehenden Anlage auch eine Option gewesen. Vielleicht weist die Existenz mehrerer Bäder eher auf eine Art soziale Hierarchie hin, indem eines einer bestimmten gesellschaftlichen Gruppe vorbehalten war. Eine andere Lösung wäre, die kleineren Thermen als „Winterbad" zu deuten, das leichter zu beheizen war[8].

Derzeit sicher als Thermengebäude anzusprechen sind nur die Römischen Thermen[9]. Dank der umfassenden Ausgrabungs- und Konservierungsarbeiten sind sie bislang am besten erforscht.

DIE RÖMISCHEN THERMEN

Die Thermenanlage stand in römischer Zeit ungefähr 225 m westlich des Kastells vor der Porta principalis dextra. In der näheren Umgebung befanden sich als Mansio interpretierte Mauerstrukturen, mehrere Brunnen, Gebäudestrukturen von Streifenhäusern sowie das sog. Kastellbad. Erreichbar waren die Thermen über eine Straße, die vom Tor in westliche Richtung führte. Vermutlich zweigte sie nach Norden hin ab und verlief zwischen den Römischen Thermen und dem sog. Kastellbad, also ähnlich dem Straßenverlauf der heutigen Straße „Am Römerbad".

Zur Zeit ihrer größten Ausdehnung (Bauphase III, nach 180 n. Chr.–nach 231 n. Chr.) nahmen die Römischen Thermen eine Fläche von etwa 2.763 m² ein und zählen damit zu den größten heute bekannten Thermenanlagen der Provinz Raetien. Ihre Ausmaße übertreffen andere Kastellbäder am raetischen Limes bei weitem (s. Tab.). Die Größe des zugehörigen Kastells allein scheint nicht der Grund dafür zu sein. Die Kohortenkastelle in Theilenhofen und Regensburg-Kumpfmühl nahmen eine ähnliche Fläche ein, ihre Bäder aber nicht. Auffällig ist jedoch, dass es sich in *Biricianis* im

	Max. Ausdehnung	Fläche	Datierung	Kastellgröße	Stationierte Einheit
Schirenhof	ca. 48 x 25 m (Phase I + II) ca. 32 x 11,5 m (Phase III)	ca. 1.200 m² (Phase I + II) ca. 370 m² (Phase III)	Mitte 2. Jh. n. Chr.– Mitte 3. Jh. n. Chr.	157 x 130,6 m 2 ha (Stein)	Cohors
Rainau-Buch	ca. 42,5 x 22,5 m (Phase I–III) ca. 10 x 30 m (Phase IV)	ca. 968 m²	ca. 140 n. Chr.– ca. 233 n. Chr. nach 233 n. Chr.– Mitte 3. Jh. n. Chr.	149,4–151 x 139,5 m 2,1 ha (Stein)	Cohors (equitata)
Theilenhofen	23 x 37 m (Phase I) 16,5 x 28,5 m (Phase II)	851 m² (Phase I) 470 m² (Phase II)	Unbekannt ca. 120 n. Chr.– Mitte 3. Jh. n. Chr.	160 x 142 m 2,3 ha (Holz-Erde) 196 x 144 m 2,7 ha (Stein)	Cohors equitata
Weißenburg	ca. 30 x 65 m (Phase I) ca. 37 x 65 m (Phase II) 42,5 x 65 m (Phase III)	ca. 1.950 m² (Phase I) ca. 2.405 m² (Phase II) 2.763 m² (Phase III)	Um 90 n. Chr. Mitte 2. Jh. n. Chr. nach 180 n. Chr.– nach 231 n. Chr.	170–174 x 179 m 2,8 bzw. 3,1 ha	Ala
Böhming	25,20 x 9 m	227 m²	nach 180 n. Chr.– Mitte 3. Jh. n. Chr.	78 x 95 m 0,74 ha	Numerus oder Teil einer Cohors
Eining	ca. 20 x 15 m (Phase I) ca. 38 x 30 m (Phase II)	ca. 300 m² ca. 1.140 m²	Um 100 n. Chr. Um 200 n. Chr.– Mitte 3. Jh. n.	147 x 125 m 1,8 ha	Cohors equitata
Regensburg-Kumpfmühl	57 x 34 m	1.938 m²	Um 80 n. Chr.– 171/172 n. Chr.	183 x 150 m 2,8 ha (Stein)	Cohors equitata

Tabelle: Größenvergleich ausgewählter Kastellbäder am raetischen Limes[10].

Gegensatz zu den anderen Militärbädern um das Bad einer Ala handelte[11].

Angesichts der Dimensionen der Römischen Thermen (Tabelle) erscheint die Frage, ob und warum ein zweites Badegebäude im Vicus existierte umso spannender. Die Größe des Kaltwasserbeckens der Bauphase III (8,80 x 7,70 m; 70 m³) war ebenfalls enorm und erinnert an die Becken in Heilthermen[12].

Bereits kurz nach ihrer Entdeckung wurden die Römischen Thermen ab dem Frühjahr 1977 unter der Leitung von L. Wamser ausgegraben. Bei Abschluss der Arbeiten im Herbst 1977 war eindeutig, dass es sich um einen außergewöhnlichen Befund handelte. Bemerkenswert war der gute Erhaltungszustand. Das aufgehende Mauerwerk war teilweise noch bis zu 2,5 m hoch anzutreffen und der Grundriss konnte vollständig erfasst werden. Deswegen gehören sie bis heute zu den am besten erhaltenen Badegebäuden Süddeutschlands. Darüber hinaus konnten zahlreiche Funde geborgen werden. Neben den zu erwartenden Objekten wie Balsamarien, Haarnadeln, Fibeln oder Keramik, wurden auch ein Goldohrring mit Smaragd-Imitat und medizinisches Gerät, das filigran gearbeitet und verziert ist, gefunden[13].

Wegen dieser herausragenden Merkmale sind die Römischen Thermen nicht nur ein spannendes Objekt der Forschung, sondern auch ein Anziehungspunkt für interessierte Laien. Dank ihrer Konservierung und Restaurierung sowie der musealen Anbindung, bieten sie einen guten Einstieg in die Thematik des römischen Badewesens.

VERMITTLUNG

Mit dem Beschluss, die Römischen Thermen für die Öffentlichkeit als Denkmal zu erhalten, wurde die Verpflichtung zu einer qualifizierten Vermittlungsarbeit eingegangen. Insofern war und ist eine zentrale Aufgabe, die Thermenanlage und die römische Badekultur auf wissenschaftlich fundierter Basis anschaulich und verständlich zu präsentieren und zu vermitteln – auch für Besucher ohne Vorkenntnisse.

KONSERVIERUNG UND RESTAURIERUNG

Die Mauerstrukturen mitsamt der Mörtelflächen und den Putzen, die Ziegel, die Erdprofile, etc. sollten dafür möglichst unverändert sichtbar bleiben[14]. Die Errichtung eines Schutzbaus sowie eine fachkundige Konservierung und Restaurierung war notwendig, um die erhaltenen Befunde langfristig vor Verfall und Substanzverlust zu bewahren. Ein Team ungarischer Archäologen unter der Leitung von Z. Visy führte diese Arbeiten in den Jahren 1981–1983 durch.

In dieser Zeit konnten die bisherigen archäologischen Erkenntnisse verfeinert und ergänzt werden, wie z.B. zur Chronologie der Bauphasen I–III, den verschiedenen Mauertechniken, der Typologie und der Funktion der einzelnen Räume. Bislang in der Forschung wenig diskutiert sind Fragen bzw. Vorschläge zu Fenstern, der Dachkonstruktion, der Wandbemalung, der Inneneinrichtung, der Eingangssituation, das Aussehen des Wasserspeichers oder einer öffentlichen Latrine[15].

VISUALISIERUNGEN

Diese Fragen waren und sind bis heute ebenso für die Öffentlichkeit interessant, die wissen möchte, wie diese Thermen einmal ausgesehen haben. Visualisierungen jeder Art stellen eine Möglichkeit dar, Geschichte erlebbar zu machen[16]. Mit ihrer Hilfe kann sich der Besucher eine Vorstellung vom einstigen Aussehen, der Größe und der Gestaltung des Badegebäudes machen. Im süddeutschen Raum basieren sie, aufgrund des Erhaltungszustands, häufig auf theoretischen Erwägungen, Analogieschlüssen oder Idealvorstellungen – vor allem in Bezug auf die Höhe des aufgehenden Mauerwerks, Fenster- und Dachkonstruktionen sowie die Innenausstattung[17]. Seit Anfang der 1980er Jahre wurde den Besuchern in den Römischen Thermen ein Bild des Gebäudes vermittelt – zum einen durch die Restaurierungs- und Rekonstruktionsmaßnahmen am Denkmal und zum anderen durch zeichnerische Rekonstruktionen sowie Modelle[18].

Das Konservierungs- und Restaurierungskonzept beschränkte Ergänzungen und Rekonstruktionen am Befund auf Stellen, an denen solche Maßnahmen aus konservatorischen Gründen notwendig oder wegen des optischen Raumeindrucks wünschenswert erschienen[19]. Deshalb waren Räume, die in den einzelnen Bauphasen stark umgebaut wurden, von solchen Maßnahmen besonders betroffen. Man entschied sich dafür, alle drei Bauphasen teilweise neben- und übereinander sichtbar zu machen. Eine breite tiefe Fuge im Mauerwerk sollte deutlich, aber optisch dezent die antike Bausubstanz von den modernen Ergänzungen absetzen. Im Caldarium (Abb. 2) wurden die Wandöffnungen für die Apsiden mit ca. 5,5 m hohen Bögen aus Bandeisen angedeutet, sodass am Befund ein Anhaltspunkt für die einstige Raumhöhe entstand. Wegen des Erhaltungszustands des Hypokaustum der beheizten Räume wurden fehlende Ziegel der Pilae bzw. die blockartigen Pfeiler der Bauphase III und ebenso Ansätze der Suspensura sowie des Bodens durch Nachbildungen ergänzt. So entstand ein Eindruck von den Dimensionen der Unterbodenkonstruktion und des unteren Raumbereichs. Ansätze von hölzernen Stützpfeilern wurden im Bereich des Praefurnium der westlichen Apsis und in der Basilica thermarum aufgestellt, um die Überdachung der Feuerstelle bzw. die

Abb. 2: Weißenburg, das restaurierte Caldarium der Römischen Thermen (Foto: Museen Weißenburg/M. Bloier).

Abb. 3: Das Modell der Römischen Thermen, Bauphase II, von 1984 (Foto: Museen Weißenburg/M. Bloier).

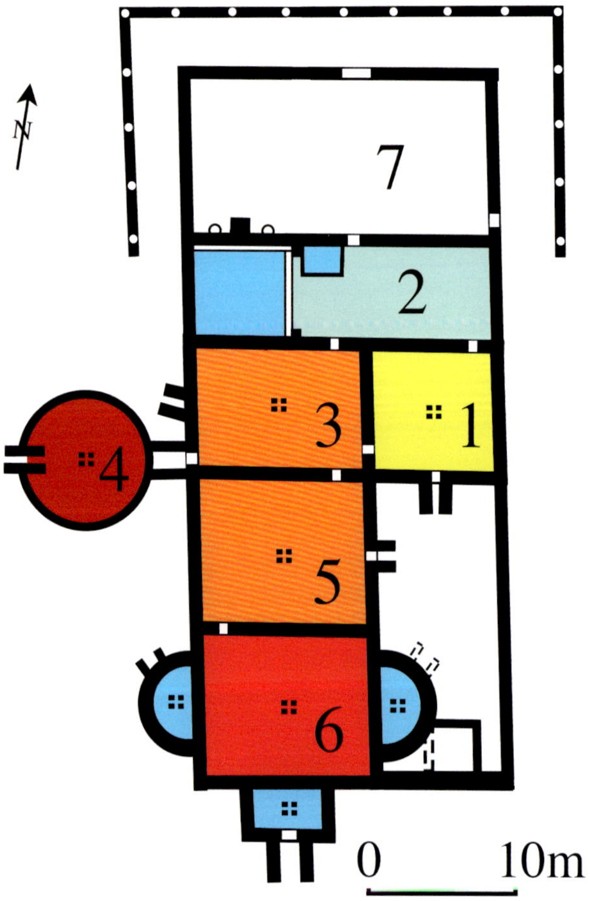

Abb. 4: Grundrissplan der Römischen Thermen Weißenburg, Bauphase II (Plan: Museen Weißenburg/Y. Reichel, nach: Wamser 1984, 65).

Stützkonstruktion der Decke zu symbolisieren. Auf rekonstruierten Wandflächen wurde an ausgewählten Stellen der Verputz durch Ergänzung visualisiert. Das große Kaltwasserbecken der Bauphase III sollte, seiner außerordentlichen Größe wegen, entsprechend eindrucksvoll inszeniert werden. Daher wurde das gesamte Mörtelbett wiederhergestellt und mit Solnhofener Plattenkalk ausgekleidet, der in situ vorgefunden oder, wo notwendig, mit modernen Platten ergänzt wurde. Am einprägsamsten ist wohl die vollständige Rekonstruktion der kleinen Apsis derselben Bauphase, in der sich eine Piscina befand. Sie beruht allerdings nicht allein auf Befunden und Funden in situ[20], sondern auch auf Analogien. Der Besucher sollte dadurch direkt am Befund einen dreidimensionalen Eindruck des antiken Gebäudes bekommen.

Die Beschilderung des Rundgangs durch den Befund vermittelte ebenfalls eine Vorstellung der Thermen. Auf den ursprünglichen Tafeln waren zeichnerische Rekonstruktionsvorschläge der jeweiligen Bereiche abgebildet. Der inhaltliche Schwerpunkt lag auf der Architekturbeschreibung.

Das erste Modell der Thermen entstand zur Eröffnung des archäologischen Denkmals (1984)[21]. Es wurde zu Beginn des Rundgangs aufgestellt. Es stellte Bauphase II im Maßstab 1:50 dar (Abb. 3).

Der Grundriss dieser Phase (Abb. 4) ist dem Reihentypus zuzuordnen. Im Norden des Gebäudes befand sich die Basilica thermarum (Raum 7) mit umgebender Porticus, südlich schloss sich das Frigidarium (Raum 2) an. Es folgten in einer Raumzeile liegend das Apodyterium (Raum 1) und das erste Tepidarium (Raum 3), vom dem aus das Sudatorium (Raum 4) erreichbar war. Südlich an das erste anschließend folgte das zweite Tepidarium (Raum 5). Ganz im Süden lag das Caldarium (Raum 6).

Abb. 5: Südostansicht der neuen Rekonstruktion der Römischen Thermen Weißenburg (Foto: Museen Weißenburg/ArcTron).

Das Gebäude wurde mit Satteldächern rekonstruiert, die mit Tegulae und Imbrices gedeckt waren. Sie waren angeschnitten, wodurch der Besucher einen Blick ins Innere werfen konnte. So zeigte das Modell nicht nur die Außen- sondern auch die Innenarchitektur des Gebäudes und darüber hinaus das Geschehen in den Thermen, eine mögliche Inneneinrichtung sowie den Betrieb. Eine Latrine wurde nicht dargestellt, obwohl bereits die Vermutung geäußert wurde, sie befände sich im weiteren Verlauf des Hauptabwasserkanals Richtung des Flusses Schwäbische Rezat. Ein Wasserspeicher wurde, trotz erhaltener Fundamentreste, nicht dargestellt. Der Eingang in die Thermen erfolgte über die Basilica thermarum, die über mehr als nur eine Außentür verfügte. Eine kurze erklärende Beschriftung zu den dargestellten Details, z.B. eine Raumbenennung, war nicht vorhanden. In seiner Gestaltung orientierte sich das Modell an den Rekonstruktionsvorschlägen der damaligen Publikationen[22]. In der Literatur finden sich auch Hinweise zu den Überlegungen bezüglich der Rekonstruktionen. So hat sich z.B. die mögliche Überdachung und Gestaltung des runden Sudatorium gewandelt. In einer ersten Kurzpublikation zog L. Wamser eine Rekonstruktion mit einer Kuppel nach der Vorlage Vitruvs in Betracht[23], bevorzugte aber kurze Zeit später eine Lösung mit Flachdecke, die ihm wegen der dünnen Außenwände mit nur 65 cm Mauerstärke wahrscheinlicher erschien[24]. Diese Variante wurde im Modell dargestellt.

Mithilfe des Thermenmodells wurden dem Besucher die Thermen, ihre Architektur und der Badebetrieb, präsentiert. Für die Besucher war und ist das Modell ein zentrales Element beim Rundgang durch das Denkmal. Inwiefern im Allgemeinen ein Laie bei der Verwendung von Visualisierungen zwischen gesicherten wissenschaftlichen Erkenntnissen oder Idealrekonstruktionen unterscheidet, ist fraglich.

In der Zeit nach der Eröffnung des archäologischen Denkmals wurden die Rekonstruktionsvorschläge weiter verfeinert. So wurde ein erster Entwurf des Thermendaches überarbeitet. Die Rekonstruktionszeichnungen der Bauphase II der Publikation von L. Wamser[25] beispielsweise zeigen ein höheres Satteldach über dem Haupttrakt im Süden als das ausgestellte Modell. Der Übergang zur Dachkonstruktion über der nördlich anschließenden Basilica thermarum wirkt nicht schlüssig und ist dann in einer späteren Publikation von Z. Visy[26] in überarbeiteter Form abgebildet. Der Dachfirst ist nun niedriger und schließt deshalb stimmig an die Traufe des Basilicadaches an – ähnlich dem Aufbau im Modell.

NEUE REKONSTRUKTIONEN – NEUE EINDRÜCKE

Im Jahr 2005 wurden die Römischen Thermen Weißenburg Teil des Welterbes „Grenzen des Römischen Reiches". Ein im Zuge der Nominierung entstandener 3D-Scan von 2003 war die Grundlage für die Entwicklung digitaler Modelle aller drei Bauphasen der Thermen, die auch ihren Weg in die Vermittlung fanden[27].

Um den Anforderungen der Besucher an eine moderne Präsentation[28] gerecht zu werden, wurde 2009 die Beschilderung im Rundgang durch den Befund überarbeitet und ein Empfangsgebäude neben dem Schutzbau errichtet. Im Jahr 2013 fand die feierliche Eröffnung statt. Im Gebäude wurden neue Informationstexte angebracht. Die neuen digitalen Rekonstruktionen wurden dabei für beide Maßnahmen genutzt.

Das virtuelle Modell der Bauphase II bildete außerdem die Grundlage der Produktion des Doku-Dramas „Macht, Pracht und Untergang" (Abb. 5), den die Besucher im Empfangsgebäude sehen können. Für die Videosequenz wurde die Bauphase II zum einen in Anlehnung an das analoge Thermenmodell und zum anderen wegen des Erhaltungszustands der Befunde gewählt[29]. Diese Phase bietet sich aber auch für die Vermittlungsarbeit besonders an, da der Grundriss der Thermen dieser Zeit eine nahezu idealtypische Anordnung aufweist und klar strukturiert ist. Sogar das Sudatorium ist, wie Virtruv[30] es überliefert, an das Tepidarium angeschlossen.

Die virtuelle Rekonstruktion von 2003 griff ungeklärte Fragen hinsichtlich der Rekonstruktion auf und präsentierte neue Lösungsvorschläge[31]. So deutete sie ein Latrinengebäude außerhalb der Basilica thermarum an. Die Eingangssituation wurde ebenso neu gelöst, indem ein Eingangsportal an der Außenwand des Apodyterium rekonstruiert wurde. Das runde Sudatorium wurde diesmal nach Beschreibung Vitruvs[32] gestaltet: mit einer Kuppel, die über eine Öffnung mit Metallscheibe zur Wärmeregulierung verfügt. Die erhaltenen Reste des Wasserspeichers wurden zu einer nach oben offenen, gemauerten Quaderstruktur ergänzt. Die Überdachung mit Satteldächern wurde nur über der Basilica thermarum, dem südlich daran anschließenden Frigidarium und dem Apodyterium beibehalten. Die Warmbaderäume hingegen wurden mit ungedeckten Tonnengewölben rekonstruiert, wodurch sich ein vollkommen neues Bild des Thermengebäudes ergab. Die neue Dachrekonstruktion orientierte sich an erhaltenen Bädern Nordafrikas. Die Jagdbäder in Lepcis Magna[33] beispielsweise waren über die Jahrhunderte hinweg mit Sand bedeckt, wodurch der Gewölbebereich erhalten blieb. Die Räume waren mit Tonnengewölben und Kuppeln überdacht, die keine weitere Abdeckung besaßen. Wegen des trockenen Klimas Nordafrikas war keine erforderlich. Ebenfalls erhalten waren mehrere Zisternen an den Außenseiten des Badegebäudes. Vermutlich stammt das Bad, ebenso wie die Bauphase II der Weißenburger Thermen, aus dem 2. Jahrhundert n. Chr.

Auf Grundlage des virtuellen Modells von 2003 zeigt der Teil „Pracht" des Doku-Dramas, wie der Besuch eines Bades in römischer Zeit gestaltet war[34]. Die Rekonstruktion wurde für dessen Erstellung nur in kleineren Details überarbeitet. Dieser Teil erhielt den Titel „Schöner Baden in der Provinz. Die großen Thermen von *Biriciana*" und handelt vom Thermenbesuch der beiden Römerinnen Claudia und Matrulla. Durch die in der Sequenz erzählte Geschichte erfährt der heutige Besucher Einzelheiten zum Baderundgang, wie der Betrieb organisiert war und welchen weiteren Aktivitäten nachgegangen werden konnte. Die dreidimensionale Computerrekonstruktion dieser Passage vermittelt äußerst eindrücklich ein Bild der möglichen Gestaltung der einzelnen Thermenbereiche.

Die sozio-kulturellen Aspekte des römischen Badewesens, wie sie der Film vermittelt, wurden 2018 bei der erneuten Überarbeitung der Beschilderung des Rundgangs durch den Befund aufgegriffen und um medizinische Gesichtspunkte eines Badebesuchs erweitert. Die Informationen zur Architektur und den Bauphasen wurden durch sie ergänzt. Ebenfalls eingefügt wurden Erklärungen zu den technischen Installationen in Thermen, u.a. das Wassermanagement.

Im Jahr 2019 wurde das Modell der Bauphase II, das über 30 Jahre im Schutzbau der Thermen zu sehen war, durch ein neues mit Maßstab 1:50 ausgetauscht (Abb. 6). Wie im Vorgängermodell wurde das Gebäude angeschnitten, um einen Blick ins Innere zu ermöglichen, und der Badebetrieb dargestellt. Eine erläuternde Beschriftung wurde ergänzt. Per Knopfdruck lässt sich der jeweilige Raum erleuchten. Die Rekonstruktion des Thermengebäudes wurde den jüngsten Rekonstruktionsvorschlägen angepasst, jedoch nicht ohne die baulichen Hypothesen zu überdenken und neue Überlegungen zur Architektur und Gestaltung zu berücksichtigen.

Fraglich erschien, ob der Transfer der Bäderarchitektur Nordafrikas nach Mitteleuropa ohne Modifikationen problemlos möglich sei. Vor allem die veränderten klimatischen Bedingungen, speziell die größere Anzahl an Niederschlägen, ließen Zweifel aufkommen, ob ungedeckte Tonnenge-

Abb. 6: Das Modell der Römischen Thermen Weißenburg, Bauphase II, von 2019 (Foto: Museen Weißenburg/M. Bloier).

wölbe durch das Wasser nicht beschädigt würden. Im neuen Modell wurde deshalb eine weitere Möglichkeit der Dachkonstruktion vorgeschlagen. Den oberen Abschluss der Warmbaderäume bildeten weiterhin Tonnengewölbe, über denen sich allerdings ein Giebeldach befindet, sodass sich der Eindruck eines Daches mit Gauben ergibt. Die anderen Räume wurden, ähnlich den digitalen Rekonstruktionen, mit Satteldächern ausgestattet.

Die Dachdeckung wurde in drei Varianten dargestellt, die sich im verwendeten Material unterscheiden. Die Dächer über den ungeheizten Räumen wurden, wie in den bisherigen Rekonstruktionen, mit Tegulae und Imbrices gedeckt. Für die Dachkonstruktion über den Tonnengewölben wurde ein neuer Rekonstruktionsvorschlag umgesetzt, der sich an lokalen Begebenheiten orientiert. In nicht weiter Entfernung von Weißenburg gibt es Vorkommen eines dichten, cremefarbenen bis ockergelben Kalksteins, der sog. Solnhofener Plattenkalk. Bereits in römischer Zeit wurde er abgebaut und genutzt. In nachrömischer Zeit prägte dessen Verwendung die regional vorkommende Form des Jurahauses, deren herausragendes Merkmal ihr Dach ist. Es war mit mehreren Schichten Solnhofener Plattenkalk gedeckt. In Anlehnung daran wurden im Modell die Tonnengewölbe der Warmbaderäume mit solchen Kalksteinplatten überdacht. Bei der Überdachung des Betriebsareals wurde eine einfachere Konstruktionsart dargestellt. Dort wurden die Dächer mit Holzschindeln gedeckt rekonstruiert, z.B. über den Praefurnia. Da diese Bereiche nicht für die Öffentlichkeit konzipiert waren, erscheint dieser Rekonstruktionsvorschlag durchaus denkbar.

Eine weitere Frage warf die Rekonstruktion des Wasserspeichers als nach oben offener Quader auf. Wegen der natürlichen Vegetation und der Witterung in der Weißenburger Region, fanden sehr wahrscheinlich Laub und Dreck ihren Weg in einen solchen Wasserspeicher. Für das neue Modell wurde deswegen ein anderer Rekonstruktionsvorschlag gewählt: ein gemauerter, rechteckiger Sockel, in den ein runder Holzbottich eingesetzt wurde. Der offene Bottich wurde durch eine zu den Seiten hin offene Holzkonstruktion mit einem Schrägdach abgedeckt, das mit Holzschindeln gedeckt war. Die Konstruktion hätte das Wasser vor den gröbsten Verunreinigungen geschützt. Wasserleitungen wurden ebenfalls rekonstruiert: eine zum Wasserspeicher führende hölzerne Wasserleitung und Bleirohre, die das gesammelte Wasser ins Gebäude leiten. Außerhalb des Gebäudes, im weiteren Verlauf des Hauptabwasserkanals, wurde auch ein Latrinengebäude dargestellt. Es wurde derart an den Rand des Modells gerückt, dass die gläserne Abdeckhaube es schneidet und der Besucher einen Blick in das Gebäude werfen kann.

Der Eingang in die Thermen erfolgte, ebenso wie in der digitalen Rekonstruktion, über ein Eingangsportal am Apodyterium, das jedoch etwas bescheidener gestaltet wurde.

RESÜMEE

Thermen werden im Allgemeinen als Kernelement der römischen Zivilisation angesehen. Sie wurden von den Römern perfektioniert, waren Symbol des hohen technischen Fortschritts und traten in der Form nur im Römischen Reich auf. Deswegen dienen sie oftmals als Einstieg in die Beschäftigung mit der römischen Vergangenheit. Ihre einstige Rolle als soziales Zentrum einer Siedlung sowie die Möglichkeit sich dort auf vielfältige Art und Weise zu pflegen und die Zeit zu vertreiben, verstärken ihre Anziehungskraft.

Gerade rekonstruierte Badeanlagen eignen sich gut für die Vermittlung und prägen deswegen das Bild des Laien vom römischen Badewesen. Insbesondere die Römischen Thermen Weißenburg mit ihrer herausragenden Größe, der guten Erhaltung und Präsentation sowie ihren herausragenden Funden wecken das Interesse der breiten Öffentlichkeit.

Die Besucher wollen dabei einen Eindruck vom einstigen Aussehen der Thermen gewinnen. Deswegen werden Rekonstruktionen, Nachbauten oder Visualisierungen römischer Befunde gerne und häufig für die Vermittlung archäologischer Denkmäler verwendet. Umso wichtiger ist eine gute Vermittlungsarbeit, die diese Maßnahmen auch den sich verändernden facharchäologischen Erkenntnissen und Forschungsergebnissen anpasst. Allerdings bleiben dadurch entstehenden Eindrücke, gerade wenn sie sehr anschaulich sind, im Gedächtnis und sind schwer durch neue zu ersetzen[35].

Das Bild der Römischen Thermen Weißenburg hat sich seit der Entdeckung und der Eröffnung der restaurierten Anlage als archäologisches Denkmal gewandelt. Neue Forschungsansätze führten zu veränderten Lösungen offener Fragen und letztendlich zu veränderten Rekonstruktionen – eine Entwicklung, die der geschichtsinteressierte Besucher bemerkt. Ebenso eröffnete der technische Fortschritt der letzten Jahre neue Möglichkeiten in der Vermittlungsarbeit.

Die museale Anbindung an die Museen Weißenburg bietet beste Voraussetzungen für die Sensibilisierung der Öffentlichkeit für solche Prozesse. Dies ist z.B. im Rahmen einer Veranstaltung möglich, wie dem UNESCO-Welterbetag, der jedes Jahr in den Römischen Thermen gefeiert wird. Diese Sonderveranstaltung wird für die Präsentation von Neuerungen in der Vermittlung der Thermenanlage genutzt. In den letzten Jahren wurden mehrere neue Elemente präsentiert. Der Rundgang durch den Befund wurde mit moderner Technik belebt. Zum einen wurde eine Soundanlage montiert, die die Geräuschkulisse in römischen Bädern simuliert. Zum anderen wurden eine Licht- und eine Nebelmaschine installiert. Zusammen sollen sie die Funktionsweise von Hypocaustum und Tubulatur veranschaulichen. So wurden die Thermen dem Besucher erlebbarer gemacht. Daneben gab es weitere Veränderungen, die vorgestellt wurden: die Aufstellung von Kopien zweier Weihesteine für Fortuna[36] oder Ausstellungsvitrinen mit Repliken von Objekten, die mit dem Thermenbesuch oder der Inneneinrichtung in Verbindung stehen. Das neue Modell der Bauphase II wurde ebenfalls an einem UNESCO-Welteretag der Öffentlichkeit vorgestellt – mit einer kurzen Erläuterung der veränderten Rekonstruktion.

Der Eindruck sich ändernder Forschungsansichten und ergebnisse spiegelt sich in einer sich stetig weiterentwickelnden Vermittlungs- und Präsentationsarbeit wider. Deren Erfolg ist auch durch die hohe Besucherresonanz zu erkennen. Die Römischen Thermen Weißenburg sind heute ein lebendiger Vermittlungsort, der sich wandelt und weiterentwickelt[37] – ganz ähnlich den antiken Thermen.

---

1 Matešić/Sommer 2015, 117.

2 Burmeister 1990, 116–130; Wamser 1984, 58, Abb. 7 f.; 38.2; Schleiermacher 1962. – Diese Interpretation ist aber wegen der ungewöhnlichen, untypischen Raumanordnung nicht unumstritten, s. Burmeister (1990), 127–129; Wamser 1984, 19; 54.

3 Laut Definition des Management-Plans fallen die Römischen Thermen als Vermittlungsort unter die Kategorie „monumentum", s. Deutsche Limeskommission (Hrsg.), Obergermanisch-Raetischer Limes. Management-Plan 2019–2023. Beiträge zum Welterbe Limes, Sonderband 5 (Bad Homburg 2019), 28.

4 Koschik/Visy 1992, 9–11; Wamser 1984, 56.

5 Burmeister 1990, 132–134.

6 Burmeister 1990, 134.

7 Mancherorts wäre eine Erklärung dieses Phänomens durch den Wechsel der stationierten Einheit denkbar, so Sommer 2018, 138.

8 So auch Burmeister 1990, 107; Wamser 1984, 58. – Für den freundlichen Hinweis auf eine mögliche Funktion als „Winterbad" danke ich Chr. Rummel herzlich, eine gute kurze Zusammenfassung der Errichtung von Sommer- und Winterthermen findet sich z.B. bei Nielsen 1990, 138–140.

9 Die Römischen Thermen werden in der Literatur in der Regel als „große Thermen" oder „große Thermenanlage" bezeichnet, so Wamser 1984 und Koschik/Visy 1992; eine Auflistung unterschiedlicher Bezeichnungen findet sich auch bei Burmeister 1990, 109 109, Anm. 9.

10 bei Tabelle: Die max. Ausdehnung ist bei nur ungefährer Angabe aus Plänen ermittelt worden, die anderen sind der Literatur entnommen; Die Fläche ist aus den Maßen heraus berechnet worden. – Böhming: Gnade 2010. – Eining: Spindler/Fischer 1984, Abb. 17. – Rainau-Buch: Seitz 1999, Abb. 13. – Regensburg-Kumpfmühl: Faber 1994, 46–51, Abb. 5. – Schirenhof: Planck 2005, Abb. 315. – Theilenhofen: Fischer/Riedmeier-Fischer 2008, Abb. 68. – Weißenburg: Visy 1988, Abb. 1–4. Angaben zu Kastellgrößen und stationierten Einheiten aus den jeweiligen Kapiteln in Matešić/Sommer 2015, 73; 85; 109; 117; 143; 171; 189.

11 Die Kastellbäder anderer Alenkastelle in Raetien, z.B. Heidenheim, Aalen, Kösching und Pförring, sind leider nur unzureichend erforscht, wodurch weiterführende Aussagen zum momentanen Zeitpunkt nicht möglich sind.

12 Wamser 1984, 81. – Das große Wasserbecken der Heilthermen Bad Gögging misst 10,8 x 7,8 m, s. H. U. Nuber: Ausgrabungen in Bad Gögging. Römisches Staatsheilbad und frühmittelalterliche Kirchen (Landshut 1980), 11.

13 Eine ausführliche Grabungspublikation mit Gesamtauswertung der Befunde und Funde fehlt bislang, ist jedoch im Rahmen einer laufenden Dissertation in Arbeit; Ausgewählte Stücke Terra Sigillata wurden bereits publiziert: Visy 1988, 128–135.

13 Koschik/Visy 1992, 9.

14 Eine ausführliche Publikation der Ausgrabung als Grundlage einer solchen Diskussion ist noch nicht erschienen, jedoch im Rahmen einer laufenden Dissertation in Arbeit. – Wamser bezeichnet sein Schema der Deckenkonstruktion (flache Decke) aufgrund des Fundes von Plafondziegeln als gesichert: Wamser, 1977, 82; Wamser 1984, 70; 73, Abb. 53. – Wamser erwähnt gelbe, rote, blaue, dunkelbraune und grüne Wandputzfragmente, teilweise mit figürlichen, geometrischen und floralen Motiven: Wamser 1984, 81; Wamser 1977, 89.

15 Meyr 2010, 60.

16 Bloier 2019, 31.

17 Zu den Modellen der Römischen Thermen s. a. Bloier 2019, 44–50.

18 Detaillierte Ausführungen zu den Konservierung-und Restaurierungsmaßnahmen, s. Koschik/Visy 1992, 11–16.

19 Visy 1992, 58; Wamser 1984, 63 f.

20 Zum ursprünglichen analogen Modell s. a. Bloier 2019, 44.

21 H. Koschik/Z. Visy, Thermae Maiores. Ausgrabung – Konservierung – Restaurierung. Eine Ausstellung von Arten Ungarischem Handelsunternehmen und Ausführungsunternehmen für Bildende Künste, Budapest, in Zusammenarbeit mit dem Bay. Landesamt für Denkmalpflege. Ausstellungsführer zur gleichnamigen Wanderausstellung (Budapest 1984); Wamser 1984, 55–81.

22 Wamser 1977, 86.

23 Wamser 1984, 59: Die Wandmalerei basiert auf in den Thermen gefundenen Putzresten mit erhaltenen Farbspuren sowie dem Vergleich mit anderen Orten; die Verzierung des Wasserausflusses, die Maske mit Darstellung von Oceanus, ist die vergrößerte Kopie eines Fundstücks aus der Villa bei Treuchtlingen-Schambach.

24 Wamser 1984, 81, Abb. 63.

25 Koschik/Visy 1992, 28, Abb. 25.

26 Zum 3D-Scan der Thermen s. Bloier 2019, 44 f.

27 Der außergewöhnliche universelle Wert des Welterbes ist „angemessen zu präsentieren", s. Deutsche Limeskommission (Hrsg.): Obergermanisch-Raetischer Limes. Management-Plan 2019–2023. Beiträge zum Welterbe Limes, Sonderband 5 (Bad Homburg 2019), 4.

28 Bloier 2019, 48.

29 Vitruv: De architectura libri decem 5, 10, 5.

30 Zur virtuellen Rekonstruktion der Thermen von 2003 s. a. Bloier 2019, 47 f., Anm. 25 f.

31 wie Anm. 29.

32 Zu den Jagdbädern in Lepcis Magna: Bianchi/Musso 2012, 22–26, Abb. 9; 12; 85; Nielsen 1990, 86; Wheeler 1968, 48, Taf. 5.

33 Zur virtuellen Rekonstruktion in der Videosequenz s. a. Bloier 2019, 48 f.

34 Bloier 2017, 24; 27; Bloier 2019, 57.

35 Es handelt sich um die Kopien zweier verschiedener Weihesteine. Beide Originale stammen aus Bädern anderer Kastellorte (Walldürn, Neckarburken).

36 So ist z.B. ein neuer Führer durch die Römischen Thermen erschienen: Y. Reichel, Badeluxus am Limes. Die Römischen Thermen Weißenburg. Schriften der Museen Weißenburg 2 (Oppladen 2020).

LITERATUR

Bianchi/Russo 2012
B. Bianchi/L. Musso (Hrsg.), Lepcis Magna. Hunting Baths. Building, Restoration, Promotion (Borgo San Lorenzo 2012).

Bloier 2017
M. Bloier, Ein Bild sagt mehr als 1000 Worte? Anforderungen an moderne Visualisierungen am Limes, *Der Limes. Nachrichtenblatt der Deutschen Limeskommission 11, 2017, Heft 1,* 24–27.

Bloier 2019
M. Bloier, „Aber das sah doch früher ganz anders aus! Rekonstruktionen römischer Bauten in Weißenburg im Lauf der Zeit. In: Bezirk Mittelfranken (Hrsg.), Der Limes. Rekonstruktionen, Nachbauten und andere Visualisierungsmöglichkeiten. Geschichte und Kultur in Mittelfranken 6 (Ansbach 2019), 31–58.

Burmeister 1990
S. Burmeister, Studien zum Weißenburger Bäderviertel, *Bayerische Vorgeschichtsblätter 55,* 1990, 107–189.

Faber 1994
A. Faber, Das römische Auxiliarkastell und der Vicus von Regensburg-Kumpfmühl. Münchner Beiträge zur Vor- und Frühgeschichte 49 (München 1994).

Fischer/Riedmeier-Fischer 2008
T. Fischer/E. Riedmeier-Fischer, Der römische Limes in Bayern. Geschichte und Schauplätze entlang des UNESCO Welterbes (Regensburg 2008).

Gnade 2010
B. Gnade, Das römische Kastell Böhming am raetischen Limes, *Bericht der Bayerischen Bodendenkmalpflege 51,* 2010, 199–286.

Koschik/Visy 1992
H. Koschik/Z. Visy, Die Großen Thermen von Weißenburg i. Bay. Prähistorische Staatssammlung. Große Ausstellungsführer 5 (Mainz 1992).

Matešić/Sommer 2015
S. Matešić/C. S. Sommer (Hrsg.), Am Rande des Römischen Reiches. Ausflüge zum Limes in Süddeutschland. Beiträge zum Welterbe Limes, Sonderband 3 (Bad Homburg 2015).

Meyr 2010
M. Meyr, Zwischen Konservierung und Rekonstruktion – römische Bäder im rechtsrheinischen Obergermanien. In: St. Traxler/R. Kastler (Hrsg.), Colloquium Lentia 2010. Römische Bäder in Raetien, *Noricum* und Pannonien, Beiträge zur Tagung im Schlossmuseum Linz, 6.–8. Mai 2010. Studien zur Kulturgeschichte von Oberösterreich 27 (Linz 2014), 51–61.

Nielsen 1990
I. Nielsen, Thermae et Balnea. The Architecture and Cultural History of Roman Public Baths (Aarhus 1990).

Planck 2005
D. Planck, Die Römer in Baden-Württemberg. Römerstätten und Museen von Aalen bis Zwiefalten (Stuttgart 2005).

Schleiermacher 1962
W. Schleiermacher, Das römische Kastellbad in Weißenburg i.Bay., *Bayerische Vorgeschichtsblätter 27,* 1962, 99–107.

Seitz 1999
G. Seitz, Rainau-Buch I. Steinbauten im römischen Kastellvicus von Rainau-Buch (Ostalbkreis). Forschungen und Berichte zur Vor- und Frühgeschichte in Baden-Württemberg 57 (Stuttgart 1999).

Sommer 2018
C. S. Sommer, The „urban" context of baths in military vici in Southern Germany. Archaeologia Mosellana 10 (Luxemburg 2018), 131–140.

Spindler/Fischer 1984
K. Spindler/T. Fischer, Das römische Grenzkastell Abusina-Eining. Führer zu archäologischen Denkmälern in Bayern. Niederbayern 1 (Stuttgart 1984).

Visy 1988
Z. Visy, Zur Baugeschichte der großen Thermen von Weißenburg, *Bayerische Vorgeschichtsblätter 53,* 1988, 117–135.

Wamser 1977
L. Wamser, Die römischen Thermen in Weißenburg. Ein Vorbericht, *Jahrbuch der bayerischen Denkmalpflege 31,* 1977, 69–100.

Wamser 1984
L. Wamser, *Biriciana* – Weißenburg zur Römerzeit. Kastell – Thermen – Römermuseum. Führer zu archäologischen Denkmalen in Bayern Franken 1 (Stuttgart 1984).

Wheeler 1968
M. Wheeler, Römisches Afrika in Farben (München/Zürich 1968).

Neue Ausgrabungen im Kastellvicus von Weißenburg/ *Biriciana* im Bereich des Quartiers Steinleinsfurt

Marcus Arnolds, Mariola Hepa

EINLEITUNG

Über großen Teilen der Zivilsiedlung des römischen Kastells von Weißenburg/*Biriciana* wurde nach dem 1. Weltkrieg das Wohnquartier Steinleinsfurt errichtet. Für einen Teil dieses Areals, das seit 2005 zur Pufferzone des UNESCO Welterbes „Grenzen des Römischen Reiches" gehört, plant der Eigentümer, die Wohnungsgenossenschaft Eigenheim e.G., nach Abriss der bestehenden Häuser, eine bauliche Umstrukturierung in mehreren Bauabschnitten. Aufgrund der zu vermutenden dichten Befundsituation veranlasste das Bayerische Landesamt für Bodendenkmalpflege (BLfD) eine archäologische Ausgrabung als bauvorgreifende Maßnahme[1] (Abb. 1; violett). Der untersuchte Bereich umfasst eine etwa 5.600 m² große Fläche und befindet sich südwestlich des Kastells, im südwestlichen Kernbereich der römischen Zivilsiedlung. Vier moderne Straßen umschließen das Gelände: *Gunzenhausener Straße* (Süden), *Am Bärenbühl* (Norden), *Am Römerbad* (Westen) und *Steinleinsfurt* (Süden).

Neben den bereits nachgewiesenen Strukturen im Kastell und Siedlungsspuren um das Kastell[2], konnten im Weiteren in den Jahren 1987–88 und in den 1990er Jahren[3] zwei größere Fläche mit mehreren Streifenhausgrundrissen im westlichen Kastellvicus, unter dem heutigen Parkplatz *Am Römerbad* untersucht werden[4] (Abb. 1; blau). 2019 fanden südlich der *Gunzenhausener Straße*, an der *Alten Weimersheimer Straße* weitere Untersuchungen statt, in dessen Rahmen neben keltischen Siedlungsbefunden der Stufe Lt D, weitere Hausgrundrisse und ein Steingebäude mit einem Hypokaust aufgedeckt wurden[5] (Abb. 1; violett). Im Jahre 2020 wurde an der Straße *Am Römerbad* eine kleinere Fläche untersucht, die u.a. ein weiteres zweiphasiges Steingebäude mit Hypokaust zu Tage brachte[6]. Das Gebäude schließt südlich an „Bau 3" an, der bereits 1977 beim Straßenbau entdeckt worden ist[7].

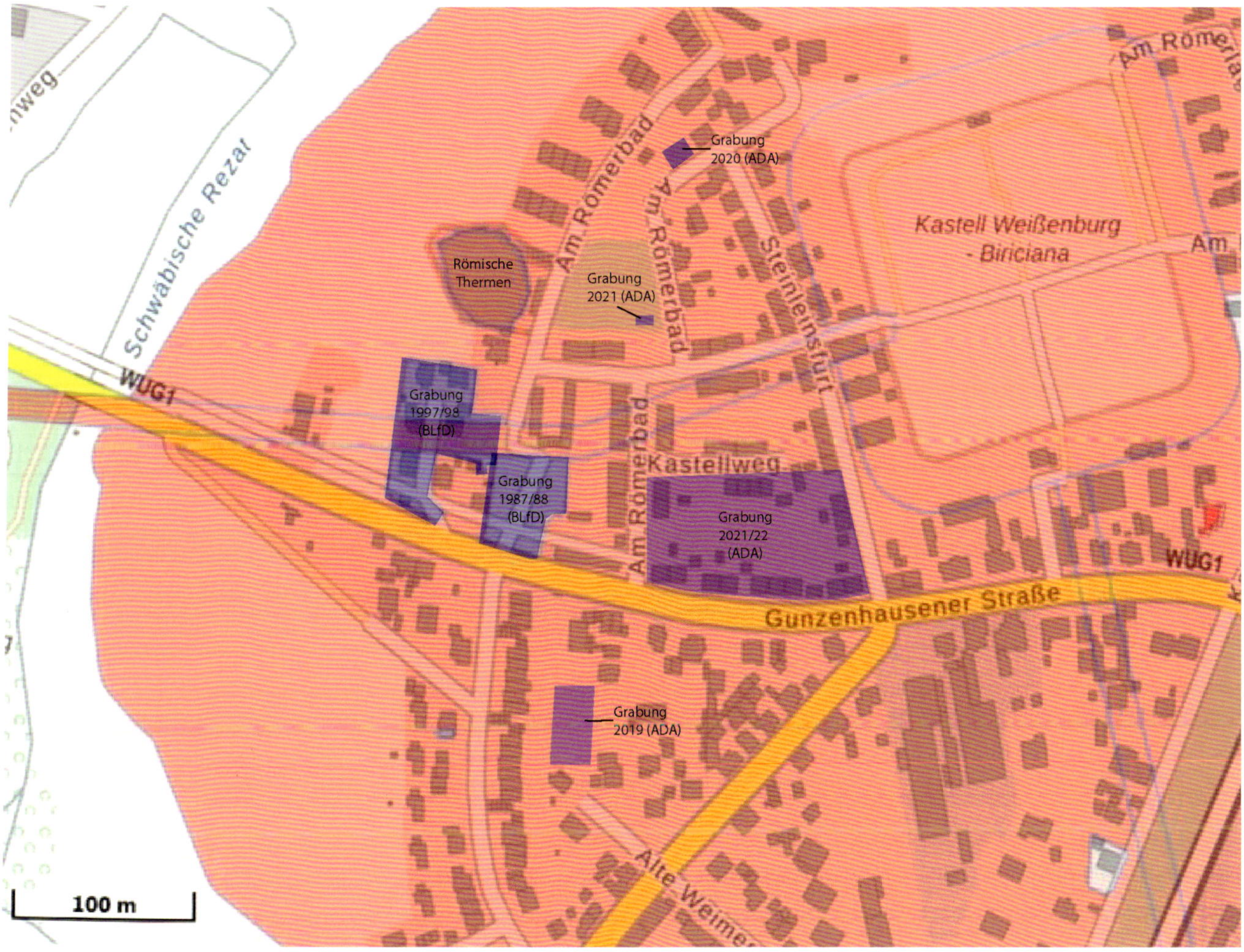

Abb. 1: Lage der Untersuchungsfläche der Grabung von 2021/22 und den restlichen ausgegrabenen Arealen durch ADA im Westvicus (violett unterlegt). Westlich davon (blau unterlegt), die Grabungen von 1987/1988 und 1997/98 des BLfDs; rot die eingetragene Denkmalfläche(n) (Plangrundlage: Bayerische Vermessungsverwaltung 2022/digitale Überarbeitung M. Hepa/ADA).

Abb. 2: Überblick Grabungsareal „Steinleinsfurt" in Richtung Kastell von Südwesten mit eingeteilten Flächen 1–5 (Drohnenfoto: M. Arnolds/ADA).

QUARTIER STEINLEINSFURT – GRABUNG 2021/2022

Im Rahmen der aktuellen archäologischen Untersuchungen von 2021/2022 konnten innerhalb des ersten Bauabschnitts mehrere Flächen untergliedert werden (Abb. 2). Die antiken Nutzungshorizonte sind selbst aufgrund der leichten Hanglage erodiert[8] und im westlichen Bereich zur modernen Straße *Am Römerbad* kaum erhalten geblieben (Flächen 1 und 3). Dagegen zeigte sich die Stratigrafie nach Osten in Fläche 4 zum Kastell hin sehr befundreich. Auch in Fläche 2 fanden sich in der unmittelbaren Nähe des äußeren Kastellgrabens vereinzelte, römische Strukturen. In den Profilen in diesem Bereich konnten weitgehend, sofern sie nicht durch rezent angelegte Hausanschlüsse und Leitungen gestört waren, Reste antiker Schichtung erkannt werden.

BEFUNDE IN DEN FLÄCHEN 1, 3 UND 4

Auf dem Grabungsareal kamen vor allem im westlichen Bereich zahlreiche Siedlungsbefunde mit einer komplexen stratigrafischen Abfolge von mehreren Bauphasen zum Vorschein. Es handelt sich um mindestens vier Hausparzellen mit langrechteckigen Holzgebäuden mit verschiedenen Installationen, wie Kellern, Latrinen, Brunnen, Materialentnahmegruben oder Pfostenstandspuren für die Dachkonstruktion (Abb. 3, Hausparzelle 1–4). Aufgrund der modernen Kellergrube *Am Römerbad* und der bislang noch nicht gesicherten Bauplanung konnte noch keine der Parzellen im rückwärtigen, aber auch im frontalen Bereich vollständig ergraben werden. Die Streifenbebauung ist Nordost-Südwest orientiert und entspricht somit nicht den 1987/1988 untersuchten Gebäude im westlichen Bereich[9]. Im nordöstlichen Bereich kann eine parallelverlaufende Straße zur westlichen Kastellmauer vermutet werden[10]. Die Gebäude der ersten Bauphase bestanden aus Holzfachwerk, das auf Schwellbalken mit einem Unterbaumaterial aus ockerfarbenem Kiesschotter[11] erbaut wurde (Abb. 4). Zum Teil wurden diese in der zweiten Bauphase durch Steinfundamente ersetzt. Dies geschah meistens an derselben Stelle der Schwellbalken oder es wurden neue, minimal versetzte Steinfundamente errichtet, sodass darauf Wert gelegt wurde, innerhalb der Parzellengrenze zu bauen[12].

Das hier am besten erhaltene Holzgebäude gehört zu der Hausparzelle 4 und hat die dokumentierten Maße von fast 10 m Breite und 35 m Länge. Die Front mit dem Haupteingang befand sich im Nordosten und scheint sich nach Osten über die Flächengrenze fortzusetzen. Die abschließende Wand und das Parzellenende im Westen waren aufgrund der Erosion nicht mehr erhalten. Im südöstlichen Bereich der Fläche 4 konnten teilweise Reste von Fußböden aus hartge-

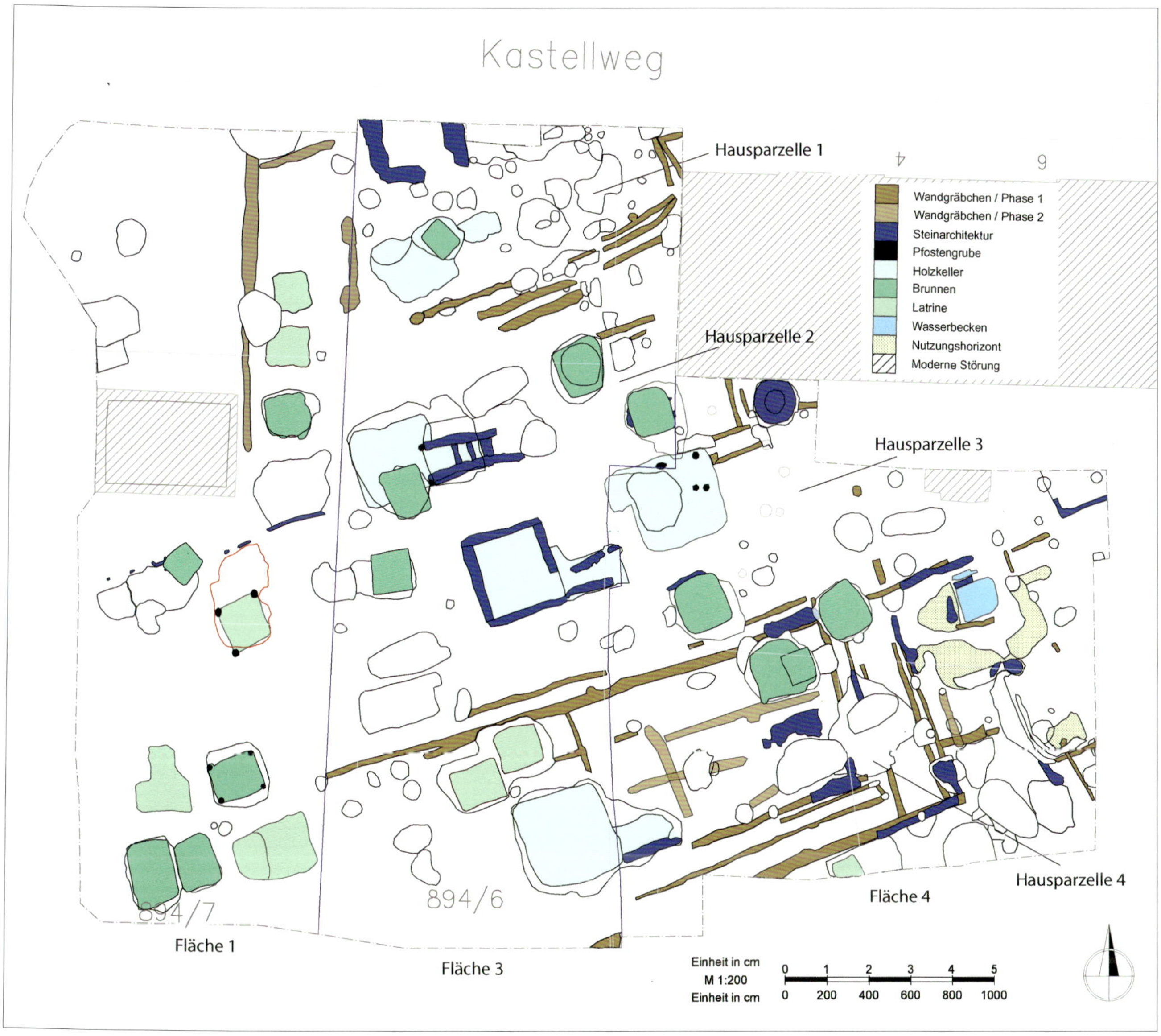

Abb. 3: Vorläufiger Befundplan aller Holz- und Steinbefunde in den Flächen 1, 3 und 4 (Stand April 2022) (Vermessung: A. W. Alamsha/ Umzeichnung: M. Hepa/ADA).

Abb. 4: Luftbild mit Verfärbungen der Holzbalkenstrukturen mit sekundär angebrachten Brunnen, Blick von Südwesten (Drohnenfoto: M. Arnolds/ADA).

Abb. 5: Reste vom Fußboden aus hartgestampftem Lehm in Fläche 4, im Hintergrund die Reste von einem Steinfundament (Foto: M. Leicht/ADA).

Abb. 6: Latrine mit Resten von der stark verkohlten Holzverschalung und einem Hundeskelett in der Brunnenecke, Blick von Nordosten (Foto: M. Hepa/ADA).

Abb. 7: Verfüllung aus Knochenresten, Brandschutt, Siedlungskeramik und Kiesschotter (Foto: M. Leicht/ADA).

stampftem Lehm nachgewiesen werden (Abb. 5). Zahlreiche Brunnen, Latrinen oder Abfallgruben befanden sich als mehrphasige Befundkomplexe hauptsächlich im rückwärtigen Bereich der Streifenhäuser bzw. in einem „Außenbereich"[13]. Die Latrinen waren als quadratische Holzkästen mit jeweils vier Eckpfosten konstruiert und entsprechen den aufgenommenen Befunden aus anderen Bereichen des Weißenburger *vicus*[14]. Nach ihrer Aufgabe wurden die Latrinen mit Siedlungsabfall verfüllt, nicht selten wurden hier auch Tiere entsorgt (Abb. 6).

Reste von verstürzten Steinfundamenten- und Mauern, sowie massive Planierungen von Brandschutt zeugen von Zerstörungen durch Feuereinwirkung. Das Schutt-, Brand- und Siedlungsmaterial wurde in der Folge entweder in die Keller, Brunnen oder Latrinen eingefüllt und das Gelände für die nächste Bauschicht einplaniert[15] (Abb. 7).

GESTALTUNG DER HOLZ- UND STEINKELLER

Im Rahmen der Ausgrabung konnten im rückwärtigen Bereich der Häuser, Holz- und Steinkeller mit den zugehörigen Eingängen untersucht werden (Abb. 8).

Zu Haus 1 gehörte ein Holzkeller, der im Zuge der Steinbauphase oder nach dessen Aufgabe mit Siedlungsschutt verfüllt worden ist. In Haus 2 wurde der Holzkeller mit einem Treppenabstieg aus Stein ergänzt. Zwei Pfostengruben unmittelbar vor dem Eingang gehörten zum älteren Holzkeller und könnten als Standspuren einer hölzernen Leiter gedeutet werden (Abb. 9 f.).

Ebenso in Haus 4 wurde der ursprünglich mit Holzbohlen verkleidete Eingang durch einen Treppenabstieg aus Stein ersetzt. In Haus 3 konnten zwei Keller nachgewiesen werden. Es ist nicht auszuschließen, dass der Holzkeller in einer weiteren Umbaumaßnahme zugunsten neu errichte-

Abb. 8: Luftbild mit den Holz- und Steinkellern in den Streifenhausparzellen 2–4 mit den Resten von steinernen Eingängen in Richtung Osten und zum Eingang der Häuser (Drohnenfoto: M. Arnolds/ADA).

Abb. 9: Reste von steinernem Treppenabstieg in Haus 2 (Foto: M. Leicht/ADA).

Abb. 10: Profil am Eingang zum Holzkeller von Haus 2. Im Profil Pfostengruben eines älteres Holzeingangs, vielleicht Leiter, sichtbar (Foto: M. Leicht/ADA).

Abb. 11: Blick von Südwesten auf das 3D-Modell des Holzkellers (Haus 2) und Steinkellers (Haus 3). Im ausgenommenem Holzkeller (Haus 2) eine rechteckige Kastengrube/Brunnen(?) mit Lehmstrich ausgekleidet erkennbar (3D-Modell nach K. Teichmann, KT_Archäologische_Dienstleistungen Würzburg i. Auftrag ADA).

ter Steinkeller aufgegeben worden war. Dies ist am Beispiel von anderen *vici* nachgewiesen[16]. Möglich ist auch, dass beide Keller, wenigstens eine kurze Zeit gleichzeitig existierten. Der Keller in Haus 3 war komplett aus Jurakalksteinen ausgebaut. Dazwischen fanden sich Sandsteine und fragmentierte Dachziegel. Als Bindemittel diente gelber Kalk-Sand-Kiesmörtel. Die Konstruktion des Kellerbodens und der Treppenkonstruktion war nicht mehr erhalten, sodass unklar ist, ob der ursprüngliche Boden aus Holz- oder Lehm bestand. An der Unterkante des Kellers und im Eingangsbereich befanden sich viele verkohlte Holzfragmente und eiserne Beschläge, die vermutlich zu einer Kellertür gehörten. Es ist daher davon auszugehen, dass die Deckenkonstruktion des Kellers und die Kellertür bei einem Brand eingestürzt sind (Abb. 11 f.).

Eine Besonderheit bieten die Wände des Kellers. Diese zeigten an einigen Stellen Reste von beigem bis rosafarbenem, durch Feuereinwirkung verfärbten Wandverputz. In der Ecke zwischen der Nord- und Westmauer, sowie auf der Westmauer konnte man auf dem Verputz, neben den eingetieften Scheinquadern noch einen roten Fugenstrich erkennen[17]. Diese Wandgestaltung ist ebenso aus den Kellerbauten in Obergermanien bekannt[18] und sollte, wie am nachgebauten Nordtor des Kastells Weißenburg deutlich, ein Scheinmauerwerk nachahmen[19] (Abb. 13).

NÄHE ZUM KASTELLGRABEN (Fläche 2)

Der östliche Bereich, direkt am äußeren Kastellgraben gelegen, zeigte ein weitgehend anderes Befundbild. Hier befand sich eine rechteckige Steinkonzentration, möglicherweise die Reste der Fundamentierung mit angebrachten Schwellbalken für eine Fachwerkkonstruktion. Neben der Steinkonzentration konnten weitere parallelverlaufende Balkengräbchen nachgewiesen werden. Die Steine waren mit dem ockerfarbenen Kiesschotter ummantelt, wie Reste davon an einigen Stellen bezeugen (Abb. 14).

Die Orientierung des Gebäudes zielt exakt auf die südwestliche Kastellecke. Die Funktion des Gebäudes ist derzeit noch unklar, da eine vollständige Auswertung noch nicht abgeschlossen ist. Vermutlich handelt es sich hier um eine massive, für eine bessere Tragfähigkeit, konstruierte Fundamentierung für ein Fachwerkgebäude.

FUNDE

Das bislang geborgene Fundmaterial ist sehr umfangreich und spiegelt das tägliche Leben der Bewohner wider. Militaria, Gegenstände zur täglichen Hygiene wie Pinzetten oder Ohrsonden, Schmuck und verschieden dekorierte Haarnadeln aus Bein (Abb. 15), die die weibliche Präsenz im *vicus* zeigen und Handwerksutensilien sowie Keramik- und Glasgefäße gestatten Rückschlüsse zu fast allen Lebensberei-

Abb. 12: Boden im Steinkeller mit eingestürzten und verbrannten Holzreste, vermutlich von Deckenkonstruktion und Kellertür (Foto: M. Leicht/ADA).

Abb. 13: Roter Fugenstrich in eingetieften Scheinquadern auf der Westwand von Steinkeller in Haus 3 (Foto: M. Leicht/ADA).

Abb. 15: Sammlung von verschiedenen Haarnadeln aus dem *vicus* in Steinleinsfurt (Foto: Museen Weißenburg/K. Heinrich).

Abb. 14: Eine rechteckige Steinpflasterung mit eingelassenen Balkengräbchen und weiteren, parallelverlaufenden Balkengräbchen in Fläche 2 im Blick von Westen (Drohnenfoto: M. Arnolds/ADA).

chen. Die meisten Funde stammen aus den Brunnen- und Latrinenverfüllungen oder aus Abfallgruben und wurden dort nach dem Siedlungsbruch um die Mitte des 2. Jahrhunderts oder im Rahmen der Aufräumarbeiten nach der Zerstörung der Siedlung im ersten Viertel des 3. Jahrhundert n. Chr. verscharrt. In den Kellern selbst, vor allem in dem Steinkeller, befanden sich keine zurückgelassenen Gegenstände, bis auf die verbrannten und eingestürzten Reste der Holzdecke. Dieser war zur Zeit seiner Aufgabe komplett ausgeräumt und mit einheitlichem Schutt aus Bruchsteinen und Kiesschotter verfüllt. Diese Vorgehensweise wurde bereits bei dem Kellerbefund von 1997/98 beobachtet und stützt die These von R. Frank zur systematischen Planierung im Bereich des Westvicus[20].

Außergewöhnlich ist ein spätkeltischer Kreuzquinar aus Silber (Abb. 16). Die Münze liefert nach zwei Münzfunden aus der Grabung 2019 an der Weimersheimerstraße einen weiteren Hinweis auf eine keltische Vorgängersiedlung[21]. *In situ* Funde von keltischen Münzen aus dem Stadtgebiet von Weißenburg stellen noch eine absolute Rarität dar. Der Neufund aus 2021 besitzt ein in etwa vergleichbares Gegenstück aus Allmannsdorf in der Gemeinde Pleinfeld[22].

Abb. 16: Revers und Avers eines spätkeltischen Kreuzquinars aus Silber (100–50 v. Chr) (Foto: Museen Weißenburg/K. Heinrich).

AUSBLICK

Die Grabungen werden im Jahr 2022 fortgesetzt. Die neuen Flächen im zweiten Bauabschnitt, östlich anschließend an die Fläche 4, könnten neue wertvolle Erkenntnisse zu dem oben erwähnten Straßenverlauf und einer Bebauung auf der anderen Seite in Richtung zum äußeren Kastellgraben liefern.

Die aktuellsten Grabungsinformationen und einige der bemerkenswertesten Funde werden in einer Sonderausstellung der Museen Weißenburg vom 15.3. bis 15.11.2022 im Empfangsgebäude der Römischen Thermen einer breiten Öffentlichkeit präsentiert (Abb. 17). Es ist geplant, die Ausstellung auch 2023, in aktualisierter Version und neuen Funden fortzuführen.

Abb. 17: Plakat zur Sonderausstellung „Quartier Steinleinsfurt“ (Museen Weißenburg).

---

1 Seit Mai 2021 wird der erste Bauabschnitt durch die Grabungsfirma: Archäologie Dr. Arnolds & Kollegen (ADA) in fachlicher Unterstützung des BLfDs archäologisch untersucht.

2 Zur Forschungsgeschichte, s. Grönke/Weinlich 1991, 11 f.; Grönke 1997, 23 f.; weiterführende Literatur der bislang vorgelegten Grabungen in Weißenburg, s. Kirch 2018, 12–14.

3 Frank 1999a, 71–73; Frank 1999b, 173–180; Frank 2003, 67–70.

4 Czysz 2013, 318–319, Anm. 162; Kirch 2015, 16.

5 Arnolds 2020, 89–91.

6 Beim BLfD unter der Maßnahmennr. M-2020-2036-1_0 archiviert. Grabung durchgeführt von Fa. ADA Archäologie GbR, Weißenburg, unter der Leitung von M. Arnolds; Grabungsbericht und Publikation in der *villa nostra* – Weißenburger Blätter in Vorbereitung.

7 Burmeister 1990, 132–135.

8 Kirch 2015, 16.

9 Czysz 2013, 319.

[10] Freundliche Mitteilung von M. Bloier.
[11] Frank 1999b, 174.
[12] Czysz 2013, 319; Kirch 2015, 16.
[13] Sommer 2014, 19.
[14] Frank 1999b, 177.
[15] wie Anm. 14.
[16] Neth 2013, 170.
[17] Flügel/Obmann 2013, 17 f.
[18] Filgis 2019, 327.
[19] Grönke 1997, 39.
[20] Frank 1999b, 178 f.
[21] Arnolds 2020, 91. Die Münzen fanden sich dort in Siedlungsgruben der Stufe Lt D 2.
[22] Schußmann 2008, 450, Taf. 141,2.

LITERATUR

Arnolds 2020
M. Arnolds, Letzte Gefechte? Kavaleriehelm, Knochen und Kammstrichtöpfe im Weißenburger Vicus, *Das archäologische Jahr in Bayern 2019* (Darmstadt 2020), 89–91.

Czysz 2013
W. Czysz, Zwischen Stadt und Land – Gestalt und Wesen römischer *Vici* in der Provinz Raetien. In: Heising 2013, 318 f.

Filgis 2009
M. Filgis, Römische Keller mit bemalten Wandnischen in Baden-Württemberg. In: J. Biel (Hrsg.), Landesarchäologie, Festschrift für Dieter Planck zum 65. Geburtstag. Forschungen und Berichte zur Vor- und Frühgeschichte in Baden-Württemberg 100 (Stuttgart 2009), 327–340.

Flügel/Obmann 2013
Ch. Flügel/J. Obmann, Visualisierung römischer Kastelltore: Das Beispiel der *porta principalis dextra* des Alenkastells Celeusum/Pförring. In: Ch. Flügel/J. Obmann (Hrsg.), Römische Wehrbauten. Befund und Rekonstruktion. Kolloquiumsband – Arbeitsgespräch *excelsae turres quater divisae* am 5. Juli 2010 in der Landesstelle für nichtstaatliche Museen im Alten Hof München. Schriftenreihe des Bayerischen Landesamtes für Denkmalpflege 7 (München 2013), 12–27.

Frank 1999a
R. Frank, Ausgrabungen im westlichen Vicus des Römerkastells Weißenburg, *Das archäologische Jahr in Bayern 1998* (Stuttgart 1999), 71–73.

Frank 1999b
R. Frank, Bauvorgreifende Untersuchungen im westlichen Vicus des Römerkastells von Weißenburg. Beiträge zur Archäologie in Mittelfranken 5 (Büchenbach 1999), 173–180.

Frank 2003
R. Frank, Neu entdeckte Holzgebäudereste im Weißenburger Vicus, *Das archäologische Jahr in Bayern 2002* (Stuttgart 2003), 67–70.

Grönke 1997
E. Grönke, Das römische Alenkastell *Biricianae* in Weissenburg i. Bay. Die Grabungen von 1890 bis 1990. Limesforschungen 25 (Mainz 1997).

Grönke/Weinlich 1991
E. Grönke/E. Weinlich, Die Nordfront des römischen Kastells *Biriciana*-Weissenburg. Die Ausgrabungen 1986/1987. Kataloge der Prähistorischen Staatssammlung 23 (Kallmünz 1991).

Heising 2013
A. Heising (Hrsg.), Neue Forschungen zu zivilen Kleinsiedlungen (*vici*) in den römischen Nordwest-Provinzen. Akten der Tagung Lahr 21.–23.10.2010 (Bonn 2013).

Kirch 2015
F. S. Kirch, Kastell Weissenburg. Der Streifenhauskomplex von *Biriciana, Der Limes 9/2017, Heft 1,* 16–18.

Kirch 2018
F. S. Kirch, Studien zum Westvicus von Weißenburg (unpubl. Diss) (Köln 2018).

Neth 2013
A. Neth, Der *vicus* bei Güglingen – Zentrum einer römischen Siedlungskammer im Zabergäu. In: Heising 2013, 167–180.

Schußmann 2018
M. Schußmann, Die Latènezeit im südlichen Mittelfranken, Teil 1 und 2 (Bonn 2008).

Sommer 2014
C. S. Sommer, Wer wusch die Socken der römischen Soldaten? Der Kastellvicus von Weißenburg – Aufbau und Funktion, *villa nostra – Weißenburger Blätter* 1/2014, 5–35.

Von Töpferöfen, Häusern und public engagement

Überlegungen und Präsentationen zum antiken *Biricianis* in Weißenburg

*Mario Bloier**

Großflächige Grabungen westlich des Kastellgeländes ergaben in den vergangenen Jahren klare bauliche Strukturen, die nachvollziehbare und funktionale Siedlungskomplexe im *vicus* von *Biriciana* erschließen lassen[1]. Der Bereich südlich und vor allem östlich des Kastells bis hin zum heutigen Bahnhof konnte nur punktuell erschlossen werden. Das mit einem hohen, archäologisch wertvollen, Potential versehene Areal brachte jedoch nicht unbedeutende Funde, wie das sog. Mogetissa-Diplom[2] oder das Mundstück einer römischen Tuba[3], zu Tage.

Ein 1994 bei Bauarbeiten entlang der Bahnstrecke entdeckter Töpferofen und die Planungen für dessen wissenschaftliche Aufbereitung führten jüngst zu neuen Überlegungen, wie der südöstliche Bereich des *vicus Biricianis* möglicherweise ausgesehen haben könnte und wie sich diese, bis auf wenige uns bekannte Ausschnitte isolierte Besiedlungszone, entwickelte.

Abb. 1: Luftaufnahme des Grabungsareals vom P&R-Parkplatz mit dem Bahnhofsgebäude im Vordergrund. Ansicht von Südosten (Dia-Archiv Museen Weißenburg).

GRABUNG 1994

Den Bauarbeiten zum Bau des Park&Ride-Parkplatzes am westlichen Bahnhofsgelände, entlang der Kohlstraße (Abb. 1), ging 1994 eine Rettungsgrabung des Bayerischen Landesamtes für Denkmalpflege voraus, welche später von der Firma Faustus übernommen wurde[4]. Das Areal war bereits durch vorangegangene Bauarbeiten von Kanälen durchzogen[5] und das abfallende Gelände war im nördlichen Bereich der zu untersuchenden Fläche zu diesem Zeitpunkt schon aberodiert bzw. relativ befundfrei – auch im südlichen Areal war das Gelände durch frühere Arbeiten an den Bahngleisen ebenfalls stark gestört[6].

Abb. 2: Arbeitsfoto während der Bergung des Ofens in Vorbereitung zur Block-Einhausung – Entfernung der Baumwurzel am Schürkanal (Dia-Archiv Museen Weißenburg).

An archäologischen Befunden zeigten sich auf der ca. 600 m² großen Fläche mehrere Gruben, außerdem ein in trocken geschichteten Bruchsteinen gefasster Brunnen, dessen Tiefe bis ca. 3 m dokumentiert werden konnte. Bemerkenswert waren darüber hinaus die Reste von zwei Töpferöfen.

Objekt 12 konnte als Rest eines Töpferofens identifiziert werden, da nur noch der hart gebrannte Boden des Brennraums aufgefunden wurde. Die zahlreichen umgebenden Gruben im untersuchten Gebiet waren sehr fundreich und wurden u.a. als Tonaufbereitungsgruben angesprochen. Am äußersten südwestlichen Randbereich der Grabungsfläche fanden sich die Reste eines besser erhaltenen Töpferofens (Objekt 34), der auf einer Seite schon stark durch Bauarbeiten und den Wurzelbewuchs eines Baumes gestört war. Für den Ofen wurde beschlossen, dass er für weitere Untersuchungen im Block geborgen werden sollte, um die Ausstellung im damaligen Römermuseum zu erweitern (Abb. 2).

Abb. 3: Die Blockbergung des Töpferofens vor bzw. während des Hebens (Dia-Archiv Museen Weißenburg).

Die Blockbergung erfolgte mittels Metallstäben, die unterhalb des Ofens durch das Erdreich getrieben wurden. Die Einhausung der Seiten gelang mittels Pressspanplatten, die zusätzlich durch Metallstreben fixiert worden sind (Abb. 3–4).

Abb. 4: Transport der Blockbergung 2018 (Museen Weißenburg/M. Bloier).

Abb. 5: Töpferofen (Objekt 34) nach dem Abbau der Einhausung 2018 (Museen Weißenburg/M. Bloier).

Oberhalb des Ofens sorgte eine Schicht Bauschaum für die nötige Pufferung. Nachdem die Konstruktion gehoben war, wurde diese auf einem Betonsockel abgesetzt und seither unverändert von der Stadt Weißenburg – mit dem Ziel der Restaurierung und Präsentation des Ofens – aufbewahrt.

Die ältesten Funde der Grabung, darunter ein blaues Fragment eines Glasarmrings und wenige Graphittonscherben, datieren in die Spätlatènezeit[7]. Die vorgelegten Terra Sigillata der Grabung lassen auf eine zweiphasige Nutzung des Areals schließen: Die erste Phase setzte in der ersten Besiedlungswelle um 90–100 n. Chr. ein, wozu auch der Brunnen Objekt 9 und der Töpferofenrest Objekt 12 zu zählen sind. Eine Planierung des Geländes erfolgte wohl um die Mitte des 2. Jahrhunderts. Im Anschluss erfolgte die zweite Nutzungsphase mit dem Steinbrunnen Objekt 19 und dem Töpferofen Objekt 34 sowie angrenzenden Befunden[8].

DER TÖPFEROFEN

Im Planum und der Grabungsdokumentation zeigte sich, dass es sich um einen relativ einfachen, 1,38 m breiten, stehenden Zweikammerofen handelt[9]. Feuerungs- und Brennraum liegen hier übereinander, wodurch ein vertikaler Luftzug die Keramik brennt – der Schürkanal zum Brennraum hin ist nicht erhalten, muss aber an der fehlenden Stelle lokalisiert werden, wobei er im Ansatz des *praefurniums* zu erkennen ist. Da das römische Bodenniveau an keiner Stelle festgestellt werden konnte[10], sind nur Vermutungen über die Abtiefung des Ofens in den Boden möglich. Aufgrund fehlender Stein- oder Ziegelbauten im direkten Umfeld ist er als eindeutiger Zweikammerofen wohl direkt in den anstehenden Boden, der aus sandigem Lehm besteht, konstruiert worden[11]. Parallelen zum Grundriss und vermuteten Aufbau des Weißenburger Töpferofens finden sich in Frankfurt am Main-Heddernheim mit dem Ofen 99, der einen Durchmesser des runden Brennraums von 1,40 m besitzt[12].

Die Wandungen der Kuppel sind noch ungefähr bis zu 15 cm erhalten und bestehen vor allem aus Lehm, in den einige Kalksteinplatten unregelmäßig eingearbeitet worden sind (Abb. 5). Dies korreliert mit der vorherrschenden Bauweise von Töpferöfen in Rätien, im Gegensatz zu den westlichen germanischen Provinzen, die vor allem luftgetrocknete Lehmziegel als Material bevorzugten[13]. Die Kuppel kann in mehreren Varianten erbaut worden sein: Einerseits könnte eine voll ausgebildete Kuppel mit oberem Abzugsloch den oberen Abschluss des Töpferofens gebildet haben, worauf ein starker Wandeinzug hindeuten würde[14]. Dieser Winkel ist beim Weißenburger Töpferofen nach bisherigem Kenntnisstand nicht stark ausgeprägt. Andererseits besteht die Möglichkeit, dass die Kuppel nicht vollständig massiv errichtet wurde, sondern im oberen Bereich mit Rasensoden oder Scherben abgedeckt war[15].

Ebenso sind gut zwei Drittel der Lochtenne (Abb. 5) erhalten, wobei die runden, eher unregelmäßig angeordneten Durchlässe ungefähr einen Durchmesser von 10 cm aufweisen. Im Inneren werden sicherlich eine Mittelzunge oder seitliche Stützen vorhanden sein[16], die den Rost stabilisieren – dies konnte noch nicht mit Sicherheit festgestellt werden und muss bei der Restaurierung Berücksichtigung finden. Der Schürkanal ist nicht mehr erhalten, muss sich aber an der Stelle des Baumes südöstlich in Richtung Bahngleis befunden haben. Die zugehörige Schürgrube wurde wohl schon bei vorangegangenen Bauarbeiten durch den Bahnbau im 19. Jahrhundert zerstört. Bei der Bergung des Ofens konnten auf der Tenne noch massive Scherbenpackungen festgestellt werden, die „in mehr oder weniger großen Haufen“[17] aufgefunden wurden – ein möglicher Hinweis auf das Aussehen der Kuppel oder nur die Überreste des letzten Brandes, der nie geleert wurde?

Die Situation im *vicus*-Bereich östlich des Kastells ist hinsichtlich der Befundlage sehr spärlich. Der ca. 60 m von der südöstlichen Kastellecke entfernte Töpferofen ist jedoch nicht der einzige Beleg für das Töpfereihandwerk östlich und südlich des Kastells: Anfang des 20. Jahrhunderts wurden schon im Osten des Kastells vereinzelt überwölbte, aus Ziegeln gebaute Räume in der Nähe des Bahnhofs gefunden sowie ein Gebäude mit Hypokausten und ein weiteres Steingebäude. Dies soll sich laut den relativ vagen Angaben wenige hundert Meter östlich des Kastells befunden haben. Für eine exakte Lokalisierung und Identifizierung der beschriebenen Strukturen reichen die spärlichen Unterlagen und Vermerke im ORL jedoch nicht[18].

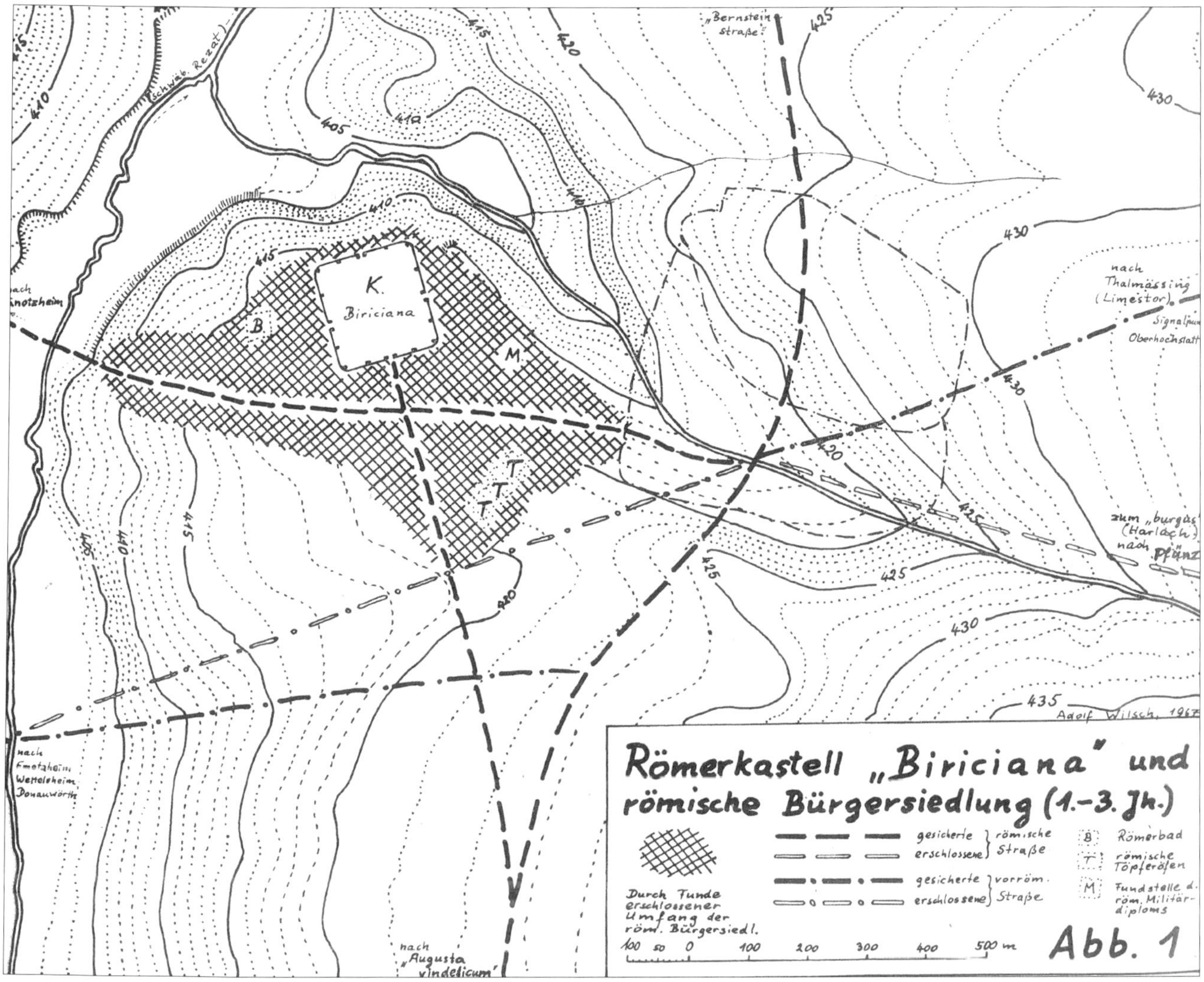

Abb. 6: Die Karte zeigt dreimal den Buchstaben T, für römische Töpferöfen, südöstlich des Kastells (Arbeitsgemeinschaft Weißenburger Heimatforschung 1967, 22, Abb. 1).

1985/86 konnten Grabungen direkt vor dem Osttor des Kastells die beiden äußeren Kastellgräben nachweisen. Darüber hinaus lassen die untersuchten Strukturen vermuten, dass es sich um ein Gebiet zur Lehm und Tonverarbeitung handeln müsse[19]. Eine Grube mit noch nachgewiesenem Holzeinbau im unteren Bereich wurde als Anlage zum Tonschlämmen interpretiert.

Bei Bauarbeiten im Bereich südöstlich des Kastells wurde vermutlich 1998 ein weiterer Ofen im Profil vom damaligen Museumsleiter H. Richter erkannt[20]. Im Diaarchiv der Museen Weißenburg wurde die Aufnahme eines weiteren Töpferofens gefunden, der möglicherweise 1988 fotografiert wurde und im Vergleich zu den Aufnahmen, die 1994 und 1998 gemacht wurden, ein ähnliches Erscheinungsbild aufweist, auch wenn bei Letzterem eine Lochtenne oder weitere Innenkonstruktionen nicht zu erkennen sind.

Zu diesen Funden von Töpferöfen und deren Befundsituation gibt es nur wenig bis keine Dokumentation.

Eine vergleichbare Parzellierung der Lagerdorfbebauung mit Streifenhäusern, wie es sich bei den Grabungen westlich des Kastells abgezeichnet hat[21], ist für das untersuchte Areal rund um den Töpferofen bisher nicht festzustellen[22]. Einen interessanten Hinweis bietet eine Grabung von 2001 im südlichen Bereich am äußeren Graben des Kastells, die eine Straße in Richtung Ostsüdost direkt nach dem Graben abzweigend rekonstruieren konnte[23]. Beim weiteren Verlauf würde die Straße direkt in das fragliche Gebiet der Töpferöfen führen. Sehr wahrscheinlich ist daher, dass sich die feuergefährlichen Gewerke, wie auch die Fertigung von keramischen Produkten, auf das südliche und östliche Gebiet des *vicus* konzentrierte[24], wie schon die Karte des römischen Kastellstandortes mit der Ausdehnung des Lagerdorfs zeigt (Abb. 6)[25]. Auch 1967 sind dabei schon in geringem Abstand zueinander drei Töpferöfen mit (T) südöstlich des Kastells vermerkt[26]. Eine weitere Erklärung oder Hinweise auf eine weiterführende wissenschaftliche Dokumentation ist dabei nicht zu finden. Alle bisherigen Erkenntnisse deuten aber auf eine Konzentration von Brennbetrieben südöstlich des Kastells hin[27] – möglicherweise, weil man dort alle Bedingungen vorgefunden hat, die für die Wahl des Standortes von römischen Töpfereibetrieben von Bedeutung sind: entsprechendes Tonvorkommen, Wasser, ausreichend Brennmaterial und einen gewissen Bedarf am Endprodukt sowie ausreichend Platz für die Produktion[28].

Abb. 7: Eine erste Visualisierung der geplanten Präsentation des Töpferofens (Weißenburger Tagblatt/H.-H. Häffner).

Abb. 8: Das Besucherleitsystem auf dem Boden führt die BesucherInnen zwischen den archäologischen Highlights durch die Stadt (Museen Weißenburg/L. Hegewald).

RESTAURIERUNG UND PRÄSENTATION

Schon während der Ausgrabung wurde der Beschluss gefasst, den Ofen im Block zu bergen, um diesen im Anschluss detailliert zu untersuchen und entsprechend für eine adäquate Präsentation im Römermuseum zu restaurieren.

Im Zuge der Entwicklung der Idee zur Aufbereitung und Exposition durch den Lions Club Weißenburg, des nun schon seit 1994 in Weißenburg eingelagerten Töpferofens, wurde bereits eine erste Visualisierung von H.-H. Häffner vorgelegt[29] und dadurch der gesamte Prozess des Aufstellungswunsches wiederbelebt (Abb. 7). Neben einer Informationstafel und einer Bank sieht die Präsentation vor, dass der Ofen, eingebettet in einem Diorama, innerhalb einer halbrunden Vitrine den BesucherInnen präsentiert wird. Die Informationstafel soll sowohl über die Ausgrabung und Sicherung, als auch die Restaurierung und den Standort bzw. Fundort Auskunft geben. Im Hintergrund der Vitrine soll eine zeichnerische oder digitale Idealrekonstruktion der antiken Landschaft *Biricianas* den Töpferofen in das entsprechende Ambiente setzen und so einen lebendigen Eindruck des *vicus* und des Kastellgeländes vermitteln. Daher ist die Erstellung eines Geländeprofils sowie der möglichen antiken Bebauung, auf Basis der bisherigen archäologischen Forschungsergebnisse – unter Berücksichtigung der gewünschten Blickrichtung – nötig. Aufgrund der lückenhaften Dokumentation im *vicus*-Bereich und den nur mehr als ›Spotlights‹ zu bezeichnenden Fundstellen, die auch chronologisch die Bandbreite der kompletten Besiedlungsphase abdecken, ist eine Ansicht in Richtung des Kastells, besonders für die Verortung innerhalb der Aufstellung im modernen Weißenburg, von Vorteil. Die Datierung des Töpferofens nach der Mitte des 2. Jahrhunderts n. Chr. bildet dabei einen *terminus post quem* und einen guten Anhaltspunkt für die Gestaltung des Kastells in Stein[30]. Dazu können beispielsweise die bereits 2011/12 neu erstellten 3D-rekonstruierten Idealansichten des Kastells *Biriciana* verwendet werden bzw. als Vorlage dienen.

Der Töpferofen soll in dieser Form nicht unweit seines Fundortes informieren: Auf dem Weg zwischen RömerMuseum und Kastell und in unmittelbarer Nähe zum Busparkplatz an der Kohlstraße, auf dem Areal eines ehemaligen Trafo-Häuschens soll der ›Archäologische Weg‹ durch Weißenburg bereichert werden. Im Zuge der Erschließung des ›Archäologischen Wegs‹ wurden 2019 Boden-Wegweiser (Abb. 8) zwischen den archäologischen Highlights Weißenburgs als Besucherleitsystem angebracht.

Im nächsten Schritt wird die fachgerechte Restaurierung zeigen, ob der Töpferofen weitere Geheimnisse für die Archäologie des antiken *Biriciana* preisgeben kann.

PUBLIC ENGAGEMENT

Die Restaurierung des Töpferofens stellt das zur Zeit größte und aufwendigste Projekt bürgerschaftlichen Engagaments in Weißenburg dar, das interessiert von Laien und Fachkollegen verfolgt wird – doch es ist nicht das einzige Projekt, das im Lauf der Zeit verwirklicht oder geplant wurde. Ein kurzer Rückblick:

Bürgerschaftliches Engagement wurde bereits zur Pionierzeit der Archäologie in Weißenburg groß geschrieben. Schon ein Jahr vor Beginn der Grabungen auf dem Kastellgelände – und nur etwa fünf Jahre nach der Entdeckung der ersten archäologischen Spuren – entstand 1889 der Weißenburger Alterthumsverein mit dem Apotheker Wilhelm Kohl (1848–1898) als Vorsitzendem.

Das private Interesse und Engagement führten schon 1890 zu einer ersten Schausammlung, die bei der ersten Generalversammlung präsentiert wurde[31]. Schon 1896 war die Sammlung zu groß und zog ins Progymnasium[32] um und bildete bis 1979 die Römische Abteilung des Heimatmuse-

Abb. 9: „Römermaske" an der B2 (Museen Weißenburg/M. Bloier).

ums – alle ehrenamtlich geführt. 1983 wurde dann das Römermuseum, ein Zweigmuseum der damaligen Prähistorischen Staatssammlung München, unter hauptamtlicher Leitung eröffnet.

Das Vereinsleben und somit das bürgerschaftliche Engagement fand im Rahmen der ›Gleichschaltung‹ ihr jähes Ende – nach dem Kriege wiederbelebt endete es mit der Einrichtung des Römermuseums als Zweigmuseum endgültig – ein gewisses Fortleben gab es im Rahmen des Frankenbundes sowie des Historischen Vereins. Erst in den letzten Jahren begann ein erneutes bürgerschaftliches Engagement in Bezug auf die römische Vergangenheit Weißenburgs.

Als vermeintlichen Startschuss könnte man die Aufstellung der ›Römermaske‹ von Roland Ottinger 2015 an der B2 (Abb. 9) sehen, die Weißenburg Vorbeifahrenden als Römerstadt präsentieren soll(t)e.

Doch eigentlich liegen die „modernen" Wurzeln mehrere Jahre vor diesem Zeitpunkt. Im November 2010 wurde „Hadrian's Wall Heritage Limited" von Seiten der Stadt beauftragt, eine Standortbestimmung und die Entwicklung von Handlungskonzepten zu erstellen. Von 2014 bis Anfang 2016 folgte das Integrierte Stadtentwicklungskonzept (ISEK), bei dem auch eine Einbindung der Bevölkerung erfolgte. Dabei spielte vor allem der Verbindungsweg RömerMuseum-Römische Thermen eine große Rolle.

Abb. 10: Römerfest *Biriciana* 2019 (Museen Weißenburg/M. Bloier).

2017 entstanden erste Ideen für die Konservierung und Präsentation des Töpferofens als *public engagement* Projekt des Lions Club zum römischen Weißenburg (s. vorne). Neben Veranstaltungen wie dem Weißenburger Altstadtfest dient auch das Römerfest *Biriciana* (Abb. 10) als Werbe-, Präsentations- und Spendenplattform für die Umsetzung des Projektes.

Der Interessierbarmachung des Verbindungsweges RömerMuseum in der Altstadt und Römische Thermen über das Kastellgelände, bzw. umgekehrt, galt forthin das Au-

Abb. 11: öffentliche Präsentation der kleinen Römermaske, gegenüber des Bahnhofs Weißenburg i. Bay. am 9. Oktober 2021 (Museen Weißenburg/M. Bloier).

Abb. 12: öffentliche Präsentation des Römer-Graffiti, an der Bahnunterführung Lehenwiesenweg am 15. Oktober 2021 (Museen Weißenburg/M. Bloier).

genmerk. Sollten doch BesucherInnen auch etwas römisch (anklingendes) auf dem Weg zu den Museen sehen (Grundforderung der ISEK).

Daneben galt das Augenmerk den ankommenden BesucherInnen: schräg gegenüber des Bahnhofes – in der Bismarckanlage – wurde am 9.10.2021 eine verkleinerte Version der Reitermaske von 2015 feierlich eröffnet (Abb. 11).

Initiiert vom Stadtmarketingverein, gefördert von privaten Geldgebern und auf öffentlichem Grund sollte es der Startschuss sein, „Das römische Profil weiter [zu] schärfen“[33] – und zudem alle daran erinnern, „dass Weißenburg eine Römerstadt ist“[34].

Kaum eine Woche später, am 15.10. wurde an der Bahnunterführung das Römer-Graffiti der Öffentlichkeit präsentiert (Abb. 12). Die Bahnunterführung führte stets ein tristes, graues Dasein – doch auf Initiative einer Stadträtin, des Stadtmarketingvereins sowie privater Sponsoren konnte sie modern, farbig und liebevoll umgestaltet werden – und so zu einem “Gewinn für Weißenburg“[35] werden. Für die Aktion konnten namhafte Künstler gewonnen werden, die über mehrere Wochen[36] das grau der Wände in eine weitere sehenswerte Station vom RömerMuseum zu den Thermen bildet. Neben den beiden Graffiti gab es zudem einen eigenen Workshop für Kinder und Jugendliche.

Viel hat sich seit den Tagen Kohls getan. Wer hätte damals gedacht, dass Römer von den Wänden grüßen und Reitermasken Besucher willkommen heißen?

Seien wir gespannt auf die weitere Entwicklung des *public engagements* und die wissenschaftliche Forschung in Weißenburg.

---

* Der Vortrag „Von Häusern und Töpferöfen. Überlegungen und Präsentationen in *Biricianis*“ auf dem Colloquium wurde von L. Hegewald gehalten, verschriftlicht und – mit freundlicher Genehmigung – als Kern des Beitrages verwendet.

1 s. Frank 1998, 71; zuletzt: F. Kirch, Studien zum Westvicus von Weißenburg (Diss. 2018), unpubliziert.

2 ORL B 72 Weißenburg, 2.

3 Strobl 1998b, 37.

4 Beginn der Maßnahme 16.08.1994, Ende der Maßnahme 05.10.1995, Strobl 1998b, 33 f.

5 Die Baufirma hatte bereits mitten durch die zu untersuchende Fläche Kanalisationsrohre verlegt, was zur Zerstörung einiger Befunde geführt hatte. Koch/Pfauth 1994, 119; vgl. Strobl 1998b, 36 f.

6 So fand 1867/68 der Bau des Bahnhofs statt, bei dem auch das sog. Mogetissa-Diplom gefunden wurde; s. hierzu: Wamser 1984, 48. Die Baumaßnahmen wurden stetig fortgesetzt; s. hierzu: Wamser 1984, 53.

7 Das Fragment stammt aus Objekt 23. Strobl 1998b, 37.

8 Vgl. Strobl 1998b, 48.

9 s. Biegert 1999, 13 f.

10 Vgl. Strobl 1998b, 37.

11 s. Strobl 1998b, 38. S. auch Swan 1984, 30, Fig. II. Sehr wahrscheinlich handelt es sich um den Typ iv (sunken kiln with permanent open-topped superstructure) oder Typ v (sunken kiln with open-topped superstructure of temporary and permanent materials).

12 Biegert 1999, 141, Taf. 14,15. Der Heddernheimer Ofen mit Funddatum Januar 1884 besteht allerdings aus Lehmziegeln. Die Lochtenne war auf einer Mittelzunge konstruiert. Über dem Schürkanal wurde eine Einsatzöffnung und ebenso Kuppelansätze dokumentiert. Zur Visualisierung s. auch Swan 1984, 74, Fig. XIV bzw. XV. Die bisherigen Erkenntnisse lassen auf ein ähnliches Aussehen schließen.

Abb. 13: Römer-Graffiti „Thermen", an der nordöstlichen Seite der Bahnunterführung Lehenwiesenweg (Museen Weißenburg/M. Bloier).

Abb. 14: Römer-Graffiti „Kastell", an der südwestlichen Seite der Bahnunterführung Lehenwiesenweg (Museen Weißenburg/M. Bloier).

[13] Vgl. Dušek 1992, 64 f.; vgl. Heising 2007, 191.

[14] Rudnick 2001, 9.

[15] Rudnick 2001, 10. Dies erleichtert auch das Einbringen und die Entnahme der Keramik.

[16] Vgl. Swan 1984, 31, Fig. III. Für den Weißenburger Töpferofen werden die Varianten ii (free-standing pedestral)/iii (tongue-support) bzw. v (pilasters or piers)/vi (cobels) angenommen.

[17] Fundbericht Beschreibung Objekt 34, M-2007-37424-1 P+R-Anlage Kohlstraße, 11.

[18] ORL B 72 Weißenburg, 2; 3.

[19] Hüssen 1986, 118 f.

[20] Unpubliziert. Dokumentiert nur durch unkommentierte Bilder im Dia-Archiv der Museen Weißenburg, bzw. durch freundlichen Hinweis von H. Richter. Wohl M-2007-37406-1

[21] Kirch unpubl. Diss. (2018), vgl. M. Dinkelmeier/M. Erdrich/M. Klein, Ausgrabungen im römischen Kastellvicus von Weißenburg i. Bay., Landkreis Weißenburg-Gunzenhausen, Mittelfranken. *Das archäologische Jahr in Bayern* 1987 (Stuttgart 1900), 114–118; s. Sommer 2014, 22 f.

[22] Strobl 1998b, 39.

[23] Vgl. Sommer 2014, 10 f., Abb. 4. Es handelt sich um M-2011-2356-1.

[24] Vgl. Strobl 1998b, 48.

[25] Im westlichen *vicus* wurden 1998 ein zweiphasiger Kalkbrennofen und ein wohl relativ großer Keramikbrennofen dokumentiert, wobei letzter für die Herstellung von Dolien gedient haben könnte. Eine detaillierte Untersuchung liegt nicht vor. Vgl. Frank 1998, 71. Da Kirch in dem direkt benachbarten Untersuchungsgebiet eisenverarbeitende Gewerke verortet sieht, kann es auch hier – am Rande des Lagerdorfes – eine Konzentration von feuergefährlichen Berufen gegeben haben.

[26] s. Arbeitsgemeinschaft Weißenburger Heimatforschung 1967, 22, Abb. 1. In Anmerkung 9 wird lediglich auf Töpferöfen verwiesen, die 1950/51 bei Bauarbeiten entdeckt wurden.

[27] Vgl. Sommer 2014, 27. Vermutet werden auch Ziegelbrennereien, die wohl lokal hergestellt wurden.

[28] Vgl. Biegert 1999, 12.

[29] Vgl. Weißenburger Tagblatt, Nr. 160, Sa./So. 14./15. Juli 2018, Lokales, S. 3 und Weißenburger Tagblatt, Nr. 28, Do. 27. Februar 2020, Weißenburg/Treuchtlingen, S. 1.

[30] Sehr wahrscheinlich korreliert die Planierung des Areals, in dem der Töpferofen gefunden wurde, auch mit dem Ausbau des Kastells in Steinbauweise um die Mitte des 2. Jahrhunderts bzw. mit weiterem Umbaumaßnahmen in der gesamten Ansiedlung. Vgl. Grönke/Weinlich 1991, 52; auch Strobl 1998b, 48.

[31] Häffner 1998, 16 f.

[32] Wie Anm. 31; bes. Abb. 6.

[33] Schlagzeile im Weißenburger Tagblatt Nr. 235, Mo. 11. Oktober 2021, Weißenburg/Treuchtlingen, S. 1.

[34] Wie Anm. 33.

[35] Weißenburger Tagblatt Nr. 182, Di. 10. August 2021, Weißenburg Stadt & Land, S. 2.

[36] Von der Idee bis zur Präsentation dauerte es, auch dank der problemlosen Zustimmung der Bahn AG, etwas über ein Jahr – Weißenburger Tagblatt Nr. 241, Mo. 18. August 2021, Weißenburg Stadt & Land, S. 2.

LITERATUR

Arbeitsgemeinschaft Weißenburger Heimatforschung 1967
Arbeitsgemeinschaft Weißenburger Heimatforschung (Hrsg.), Uuizinburc. Weissenburg 867–1967. Beiträge zur Stadtgeschichte (Weißenburg i.Bay. 1967).

Biegert 1999
S. Biegert, Römische Töpfereien in der Wetterau. Schriften des Frankfurter Museums für Ur-und Frühgeschichte – Archäologisches Museum 15 (Frankfurt am Main 1999).

Dušek 1992
S. Dušek, Römische Handwerker im germanischen Thüringen. Ergebnisse der Ausgrabungen in Haarhausen, Kreis Arnstadt. Weimarer Monographien zur Ur- und Frühgeschichte 27 (Stuttgart 1992).

Frank 1998
R. Frank, Ausgrabungen im westlichen Vicus des Römerkastells Weissenburg. *Das Archäologische Jahr in Bayern 1998,* 71–73.

Grönke/Weinlich 1991
E. Grönke/E. Weinlich, Die Nordfront des römischen Kastells *Biriciana*-Weißenburg. Die Ausgrabungen 1986/1987. Kataloge der Prähistorischen Staatssammlung 25 (Kallmünz 1991).

Häffner 1998
H.-H. Häffner, Biographische Notizen zu Wilhelm Kohl. In: Häffner/Hüssen 1998, 11–22.

Häffner/Hüssen 1998
H.-H. Häffner/C.-M. Hüssen (Hrsg.), „In pluribus locis ...“. Wilhelm Kohl (1848–1898). Apotheker und Forscher am Raetischen Limes. Gedenkschrift zum 100. Todestag. *zugl.* Der Obergermanisch-raetische Limes des Römerreiches, Strecke 14 von Gunzenhausen nach Kipfenberg. Nachdruck der 45. Lieferung des ORL von 1927. Internationale Archäologie. Studia honoria 5 (Rahden/Westf. 1998).

Heising 2007
A. Heising, Figlinae Mogontiacenses. Die römischen Töpfereien von Mainz, Ausgrabungen und Forschungen 3 (Remshalden 2007).

Hüssen 1987
C.-M. Hüssen, Grabungen im Kastellvicus in Weißenburg i.Bay. *Das Archäologische Jahr in Bayern 1986* (Stuttgart 1987), 118 f.

Koch/Pfauth 1995
R. Koch/U. Pfauth, Ein römischer Keramikbrennofen aus dem Vicus von Weissenburg i.Bay., Landkreis Weissenburg-Gunzenhausen, Mittelfranken. *Das Archäologische Jahr in Bayern 1994* (Stuttgart 1995), 119 f.

Rudnick 2001
B. Rudnick, Die römischen Töpferöfen von Haltern. Bodenaltertümer Westfalens 36 (Mainz 2001).

Sommer 2014
C. S. Sommer, Wer wusch die Socken der römischen Soldaten? Der Kastellvicus von Weißenburg – Aufbau und Funktion, *villa nostra* – Weißenburger Blätter 1/2014, 5–35.

Strobl 1998a
J. Strobl, Die Grabungen an der Kohlstraße in Weißenburg i.Bay., *Beiträge zur Archäologie in Mittelfranken 4,* 1998, 149–173.

Strobl 1998b
J. Strobl, Die Terra sigillata der Ausgrabung an der Kohlstraße 1994 im Weissenburger Vicus. In: Häffner/Hüssen 1998, 33–49.

Swan 1984
V. G. Swan, The Pottery Kilns of Roman Britain. Royal Commission on Historical Monuments. Suppl. Series 5 (London 1984).

Wamser 1984
L. Wamser, *Biriciana* – Weißenburg zur Römerzeit. Kastell – Thermen – Römermuseum. Führer zu archäologischen Denkmalen in Bayern. Franken 1 (Stuttgart 1984).

Der Donaulimes auf dem Weg zum UNESCO-Welterbe – Zielgerichtetes Eilen und Stolpern*

C. Sebastian Sommer (†)

Grundlegend für UNESCO-Welterbestätten ist das Vorhandensein eines „außergewöhnlichen universellen Werts" („Outstanding Universal Value" OUV), den eine Stätte nachweisen muss. Auf dieser Basis fallen so unterschiedliche Objekte, wie das Taj Mahal in Indien, die Pyramiden von Gizeh in Ägypten, das Great Barrier Reef in Australien, aber auch die Grenzen des Römischen Reiches oder die Prähistorischen Pfahlbauten im Alpenraum in eine gleiche Kategorie. Nach dem entsprechenden Darlegungen im Rahmen eines Welterbeantrags, der Überprüfung durch ICOMOS (International Council on Monuments and Sites; im Fall von Kulturerbestätten) oder IUCN (International Union for Conservation of Nature; im Fall von Naturerbestätten) mit einer entsprechenden Empfehlung erfolgt die Eintragung in die Welterbeliste durch das mit Vertretern von 21 Staaten besetzte Welterbe-Komitee auf seiner jährlichen Sitzung. Seit der letzten Sitzung 2019 in Baku, Aserbaidschan, haben mittlerweile 1121 Stätten die Auszeichnung „Welterbestätte" erhalten.

Nachdem 2005 der Obergermanisch-Raetische Limes (ORL) in Deutschland zusammen mit der Hadriansmauer in

Abb. 1: Grenzen des Römischen Reiches in ihrer maximalen Ausdehnung (verändert nach FRE-Culture 2000).

England und 2008 dem Antoninuswall in Schottland als „Grenzen des Römischen Reiches" („Frontiers of the Roman Empire" FRE) als Teil einer transnationalen seriellen Welterbestätte eingetragen wurde, verfolgen die von römischen Grenzen betroffenen Länder in Europa, aber auch einige in Nordafrika und darüber hinaus zunehmend im Vorderen Orient den Gedanken eines umfassenden Welterbes[1]. Plan war eine allmähliche Addition von Grenzabschnitten. Dazu gehört auch der Donaulimes, der in Bayern beginnt und am Schwarzen Meer endet. Ausgang für diesen Gedanken war der 2005 gefasste Beschluss des Welterbe-Komitees, das „also recommends that the nomination [vom ORL] be seen as the second phase of a possible wider, phased, serial transboundary nomination to encompass remains of the Roman frontiers around the Mediterranean Region"[2].

Das damalige, in Grundzügen bis heute verfolgte Konzept wurde 2003 in der sog. Koblenz Declaration formuliert: "The Frontiers of the Roman Empire World Heritage should consist of the line(s) of the frontier at the height of the Empire from Trajan to Septimius Severus (about AD 100 to 200), and the military installations of different periods which are on that line. The installations include fortresses, forts, towers, the limes road, artificial barriers and immediately associated civil structures"[3]. Am Ende, aus unserer Sicht im Zustand der höchstmöglichen Integrität, würden 19 Länder (States Parties) in einem gemeinsamen Welterbe-Projekt über Afrika, Asien und Europa verbunden sein. In enger transnationaler Zusammenarbeit könnten die Denkmäler der römischen Grenzinstallationen nach gemeinsamen Managementprinzipien eine abgestimmte Entwicklung durchlaufen, zu der auch nationale und internationale Forschung gehören würde. Natürlich sind wir uns der aktuellen politischen Probleme in Teilen der potentiell dazu gehörigen Länder bewusst, aber zu der anstehenden Herausforderung gehört – als besondere Chance in diesem Zusammenhang – die Überwindung von Konflikte auch von unten nach oben, in der Meinung, dass die Verfolgung gemeinsamer denkmalmalpflegerischer, archäologischer, wissenschaftlicher und vielleicht auch touristischer Ziele zu einer Vielzahl von persönlichen Kontakten führt und so Barrieren überwinden hilft.

Die Überlegung, die Denkmäler des Donaulimes in Bayern zusammen mit denen in Österreich dem existierenden Welterbe in einem gemeinsamen Antrag hinzuzufügen, ist schon mehr als 10 Jahre alt. Im Laufe der intensivierten gemeinsamen Vorbereitungen eines Ergänzungsantrags in den letzten Jahren mit einer bi-nationalen Steuerungsgruppe und verschiedenen Arbeitsgruppen mussten wir aber feststellen (und nach langen „Kämpfen" auch akzeptieren), dass die Regeln geändert wurden und der oben genannte Beschluss des Welterbe-Komitees von 2005 keine Gültigkeit mehr hat[4]. Hintergrund ist der sog. Ittingen Report, der 2010 vom Welterbe-Komitee als Grundlage für zukünftige Anträge zu transnationalen Welterbestatten beschlossen wurde[5]. Darin ist u.a. festgelegt, dass Ergänzungen bestehender Welterbestätten keine bloße Addition weiterer Komponenten umfassen sollen bzw., dass eine signifikante Erweiterung auch zu einer „Erweiterung" des OUV führen müsse. Weiterhin solle zum Zeitpunkt der Beschlussfassung erkennbar sein, welche Komponenten ein zukünftiges Welterbe in seiner Gesamtheit umfassen könne. Parallel dazu erfolgte seitens ICOMOS-International die Empfehlung, insbesondere aus praktischen Gründen von der das ganze Mittelmeergebiet umfassenden Konzeption Abstand zu nehmen und die Grenzen des römischen Reiches in Bezug auf das Welterbe in mehrere Abschnitte aufzuteilen. In der Absicht, hierzu bessere Grundlagen zu schaffen, stimmten wir im Rahmen der internationalen Beratergruppe, der Bratislava Group[6], der Empfehlung zu, durch eine sog. Thematic Study Ziele und Umfang der „Grenzen des Römischen Reiches" als existierende und zukünftige Welterbestätte(n) genauer festzulegen. In einer beispiellosen Anstrengung wurde diese Arbeit in transnationaler Unterstützung und mit Daten aller in Europa beteiligter Länder in etwas mehr als einem halben Jahr umgesetzt und dem Welterbe-Komitee in seiner Sitzung im Sommer 2017 in Krakau präsentiert[7].Die Arbeit fand große Zustimmung und die darin formulierte Konzeption wurde als ein Weg für weitere Welterbeanträge zu den Grenzen des Römischen Reiches angesehen[8].

Im Zusammenhang mit dem Vorschlag der Fragmentierung in einzelne, inhaltlich zusammengehörige Abschnitte der Grenzen des Römischen Reiches wurde darin die Möglichkeit diskutiert, in Europa neben dem existierenden Welterbe aus ORL, Hadriansmauer und Antoninuswall den Niedergermanischen Limes entlang des Rheins in Deutschland und den Niederlanden, den Dakischen Limes in Rumänien und den Donaulimes von Bayern bis ans Schwarze Meer mit jeweils eigenständigem OUV zu nominieren. In einer „Übung", auch den Donaulimes entsprechend den ursprünglichen Planungen und Vorarbeiten in mehrere Abschnitte aufzuteilen und durch ab-, aber nicht ausgrenzende Statements zum OUV zu definieren bzw. der politischen Zielsetzung von Österreich und Ungarn, ihre Teile möglichst bald zu nominieren, stellte sich als einzige Möglichkeit heraus, den westlichen Teil in Bayern, Österreich, Slowakei und Ungarn zuerst vorzulegen und mit dem östlichen Teil in Kroatien, Serbien, Bulgarien und Rumänien mit den hier vorhandenen byzantinischen Komponenten eine signifikante Erweiterung auch des OUVs des gegebenenfalls eingetragenen Donaulimes später vorzunehmen.

Im Rahmen der Thematischen Studie benannten alle in Frage kommenden Länder in Europa nicht nur die in ihrer Zuständigkeit liegenden Denkmäler der römischen Grenze entsprechend einer vorgegebenen Klassifikation, sondern nahmen auch eine erste Auswahl bezüglich einer möglichen Welterbenominierung unter den Gesichtspunkten Erhaltung, Bedeutung innerhalb des Grenzabschnitts, archäologische Kenntnis usw. vor. Damit sollte gezeigt werden, dass nicht jedes Kastell etc. Welterbe werden solle.

Ausgehend von der Thematic Study erfolgte im Frühsommer 2017 der Beschluss durch die Bundesrepublik Deutschland, Österreich, Slowakei und Ungarn die Auswahl der vorgesehenen Komponenten und die dazu vorhandenen Daten zu vereinheitlichen und zusammenzuführen und als einen gemeinsamen, neuen Welterbeantrag „Frontiers of

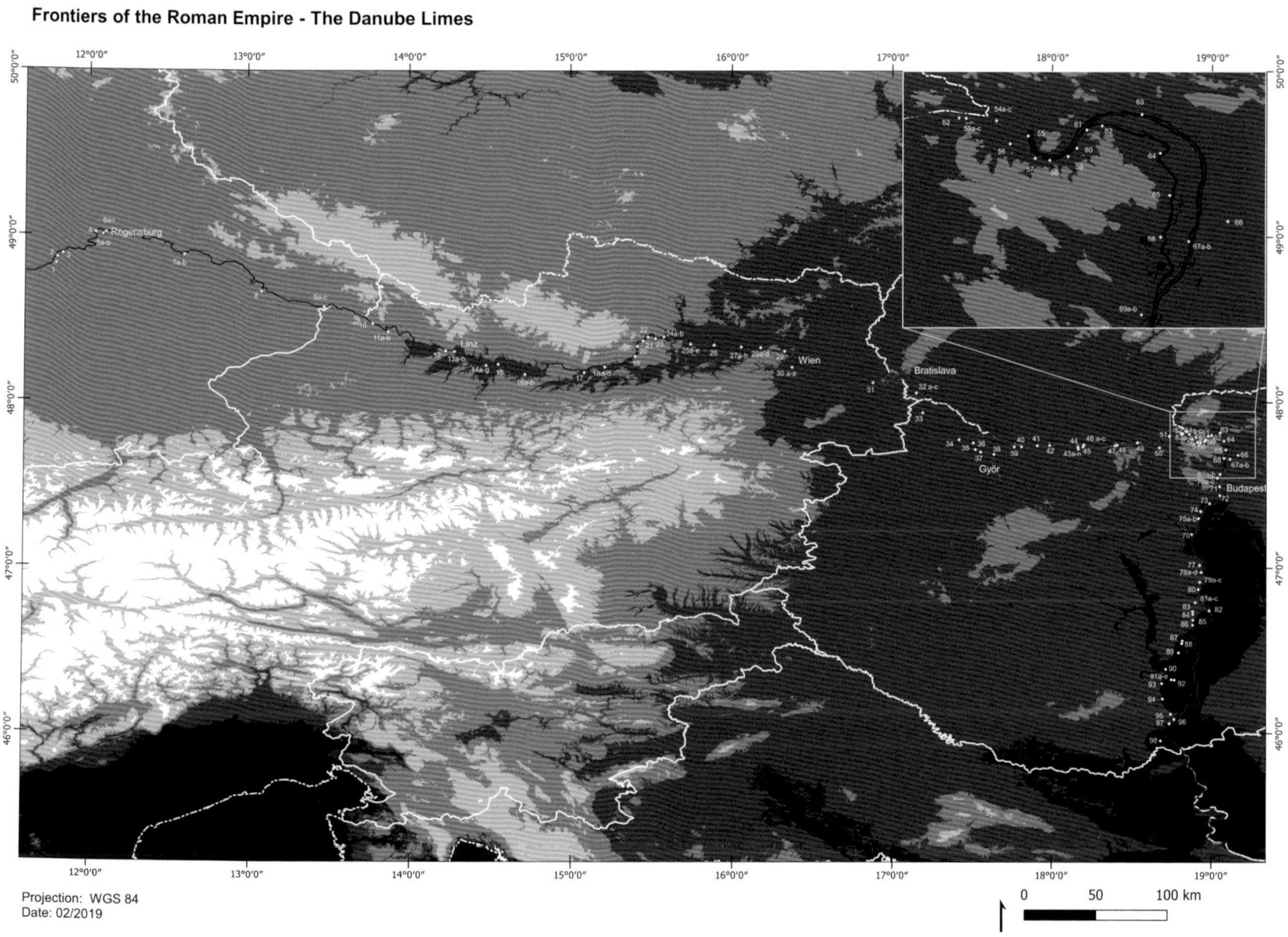

Abb. 2: Nominierte Stätten im Antrag „Grenzen des Römischen Reiches – Donaulimes" (Welterbeantrag).

the Roman Empire – The Danube Limes" schon im Januar 2018 einzureichen. Aufgrund formaler Fragestellungen ging im Laufe der Erarbeitung die nominelle Federführung von Österreich auf Ungarn über, wobei die inhaltliche Koordination der Arbeiten am Nominierungstext bei René Ployer vom Bundesdenkmalamt Österreich und bei C. Sebastian Sommer vom Bayerischen Landesamt für Denkmalpflege lag. Auf diese beiden geht auch der größte Teil der gemeinsamen Texte zurück, wobei das am Schluss etwa 2.250 Seiten starke Nominierungsdossier ohne die intensive Zu- und Zusammenarbeit von und mit den beteiligten Kolleginnen und Kollegen in den vier Ländern nicht möglich gewesen wäre[9]. Dank eines außergewöhnlichen Einsatzes des ungarischen Kollegen István Gergő Farkas konnte der Antrag auch in kürzester Zeit in eine ansehnliche Form gebracht werden[10]. Insgesamt umfasste der ursprüngliche Antrag 164 Komponenten in 98 Clustern (Orten) entlang 997 Flusskilometern zwischen Bad Gögging (Neustadt a. d. Donau) in Bayern und Kölked in Ungarn kurz vor der Grenze zu Kroatien.

Nach der Feststellung der Vollständigkeit durch das Welterbe-Zentrum in Paris erfolgte seitens ICOMOS die zweigeteilte Evaluation des Antrags – einerseits als Desktop-Evaluation, andererseits der Denkmäler vor Ort. Hierzu besuchten zwei Gutachter mit einer zweitätigen Überlappung begleitet von einigen permanenten Delegierten aller vier Länder und wechselnden lokalen und regionalen Verantwortlichen den gesamten Donaulimes über 14 Tage im September und Oktober 2019; entsprechend der Forderung von ICOMOS International wurden hierbei etwa 60% der nominierten Komponenten besucht[11].

Die beiden Evaluationsstränge mündeten in ein Gutachten, dessen Hauptpunkte uns im November 2018 im Rahmen des sog. ICOMOS World Heritage Evaluation Panel Hearings in Paris mitgeteilt wurden. Neben verschiedenen – trotz aller gemeinsamen Arbeit verbliebenen – Inkonsequenzen im Antrag wurde die Abgrenzung bzw. Ausdehnung mancher Komponenten in Frage gestellt, verschiedene Pufferzonen als zu gering erachtet, der antike Verlauf der Donau hinterfragt und bemängelt, dass an vielen Orten die Beziehung zur (römischen) Donau eher unklar sei. Ein langes, vielseitiges Schreiben vom Ende Dezember präzisierte die Kritikpunkte, wobei für uns überraschend war, dass auch moniert wurde, dass der im Antrag verschiedentlich grundsätzlich formulierte Dreiklang von Militäranlage, ziviler Siedlung und Gräberfeldern in den vorgeschlagenen Clustern vielfach nicht erkennbar sei und dieser zumindest durch erweiterte unterirdische wissenschaftlich orientierte Pufferzonen zum OUV beitragen müsste[12]. In intensiven Gesprächen auf kommunaler, nationaler und internationaler Ebene konnten im Wesentlichen alle Vorschläge der Gutachter umgesetzt werden und mit nun 175 Komponenten als

570-seitiger Nachtrag termingerecht zum 28. Februar 2019 eingereicht werden.

Offensichtlich gelang es uns dadurch, die Vorstellungen der Gutachter und von ICOMOS zu erfüllen[13], denn im Mai 2019 wurde aus dem abschließenden Gutachten[14] als Vorlage für die in Baku anstehende Sitzung des Welterbe-Komitees seitens ICOMOS eine Stellungnahme formuliert, die in der Empfehlung zur Einschreibung des Donaulimes in die Welterbeliste mündete[15]. Interessant ist, dass unsere vorgeschlagenen Texte zum Statement des OUV (Kurzbeschreibung; Einschreibekriterien, Erklärungen zur Authentizität und zur Integrität) dazu nicht unwesentlich verändert wurden.

Unter diesen Voraussetzungen hätten wir uns zusammen mit den UNESCO-Delegationen der vier Staaten eigentlich einigermaßen beruhigt auf die Sitzung in Baku vorbereiten können. Völlig unerwartet kam dann jedoch im Mai ein Beschluss der ungarischen Staatsregierung, einen Teil eines der Komponenten in Budapest von der Nominierung zurückzuziehen, mitgeteilt in einem Schreiben an das Welterbe-Zentrum in Paris. Obwohl sich der Beschluss flächenmäßig nur auf einen sehr kleinen Teil des Antrags bezieht, war einerseits der Zeitpunkt verfahrenstechnisch mehr als problematisch – zwischen den im Februar einzureichenden Korrekturvorschlägen und der Komitee Sitzung können keine Änderungen an Anträgen mehr vorgenommen werden – andererseits ist die betroffene Fläche nicht ohne Bedeutung, handelt es sich doch um den, wenn auch aufgrund früherer Ausgrabungen eher schlecht erhaltenen, Statthalterpalast von Pannonien. Unter diesen Umständen sah sich ICOMOS International nicht mehr in der Lage, seine Einschreibeempfehlung aufrecht zu erhalten.

Nach intensiven Verhandlungen mit verschiedenen Komitee-Mitgliedern in Baku wurde aus deren Kreis ein Änderungsantrag formuliert, der ein sog. Referral beinhaltete. Dies bedeutet, dass den Antragstellern grundsätzlich 3 Jahre Zeit gelassen wird, das konkrete Problem anzugehen; in unserem Fall wurde beschlossen, dass dies im Rahmen einer (von Ungarn einzuladenden) speziellen ICOMOS-Mission noch 2019 erfolgen solle. Der verabschiedete Beschluss vom 6. Juli 2019 lautete entsprechend:

> *„The World Heritage Committee*
> *1. Having examined Documents WHC/19/43.COM/8B and WHC/19/43.COM/INF.8B1,*
> *2. Refers the nomination of the Frontiers of the Roman Empire – the Danube Limes (Western Segment), Austria, Germany, Hungary and Slovakia, back to the States Parties in order to allow them to take appropriate measures with regard to component part 1608–133 (WHC/19/43.COM/8B, p.60), previous component part 70a;*
> *3. Recommends the States Parties to invite the Advisory Body (ICOMOS) to review the situation with an advisory mission to Hungary to take place before the end of 2019."*[16]

Wir hoffen nun, dass nach den vorgesehenen klärenden Schritten im Lauf des nächsten halben Jahres sich auch diese Herausforderung lösen lässt. Entsprechend arbeiten wir weiter und hoffen auf die Einschreibung der „Grenzen des Römischen Reiches – Donaulimes" nach dem Stolpern zuletzt bei der nächsten Sitzung des Welterbe-Komitees im Juli 2020 in China. Voraussetzung wäre, dass es uns gelingt, bis zum 31. Januar 2020 einen entsprechenden abgestimmten Vorschlag beim Welterbe-Zentrum einzureichen.

---

* Der Beitrag erschien als Vorabdruck unter dem gleichen Titel in *Berichte der Bayerischen Bodendenkmalpflege 60*, 2019, 225-229. Mit freundlicher Genehmigung des BLfDs (Dr. W. Irlinger) konnte er hier erneut abgedruckt werden, um das breite Spektrum der Vorträge des Colloquiums zu zeigen.

1 Vgl. https://www.univie.ac.at/limes/FRE_DOWNLOADS/FRE_BROCHURE.pdf; aber auch https://www.univie.ac.at/limes/html/brochure.php.

2 WHC 29 COM 8B.46; vgl. auch D. J. Breeze/S. Jilek, the Culture 2000 Project ‚Frontiers of the Roman Empire'. In: Breeze/Jilek 2008, 7; D. J. Breeze/S. Jilek, The Frontiers of the Roman Empire World Heritage Site. In: Breeze/Jilek 2008, 25–28.

3 App. to WHC-08/32.COM/10B, 10 f.; vgl. auch Jilek 2008, 201.

4 Ähnlich frustrierende Erfahrungen mussten die Slowakei und Ungarn machen, die schon Anfang dieses Jahrzehnts nationale Ergänzungsanträge weitgehend fertig gestellt hatten.

5 WHC-10/34.COM/9B (https://whc.unesco.org/archive/2010/whc10-34Com-9Be.pdf) with Decision 34 COM 9B (https://whc.unesco.org/en/decisions/4249).

6 Jilek 2008.

7 R. Ployer/R. Polak/R. Schmidt, The Frontiers of the Roman Empire. A Thematic Study and Proposed World Heritage Nomination Strategy (2017); https://www.univie.ac.at/limes/FRE_DOWNLOADS/FRE-TS_FinalVersion.pdf; im Wesentlichen finanziert durch Bayern, die Niederlande und Österreich.

8 WHC/17/41.COM/8B.Add (http://whc.unesco.org/archive/2017/whc17-41com-8B-Add-en.pdf) with Decision 41 COM 8B.50 (https://whc.unesco.org/en/decisions/6922/).

9 Als Bearbeiter des Antrags (internationale Arbeitsgruppe) sind im Kapitel 8.a Markus Gschwind, Bruno Maldoner, Ľubica Pinčíková, René Ployer, Ruth Pröckl, Anton Schabl, Ricarda Schmidt, C. Sebastian Sommer, Anna Tuhárska, Réka Virágos, Zsolt Visy und Katalin Wollák genannt; dazu kommt noch eine ebenfalls aufgeführte Vielzahl von Kolleginnen und Kollegen in den nationalen Arbeitsgruppen.

10 Ungarn ist auch für die diesbezügliche Finanzierung und für die Übernahme der Druckkosten zu danken.

11 Als "Fußnote" am Rande sei erwähnt, dass diese Tour auch für alle Beteiligten aus den vier Ländern sehr eindrucksvoll war, bot sich doch so die Möglichkeit, den Donaulimes nach der eher theoretischen Erarbeitung in seinen wechselnden Landschaften vor Ort zu erfahren und die unterschiedlichen denkmalpflegerischen Herausforderungen und Präsentationen „live" kennen zu lernen.

12 Diese Forderung war insofern relativ leicht zu erfüllen, als in allen Ländern die jeweiligen Bereiche schon als Bodendenkmäler ausgewiesen waren und daher ohne allzu große Verhandlungen mit den Kommunen als Pufferzonen nachgetragen werden konnten.

[13] Das Folgende ist, da die Tagung in Weißenburg mit dem hier schriftlich formulierten Vortrag schon Ende März 2019 stattfand, als „Nachtrag" mit dem Stand August/September 2019 zu verstehen.

[14] WHC/19/43.COM/INF.8B1; http://whc.unesco.org/archive/2019/whc19-43com-inf8B1-en.pdf, 200–215.

[15] WHC/19/43.COM/8B; https://whc.unesco.org/archive/2019/whc19-43com-8B-en.pdf, 36–39 mit 57–62.

[16] WHC 43.COM 8B.23 (Draft); https://whc.unesco.org/archive/2019/whc19-43com-18-part2-draft-en.pdf, 53.

LITERATUR

Breeze/Jilek 2008
D. J. Breeze/S. Jilek (Hrsg.), Frontiers of the Roman Empire – the European dimension of a World Heritage Site (Edinburgh 2008).

Jilek 2008
S. Jilek, The Role of the Bratislava Group. In: Breeze/Jilek 2008, 201–203.

Das norische Einraumhaus – Wohn- oder Wirtschaftsbau?

Klaus Freitag

Den Anlass für diesen Beitrag stellt ein im Jahr 2018 mit der monografischen Vorlage abgeschlossenes Forschungsprojekt zu den römischen Siedlungsräumen um das Legionslager von *Lauriacum*/Enns dar[1]. Mit insgesamt 305 dokumentierten Gebäuden war eine detaillierte Behandlung der Architekturformen möglich[2]. Dabei konnten sechs Zonen divergierender Bebauungsstruktur festgelegt werden, von denen die periphere Zone 3 durch das gehäufte Vorkommen eines speziellen Bautyps, dem sog. Einraumhaus, geprägt ist. Dieser Typ ist durch einen einzigen mit Steinen fundamentierten, häufig annähernd quadratischen Raum von durchschnittlich 5 × 5 m bis 10 × 10 m Größe charakterisiert[3], der in vielen Fällen mit Schlauchheizungen versehen war. Abgesehen von oftmals bezeugten kleinen Annexräumen sind weitere Räume in Holz-Erde-Bautechnik bei manchen, aber nicht allen Bauten durch Pfostengruben, Balkengräbchen und/oder Estrichreste indiziert[4].

Ihr gehäuftes Auftreten in *Noricum* legt den Schluss nahe, diese Form mit autochthonen Bautraditionen in Verbindung zu bringen[5]. Nach einer Zusammenfassung norischer Befunde soll die Interpretation mit Blick auf weitere „alleinstehende, gemauerte, annähernd quadratische Befunde"[6] in Pannonien, Raetien, der *Germania Superior* sowie Italien überprüft werden. Ein besonderes Augenmerk wird auf die Frage gewendet, ob ihre Errichtung auf eine ab dem ausgehenden 3. Jahrhundert n. Chr. postulierte Klimadepression, welche die vermehrte Konstruktion beheizbarer Räume evoziert haben könnte, zurückgeführt werden kann.

NORICUM NÖRDLICH DES ALPENHAUPTKAMMS
(Abb. 1–3)

Mit insgesamt 51 alleinstehenden steinfundamentierten Objekten wurden in *Lauriacum*/Enns die bislang meisten Gebäude dieser Gattung dokumentiert[7]. Absolutchronologisch eingeordnete Bauten liegen innerhalb des in seiner Gesamtheit (Befunde und Funde) vorgestellten Fundplatzes 92 (Zone 3c) mit sechs in spätseverischer Zeit errichteten Einraumhäusern vor[8]. Ihre baldige Zerstörung erfolgte um die Mitte des 3. Jahrhunderts n. Chr.[9]. Besonders gut erhalten präsentiert sich der mit einer Ψ-förmigen Schlauchheizung versehene Steinfundamentbau J. Für Periode 2.1 sind Pfostengruben einer Überdachung des westlichen Präfurniums überliefert, Spuren möglicher zusätzlicher Räume fehlen. Die Wände waren in Holz-Rutenputz-Technik konstruiert[10]. In Periode 2.2 wurde eine zusätzliche Außenmauer angelegt, die auf eine Erweiterung des Gebäudes, möglicherweise in Form eines Umgangs, hinweisen könnte (Abb. 2, Foto)[11].

Neben dem größtenteils erhaltenen Ziegelgewölbe der Schlauchheizung sind Spuren zweiphasiger polychromer Wandmalerei erwähnenswert. Diese weisen Analogien zum Stil innerhalb der Lauriacenser Lagerthermen dokumentierter Malereien auf[12] und sind – abseits zahlreicher mobiler Funde – als eindeutige Indizien für die Wohnfunktion des Bautyps zu werten.

Eine solche wurde etwa von S. Burmeister in Zweifel gezogen, welche ähnliche norische Befunde als Wirtschaftsgebäude (Darre [?]) interpretiert[13]. Bei einigen der erwähnten Vergleichsbeispiele muss allerdings auf die grundsätzlich verschiedene Konstruktionsweise hingewiesen werden: Der 6,3 × 5,7 m große Bau in *Bedaium*/Seebruck[14], ein 6 m langes und 4 m breites Gebäude im Kastellvicus von *Boiodurum*/Passau-Innstadt[15] sowie ein im Quadrat 6 m messendes Mauergeviert in Langacker bei Karlstein[16] waren flächig hypokaustiert (Abb. 2)[17]. Die Hypokaustpfeiler in *Bedaium*/Seebruck präsentierten sich derart instabil, dass S. Burmeister nur einen „eingezogenen Boden [...], beispielweise darübergelegte Bretter" in Erwägung zieht[18], Ähnliches wird für Befund D der Villa von Neumarkt-Pfongau angenommen[19].

In römischen Darren wurden vorrangig Holzböden auf Spalt verlegt, um die Hitze bestmöglich aus der Feuer- in die Darrkammer zu leiten[20], weshalb zumindest bei den Befunden in *Bedaium*/Seebruck und Neumarkt-Pfongau von einer Trockenfunktion auszugehen ist.

Mit Ziegel- oder Steinplatten gedeckte Schlauchheizungen, wie sie bei zahlreichen Einraumhäusern in *Lauriacum*/Enns dokumentiert sind[21], eignen sich dafür aber denkbar wenig. Im Kastell Saalburg wurde der Versuch unternommen, einen 7,6 m² großen Raum an der Nordwestseite der *prinicipia* mittels einer kreuzförmigen Schlauchheizung zu erwärmen (Abb. 2). Dabei wurden Maximaltemperaturen von 26,6° C am mit Steinplatten und Mörtelestrich versehenen Boden und 22,2° C innerhalb des Raumes gemessen[22], der fünftägige Mittelwert ist mit 23,1 respektive 19,1° C anzugeben[23]. Das deutsche Umweltbundesamt empfiehlt Raumtemperaturen von etwa 20° C[24], generell fühlt sich der Mensch zwischen 20 und 25° C am wohlsten[25]. Gedeckte Schlauchheizungen unterhalb von Fußböden sind demnach eindeutig mit der Erwärmung von Wohnräumen zu assoziieren und waren für wirtschaftliche Zwecke ungeeignet[26].

Weitere Einraumhäuser mit Schlauchheizungen im nördlichen *Noricum* sind aus den Kastellvici von *Favianis*/Mautern (Abb. 2) und *Augustianis*/Traismauer[27] sowie der ländlichen Siedlung Unterwölbling bekannt (Abb. 3–4)[28]. Dem Typ Einraumhaus könnte ferner das als Kultbau interpretierte Haus 2 in *Cetium*/St. Pölten zugerechnet werden (Abb. 2)[29].

Drei der mindestens sechs Einraumhäuser in *Favianis*/Mautern traten erstmals in Periode 5 (270/280–360/370 n. Chr.) auf. Das steingerecht vorgelegte Gebäude O57 war 5,8 × 5 m groß, mit aufgehendem Zweischalenmauerwerk und einer mehrphasigen Schlauchheizung ausgestattet[30].

Der mittels Magnetometer und Bodenwiderstandsprospektionen dokumentierte Befund in Unterwölbling[31] setzt

Abb. 1: *Noricum* zwischen Regio X *Venetia et Histria*, Raetien, Pannonien und Barbaricum. Hintergrund: EU-DEM.

sich aus einem 10 m im Quadrat messenden Hauptraum sowie einem 22 m langen und 17 m breiten Umgang zusammen (Abb. 3). Ein 3 × 3 m großer und thermoremanent magnetisierter Befund im Nordosten könnte als Ofen/Feuerstelle oder Präfurnium für ein in den Geophysikdaten nicht erkennbares Heizsystem interpretiert werden, ein weiterer von einer Mauer abgetrennter Bereich könnte sich im Nordwesten befunden haben. Die Datierung in römische Zeit ist aufgrund von Funden aus Oberflächensurveys gesichert. Einraumhäuser mit steinfundamentierten Umgängen wurden vor allem in *Südnoricum* nachgewiesen (s.u.), aus *Lauriacum*/Enns sind zwei Umgänge in Holz-Erde-Bautechnik evident (Abb. 2)[32].

NORICUM SÜDLICH DES ALPENHAUPTKAMMS
(Abb. 1. 4)

Von *Lauriacum*/Enns abgesehen stammt der Großteil der Einraumhäuser aus *Südnoricum*. Als bislang älteste Belege sind die in claudischer bis flavischer Zeit errichteten und bis in die Mitte des 3. Jahrhunderts n. Chr. genutzten Gebäude E und G in *Immurium*/Moosham anzuführen. Koch- und Tafelgeschirrfunde stellen eindeutige Indizien für ihre Wohnfunktion dar, Spuren von Heizanlagen fehlen (Abb. 4)[33]. An dieser Stelle ist zu erwähnen, dass Gebäude nicht nur mittels Hypokaust- und Schlauchheizungen, sondern auch anhand transportabler Öfen und Kohlebecken erwärmt werden konnten[34].

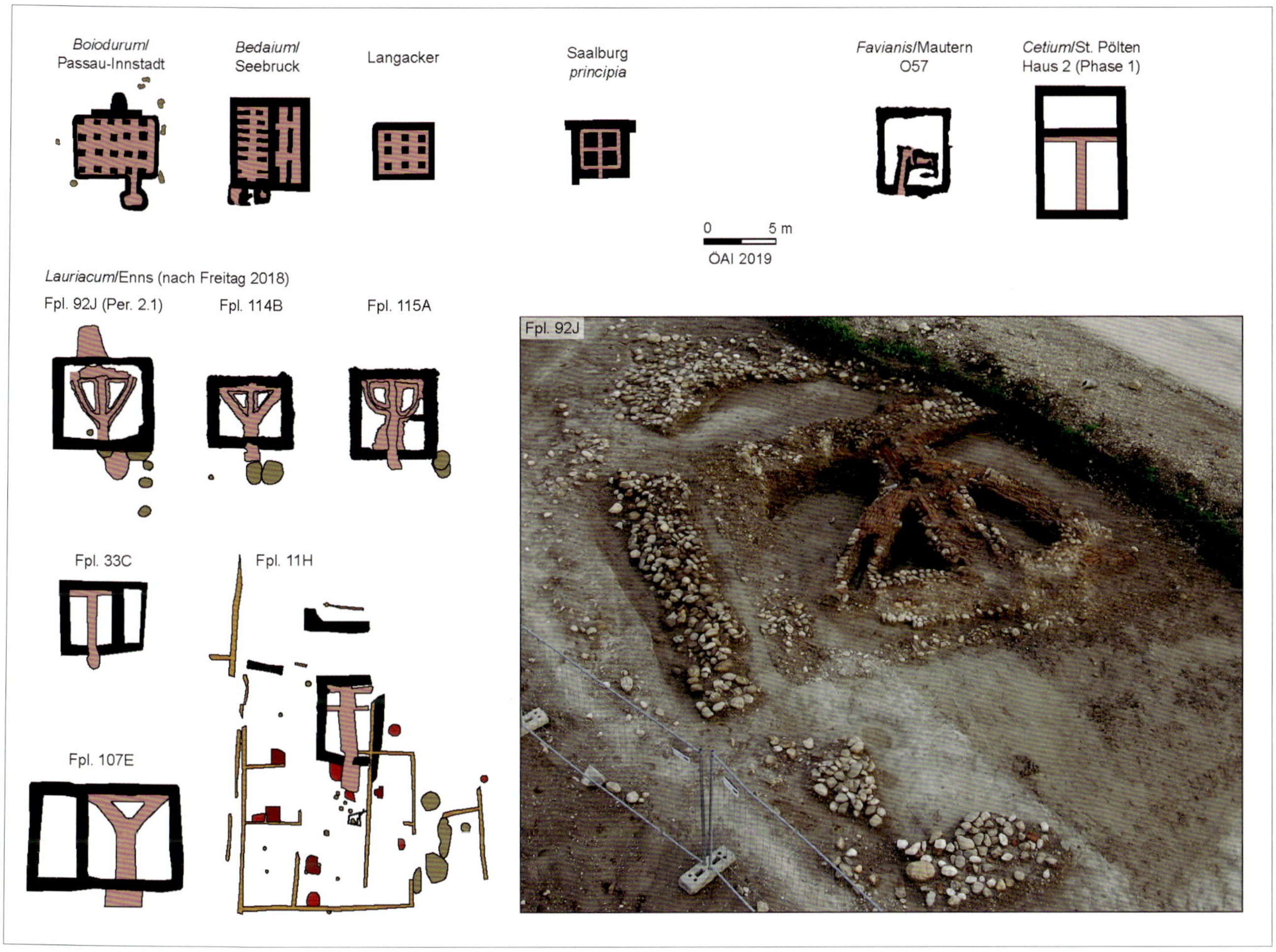

Abb. 2: *Noricum* nördlich des Alpenhauptkamms. Darren und Einraumhäuser. *Boidodurum* nach Niemeier 1991, 118, Abb. 86. *Bedaium* nach Burmeister 1998, 41, Abb. 15. Langacker nach Reinecke 1961, 168, Abb. 6. Saalburg nach Baatz 1979, 41, Abb. 10. *Favianis* nach Groh 2006a, 98, Abb. 98. *Cetium* nach Tschannerl 2008, 76, Abb. 1. Foto *Lauriacum* Fpl. 92J: Sedlmayer 2018, 267, Abb. 10 (ohne Maßstab).

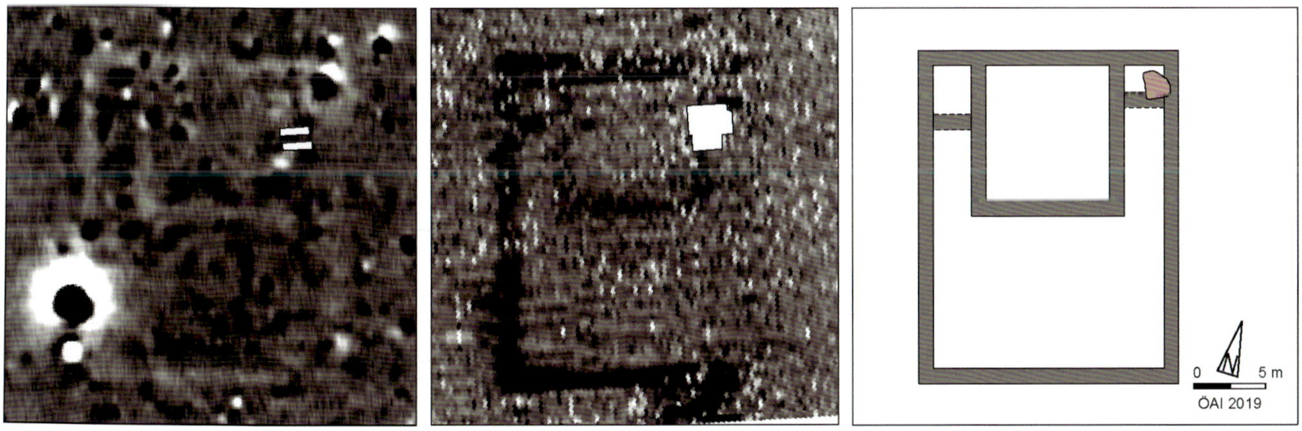

Abb. 3: Unterwölbling/Niederösterreich. Geophysikalische Prospektionen (links Magnetogramm, Mitte Bodenwiderstandsdaten) und Auswertung (rechts). ÖAW/ÖAI.

Die zwischen der Mitte und der zweiten Hälfte des 2. Jahrhunderts n. Chr. mit Steinfundamenten und Holzwänden errichteten Häuser C und G aus der Siedlung von Gleisdorf sind mit Grundflächen von 7 × 7,5 m bzw. 7 × 7 m ebenfalls dem Typ der quadratischen Einraumhäuser zuzurechnen; auch hier konnten keine Heizanlagen nachgewiesen werden (Abb. 4)[35].

Aus Gleisdorf ist zudem ein direkt mit Unterwölbling vergleichbarer Befund bekannt: Das in die zweite Hälfte des 2. Jahrhunderts n. Chr. datierte Gebäude D bestand aus einem 9,5 × 9 m großen Hauptraum mit dreiseitig flankierendem Umgang (Abb. 4; Gesamtgröße 22 × 16,5 m, Unterwölbling: Hauptraum 10 × 10 m, gesamt 22 × 17 m)[36]. Wie in Gebäude Fpl. 11H in *Lauriacum*/Enns (Gebäude H, Abb. 2) konnten dort

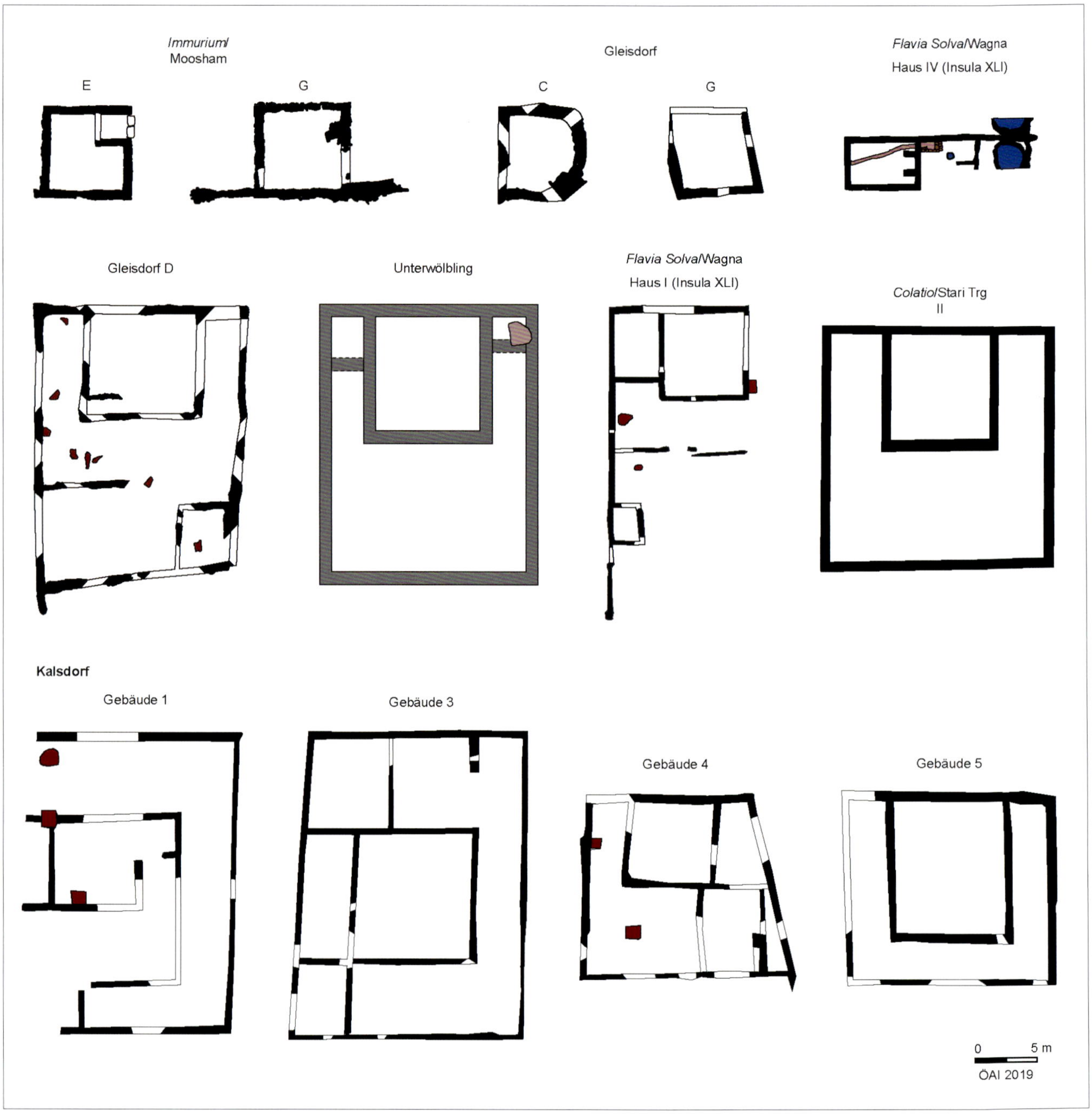

Abb. 4: *Noricum* südlich des Alpenhauptkamms (außer Unterwölbling). Einraumhäuser mit und ohne Umgang. *Immurium* nach Fleischer 1998, 28, Abb. 22; 40, Abb. 40. Gleisdorf nach Maier 1995, Beil. 21–23. 25. *Flavia Solva* nach Groh 1996, Plan 2. 9. *Colatio* nach Djura Jelenko 2004, 24 f., Abb. 13–14. Kalsdorf nach Lohner-Urban 2009, Beilage 3.

zahlreiche Feuerstellen ergraben werden, die als Indizien für eine intensive handwerkliche Nutzung zu werten sind[37].

Aus dem Munizipium *Flavia Solva*/Wagna sind mindestens drei weitere zwischen dem Ende des 1. und dem 2. Jahrhundert n. Chr. errichtete Einraumhäuser hinzuzufügen[38]. Das in Bauperiode IA (100/110–130/140 n. Chr.) angelegte Haus I der Insula XLI kann mit einer Mindestgröße von 19 × 11 m gut mit den Befunden in Gleisdorf und Unterwölbling verglichen werden (Abb. 4)[39]. Zusätzlich ist das im letzten Drittel des 3. Jahrhunderts n. Chr. mit einer Schlauchheizung versehene Haus IV als Parallele zu den Befunden in *Lauriacum*/Enns und *Favianis*/Mautern zu nennen (Abb. 4)[40].

Innerhalb der 22 km südwestlich gelegenen Siedlung Kalsdorf wurden mindestens vier Bauten mit analogem Grundriss freigelegt: Die ebenfalls allesamt im 2. Jahrhundert n. Chr. errichteten Steinfundamentgebäude 1, 3, 4 und 5 setzen sich aus quadratischen Haupträumen mit unregelmäßig großen Umgängen zusammen, die wiederum eine Vielzahl an Gruben und Feuerstellen beinhalten (Abb. 4; Tab. 1)[41].

Die Haupträume werden dezidiert mit Wohnzwecken assoziiert, eine mögliche alternative Interpretation als Höfe ausgeschlossen[42]. Gebäude 5 weist neben seiner Deutung als Kult- oder Repräsentationsbau eine weitere Besonderheit auf: Phase 1 (1. Hälfte des 2. Jahrhunderts n. Chr.) ist durch die Errichtung des 11,5 × 11 m großen Hauptraums charakterisiert, der dreiseitige Umgang wurde erst in Phase 2 (ab der Mitte des 2. Jahrhunderts n. Chr.) hinzugefügt[43].

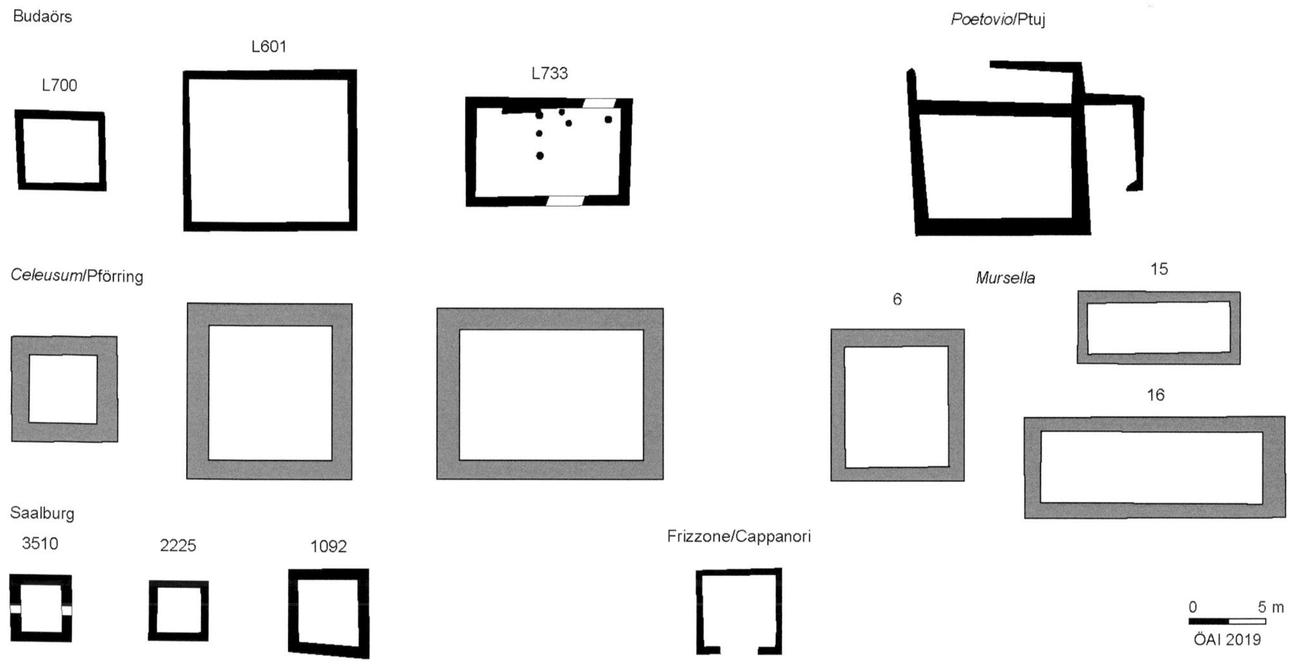

Abb. 5: Budaörs nach Ottományi 2012, 147, Abb. 116. *Poetovio* nach Horvat u.a. 2003, 169, Abb. 16, Nr. 13. *Celeusum* nach Schwarzhuber 2018, 79, Abb. 40. *Mursella* nach Szőnyi 2008, 243, Abb. 13. Saalburg nach Moneta 2010, Beilage E6. I10. J8. Frizzone/Cappanori nach Ciampoltrini 2014, 42, Abb. 5.

Gebäude	Hauptraum	Gesamt
1	7 × 7 m	mind. 23 × 18 m
3	10 × 10 m	24 × 18 m
4	6 × 6 m	14 × 13 m
5	11,5 × 11 m	17 × 14 m

Tab. 1: Siedlung Kalsdorf. Bezeichnungen und Maße nach Lohner-Urban 2009.

Diesen Befunden direkt gegenüberzustellen ist der insgesamt 18,8 m lange und 16, 5 m breite Komplex II in *Colatio*/Stari trg, der Fundplatz wird vom 1. bis ins 3. Jahrhundert n. Chr. datiert (Abb. 4)[44].

Eventuell ist mit Gebäude 1 (bestand in Periode 2–3: 120–170/180 n. Chr.) aus der Siedlung am Saazkogel ein zusätzliches Einraumhaus mit Umgang zu nennen. Der südliche Abschnitt präsentiert sich allerdings stark gestört, weshalb gesicherte Rückschlüsse auf den Grundriss erschwert sind[45].

Rein geophysikalisch dokumentiert wurden vier mögliche Einraumhäuser in der Siedlung Lassenberg. Während das 19 m lange und 14 m breite Gebäude B aufgrund zweier thermoremanent magnetisierter Befunde im Inneren als Werkstätte angesprochen wird, sind unter D drei 13,5 × 10,5 m bis 19,5 × 15,5 m große Bauten kartiert, denen Wohnfunktion zugeschrieben werden könnte[46]. Oberflächensurveys ergaben neben 51 vorrangig ins 1. und 2. Jahrhundert n. Chr. datierten Münzen zahlreiche Hinweise auf Stoff (Bleietiketten)- und Metallverarbeitung[47].

PANNONIEN, RAETIEN, *GERMANIA SUPERIOR* UND ITALIEN (Abb. 1. 5)

In Pannonien finden sich die meisten Vergleichsbeispiele. In der westlich von *Aquincum*/Budapest gelegenen und bereits in der späten Latènezeit genutzten Siedlung Budaörs wurden insgesamt 15 zwischen 3,5 × 3,5 m und 14 × 7 m große einräumige Steinfundamentgebäude erfasst. Ihre Errichtung erfolgte mehrheitlich in severischer Zeit, Heizanlagen sind nur in Einzelfällen nachgewiesen (Abb. 5)[48]. Auch in der Zivilstadt von *Aquincum*/Budapest wurden Einraumhäuser festgestellt. Aufgrund ihrer peripheren Lage werden sie ähnlich wie in *Lauriacum*/Enns als Wohnbauten „ärmerer Schichten" angesprochen[49]. In der an der Grenze zu *Südostnoricum* gelegenen *Colonia Poetovio*/Ptuj ist zumindest ein Einraumhaus mit Annex evident (Abb. 5)[50]. Auch aus der Siedlung *Fortunae*/Spodnja Hajdina ist ein mögliches Einraumhaus mit Umgang zu nennen[51]. Weitere Einraumhäuser könnten in Luftbildern des Munizipiums *Mursella* erkannt worden sein (Abb. 5)[52].

Auch in Raetien liefern Luftbildanalysen Hinweise auf einräumige Steinfundamentgebäude. Neben *Abusina*/Eining[53] sind vor allem die neuen Untersuchungen in *Celeusum*/Pförring hervorzuheben. Westlich des Kastells wurden mindestens vier rechteckige alleinstehende Befunde kartiert (Abb. 5)[54]. Hinzuzufügen ist ferner ein ca. 5 × 5 m großer Bau in *Brigantium*/Bregenz, der nach S. Jenny mit einem Hypokaustum und bemaltem Wandverputz an der Außenseite versehen war[55].

Aus der Provinz *Germania Superior* sind weitere Vergleiche zu nennen. Im Kastellvicus Saalburg wurden mehrere durchschnittlich 4,5–5 m große „allein stehende, gemauerte, annähernd quadratische Befunde" freigelegt. C. Moneta und C. S. Sommer deuten sie als einzige mit Steinfundamen-

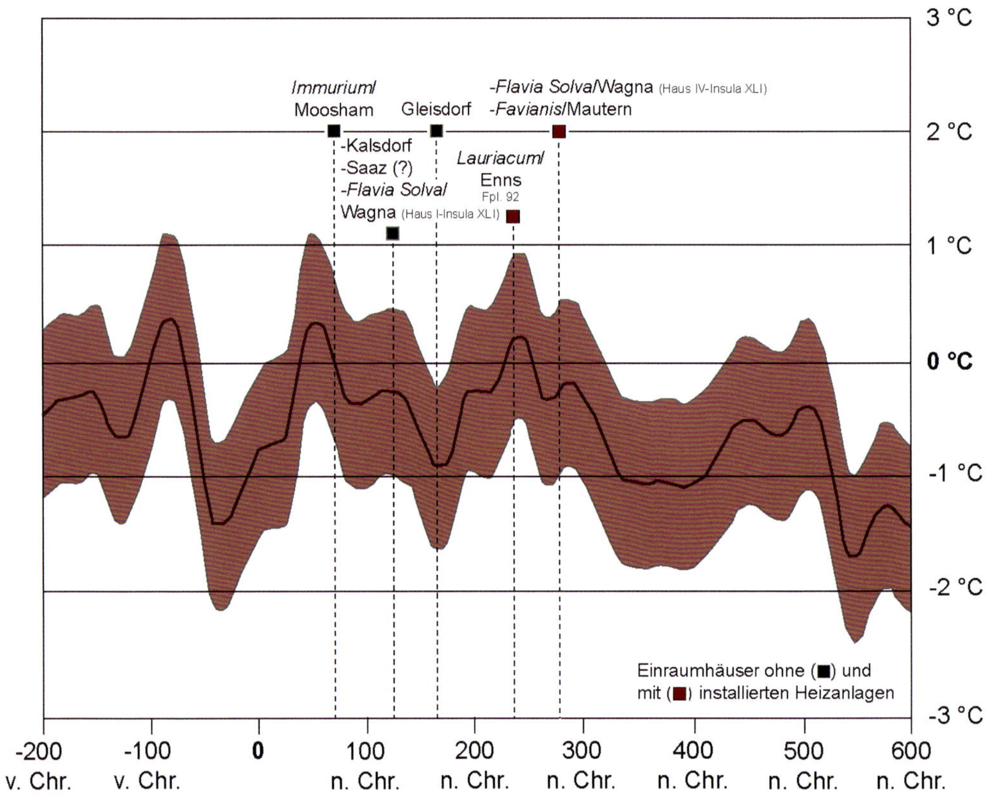

Abb. 6: Klimavariabilitäten nach Büntgen u.a. 2011, 581, Abb. 4.

ten errichtete Räume von Streifenhäusern in Holz-Erde-Bautechnik, deren Pfostengruben und Schwellbalken bei den Altgrabungen zumeist nicht dokumentiert wurden (Abb. 5)[56]. Eine ähnliche Befundsituation liegt im Kastellvicus Zugmantel vor[57].

Abschließend soll ein im 2. Jahrhundert v. Chr. errichtetes Einraumhaus aus der ländlichen Siedlung Frizzone/Capannori aus der Regio VII *Etruria* vorgestellt werden. Das 5,4 × 5,2 m große „edificio quadrato" wird als „specifica destinazione residenziale" angesprochen (Abb. 5)[58].

ZUSAMMENFASSENDE INTERPRETATION (Abb. 1. 6)

Während einräumige Steinfundamentbauten in unterschiedlichen Kontexten auftreten[59], sind die 7 × 7 bis 24 × 18 m großen Einraumhäuser mit und ohne Umgang aus *Südostnoricum* klar als originäre norische Gebäude mit primärer Wohnfunktion anzusprechen. Dass die restlichen in *Noricum* dokumentierten Einraumhäuser vor allem in *Lauriacum*/Enns und um *Favianis*/Mautern festzustellen sind, ist folgendermaßen erklärbar (Abb. 1): Bei der Rekrutierung einfacher *milites* der *legio II Italica* wurde vielfach auf Bewohner Süd- und *Südostnoricums* zurückgegriffen[60]. Auch in *Favianis*/Mautern ist mit der Stationierung der *legio I Noricorum* von einem Zuzug südostnorischer Bevölkerungsgruppen auszugehen[61].

Die in *Bedaium*/Seebruck sowie Neumarkt-Pfongau nachgewiesenen und im Grundriss den Einraumhäusern nicht unähnlichen Darren mahnen allerdings zur vorsichtigen Bewertung jedes einzelnen Befundes. Als Kriterien können die Art (Schlauchheizung/Hypokaustum/mobil) und Qualität (z.B. Porosität der Pfeiler) der Heizanlagen sowie das Vorhandensein von Fußböden, Wandmalerei und Gebrauchskeramik angeführt werden.

Als letzter Punkt ist die Installation von Heizanlagen zu diskutieren. Während keines der allesamt im 1. und 2. Jahrhundert n. Chr. errichteten Einraumhäuser in *Südnoricum* über Hypokausten oder Schlauchheizungen verfügt, wurden bei 29 der 51 Einraumhäuser in *Lauriacum*/Enns (57 %) Heizanlagen dokumentiert. Ihre Errichtung erfolgte frühestens ab den 70er Jahren des 2. Jahrhunderts n. Chr., die einzigen absolutchronologisch datierten Bauten auf Fundplatz 92 wurden von spätseverischer Zeit bis in die Mitte des 3. Jahrhunderts n. Chr. genutzt (Periode 2)[62]. Die Konstruktion der Schlauchheizungen des Einraumhauses O57 in *Favianis*/Mautern[63] sowie des Hauses IV der Insula XLI in *Flavia Solva*/Wagna[64] erfolgte im letzten Drittel des 3. Jahrhunderts n. Chr.

Die Gegenüberstellung mit einem bei Büntgen u.a. 2011 publizierten Diagramm historischer Klimavariabilität zeigt die beheizbaren Einraumhäuser aus *Lauriacum*/Enns, *Favianis*/Mautern und *Flavia Solva*/Wagna am Beginn einer jahrhundertelang andauernden Senkung der durchschnittlichen Temperaturen (Abb. 6)[65]. Damit korrespondiert die Feststellung von W. Drack, dass römische Bauten im Bereich der heutigen Schweiz erst nach 150 n. Chr. mit Schlauchheizungen versehen wurden[66]. Da Einraumhäuser mit Wohnfunktion in *Noricum* bereits im 1. Jahrhundert n. Chr. errichtet wurden, kann ihre Anlage nicht als Reaktion auf klimatische Änderungen erfolgt sein[67]. Vielmehr wurden sie ab dem 3. Jahrhundert n. Chr. mit Heizanlagen ausgestattet.

Abkürzungen:

BDA	Bundesdenkmalamt
DORIS	Digitales Oberösterreichisches Raum-Informations-System
ÖAI	Österreichisches Archäologisches Institut
ÖAW	Österreichische Akademie der Wissenschaften
OÖLM	Oberösterreichisches Landesmuseum

---

1 Freitag 2018. Die Arbeiten erfolgten am ÖAW/ÖAI in Kooperation mit dem OÖLM und dem BDA. Für die Initiierung und Unterstützung sei S. Groh, H. Sedlmayer (ÖAW/ÖAI), S. Traxler (OÖLM) und Heinz Gruber (BDA) mein herzlicher Dank ausgesprochen. Dem DORIS sei zudem für die Zurverfügungstellung hochauflösender Geodaten gedankt.

2 Freitag 2018, 58–157; Freitag (in Druckvorbereitung).

3 Freitag 2018, 144 f., Abb. 76 f.

4 In *Südnoricum* sind zudem häufig Umgänge in Steinbautechnik dokumentiert.

5 Groh 2006a, 111–115; Sedlmayer 2006, 236–242; 249–251; Freitag 2018, 145–147.

6 Moneta 2010, 128.

7 Freitag 2018, 142–147, Abb. 76 f.

8 Freitag 2018, 242–244, Abb. 146; Sedlmayer 2018.

9 Sedlmayer 2018, 195–197.

10 Freitag 2018, 242–245, Abb. 146–147; Sedlmayer 2018, 17 f.; 266 f., Abb. 9 f.

11 Sedlmayer 2018, 18; 400, Abb. 145.

12 Sedlmayer 2018, 163; 397, Abb. 142.

13 Burmeister 1998, 50–52.

14 Burmeister 1998, 40–50, Abb. 19 f.; die Größe bezieht sich auf Phase 2 (postflavisch bis 140/160 n. Chr.).

15 Niemeier 1991, 118–120, Abb. 86 f.

16 Reinecke 1961, 167 f., Abb. 6. Zwei mögliche Einraumhäuser ohne Heizsysteme sind nur unvollständig dokumentiert.

17 Zwei weitere von S. Burmeister erwähnte hypokaustierte Räume in Bergen sind Teil eines größeren Hofhauses. Reste eines Gewölbes lassen auf eine Überdeckung des Heizsystems schließen: Burmeister 1998, 51; Garbsch 1984, 101–103; Beilage 1.

18 Burmeister 1998, 50.

19 FÖ 28,1989 (1990), 251; Lang u.a. 2010, 11.

20 Czysz 2016, 209 f., Abb. 19.

21 z.B. Freitag 2018, Gebäude Fundplatz 92J, 111A, 114A und B, 115A.

22 Baatz 1979, 37, Tab. 1.

23 In die Berechnung nicht miteingeflossen ist der zum Anheizen benötigte erste Tag.

24 https://www.umweltbundesamt.de/umwelttipps-fuer-den-_alltag/heizen bauen/heizen raumtemperatur#textpart-1 (06.05.2019).

25 https://www.raumtemperatur.info/optimale-raumtemperatur/ (06.05.2019).

26 Anders verhält es sich mit offenen Schlauchheizungen. Vgl. Morris 1979, 5–22. 158–186, Abb. 1–28; Drack 1988, 153 f.; Van Ossel 1992, 137–151; Dreisbusch 1994, 186 f.

27 Groh 2006a, 111 f., Anm. 125.

28 Im nahe gelegenen Ratzersdorf könnte eine Y-förmige Schlauchheizung auf ein weiteres Einraumhaus verweisen (FÖ 40, 2001 (2002), 33, Abb. 29).

29 Tschannerl 2008, 81–84, Abb. 10–15.

30 Groh/Sedlmayer 2006, 92–100; 111–115; 741.

31 Die geophysikalischen Prospektionen erfolgten im Rahmen des Mautern Hinterland-Projekts (Groh u.a. 2007) und werden erstmals hier vorgelegt.

32 Freitag 2018, 143 f., Abb. 76: Fpl. 11D und 11H.

33 Fleischer 1998, 27–30, Abb. 22–26; 39 f., Abb. 40.

34 Vetters 1960, 54; Sedlmayer 2006, 237–240.

35 Maier 1995, 44 f.; 52 f.; Beil. 21. 25.

36 Maier 1995, 45–48 Beil. 22.

37 Freitag 2018, 145 f.

38 Groh 2006a, 113; Groh 2006b, 128, Anm. 150.

39 Groh 1996, 15–22; 159.

40 Groh 1996, 96–102; 161.

41 Lohner-Urban 2009, 50–59; 71–77; 85–93; 95–103; 168–175.

42 Lohner-Urban 2009, 170.

43 Lohner-Urban 2018, 586.

44 Djura Jelenko 2004, 24 f., Abb. 13 f.; 110–112.

45 Sedlmayer/Tiefengraber 2006, 31–36, Abb. 11–16: die rekonstruierte Gesamtgröße von mindestens 23 × 15 m respektive. 25 × 23 m würde sich gut in das Bild der bisher behandelten Gebäude in Gleisdorf und Kalsdorf fügen.

46 Lamm/Mušič 2016, 181–184.

47 Lamm/Mušič 2016, 180 f.; Schachinger 2006, 167 f.

48 Bíró 2017, 118., Abb. 111; 122, Anm. 443 f.; Ottományi 2012, 45–47. 58–63. Beilage.

49 Zsidi 2008, 260–262, Abb. 9; zu *Lauriacum*/Enns vgl. Freitag 2018, 156.

50 Horvat u.a. 2003, 169, Abb. 16, Nr. 13.

51 Vomer-Gojkovič 2008, 229 f., Abb. 16 I. M.

52 Szőnyi 2008, 243, Abb. 13.

53 Fischer/Spindler 1984, 54, Abb. 12. 21. 23. 24.

54 Schwarzhuber 2018, 78 f., Abb. 40.

55 Jenny 1882, 102 f.; für den Hinweise danke ich J. Kopf (Wien).

56 Moneta 2010, 128; Sommer 1997, 161.

57 Ditmar-Trauth 1995, 249, Taf. 106 f.

58 Ciampoltrini 2014, 40–44.

59 vgl. etwa heutige Gartenhäuser: https://www.bauanleitung.org/garten/bauanleitung-fuer-gartenhaus-aus-stein/ (12.06.2019). Bei nicht ergrabenen, sondern rein geophysikalisch oder mittels Luftbildern dokumentierten Befunden ist zudem eine gesicherte Ansprache kaum möglich. Weitere in Holz-Erde-Bautechnik oder weniger gut fundierte Räume scheinen in den Daten häufig nicht auf. Außerdem fällt die Unterscheidung zu Darren oder Kellern schwer; vgl. etwa die „kleinteilige Wohnbebauung" westlich des Kastells *Celeusum*/Pförring. Während M. Schwarzhuber die „quadratischen oder rechteckigen" Strukturen als Keller interpretiert (Schwarzhuber 2018, 78 f. Abb. 40), könnte es sich auch um c. a. 6 × 6 bis 15 × 10 m große Einraumhäuser handeln.

60 Sedlmayer 2018, 198, Tab. 30; 402, Abb. 147,b.

61 Groh/Sedlmayer 2006, 741.

62 Freitag 2018, 242–244, Abb. 146.

63 Groh 2006a, 97–99.

[64] Groh 1996, 96–102; 161.

[65] Büntgen u.a. 2011, 580: „Exceptional climate variability is reconstructed for ~250 to 550 C.E. [...]"; „Distinct drying in the 3rd century paralleled a period of serious crisis [...]; vgl. auch Blümel 2002, 13: 270 n. Chr.: „Abkühlung und Aridisierung in Italien, Arabien und Innerasien"; ab 300 n. Chr.: „sinkende Temperaturen und Trockenheit" bestimmen „das ‚Pessimum der Völkerwanderungszeit'"; Blümel 2006; anders Behringer 2010, 87: „*Roman Climatic Optimum:* [...] Erwärmung, die vom 1. Jahrhundert bis ungefähr 400 n. Chr. andauerte"; aber auch Behringer 2010, 90: „inwieweit die *Krise des 3. Jahrhunderts* mit klimatischen Einflüssen korrespondiert, müsste untersucht werden".

[66] Drack 1988, 157: außer Martigny; zudem erwähnt W. Drack, dass an der Odenwald-Neckarlinie am Obergermanischen Limes (vor 150 n. Chr.) keine Schlauchheizungen dokumentiert sind; vgl. auch Groh 2006a, 111–115.

[67] Für den Denkanstoß danke ich B. Steidl (München).

LITERATUR

Baatz 1979
D. Baatz, Heizversuch an einer rekonstruierten Kanalheizung in der Saalburg, *Saalburg-Jahrbuch 36,* 1979, 31–44.

Behringer 2010
W. Behringer, Kulturgeschichte des Klimas. Von der Eiszeit bis zur globalen Erwärmung (München [5]2010).

Bíró 2017
S. Bíró, Die zivilen Vici in Pannonien. Monographien des Römisch-Germanischen Zentralmuseums 131 (Mainz 2017).

Blümel 2002
W. D. Blümel, 20000 Jahre Klimawandel und Kulturgeschichte – von der Eiszeit in die Gegenwart, *Wechselwirkungen. Jahrbuch aus Lehre und Forschung der Universität Stuttgart 2002,* 1–19. https://lv-twk.oekosys.tu-berlin.de/project/lv-twk/images/pdfs/2002-Bluemel_20000%20Jahre%20Klimawandel-und-Kulturgeschichte.pdf (13.06.2019).

Blümel 2006
W. D. Blümel, Klimafluktuationen – Determinanten für die Kultur- und Siedlungsgeschichte? *Nova Acta Leopoldina NF 94, 346,* 2006, 13–36. https://lv-twk.oekosys.tu-berlin.de/project/lv-twk/images/pdfs/2006-Bluemel_Klimafluktuationen-Determinanten%20fuer%20Kultur%20und%20Siedlungsgeschichte.pdf (13.06.2019).

Büntgen u.a. 2011
U. Büntgen/W. Tegel/K. Nicolussi/M. McCormick/D. Frank/V. Trouet/J. O. Kaplan/F. Herzig/K.-U. Heussner/H. Wanner/J. Luterbacher/J. Esper, 2500 Years of European Climte Variability and Human Susceptibility, *Science 331,* 2011, 578–582. http://science.sciencemag.org/content/331/6017/578 (13.06.2019).

Burmeister 1998
S. Burmeister, Vicus und spätrömische Befestigung von Seebruck-Bedaium. Materialhefte zur bayerischen Vorgeschichte79 (Kallmünz 1998).

Ciampoltrini 2014
G. Ciampoltrini, Paesaggi e comunità di una colonia Latina. Liguri, Etruschi, Romani nel Territorio di Capannori fra III e I secolo a.C. In: G. Ciampoltrini/A. Giannoni (Hrsg.), La Terra dell'Auser. II. Le Ricerche Archeologiche in località Frizzone e il Territorio di Capannori in età romana. I Segni dell'Auser 10 (Lucca 2014), 13–46.

Csysz 2016
W. Csysz, Die römische Darre von Möttingen im Ries. Eine Studie zur landwirtschaftlichen Funktionsarchitektur in Raetien, *Bericht der Bayerischen Bodendenkmalpflege 57,* 2016, 195–232.

Ditmar-Trauth 1995
G. Ditmar-Trauth, Das Gallorömische Haus. Antiquitates 10 (Hamburg 1995).

Djura Jelenko 2004
S. D. Jelenko, Dr. Hans Winkler. In njegov prispevek k arheologiji Mislinjske doline. Kat. Poroški pokrajinski muzej Slovenj Gradec (Slovenj Gradec 2004).

Drack 1988
W. Drack, Die römischen Kanalheizungen der Schweiz, *Jahrbuch der Schweizerischen Gesellschaft für Ur- und Frühgeschichte 71,* 1988, 123–159.

Dreisbusch 1994
G. Dreisbusch, Darre oder Räucherkammer? Zu römischen Heizanlagen in Westdeutschland, *Fundberichte aus Baden- Württemberg 19/1,* 1994, 181–205.

Fischer/Spindler 1984
T. Fischer/K. Spindler, Das römische Grenzkastell Abusina-Eining. Führer zu archäologischen Denkmälern in Bayern. Niederbayern 1 (Stuttgart 1984).

Fleischer 1998
R. Fleischer, Teil A – Die Ergebnisse der Grabungen 1964–1970. In: R. Fleischer/V. Moucka-Weitzel, Die römische Straßenstation Immurium – Moosham im Salzburger Lungau. Archäologie in Salzburg 4 (Salzburg 1998), 9–51.

Freitag 2018
K. Freitag, Canabae et Municipium. Die römischen Siedlungsräume um das Legionslager von Lauriacum/Enns. Forschungen in Lauriacum 18 (Linz 2018).

Freitag 2020
K. Freitag, Wohnen, Repräsentieren, Arbeiten. Die römischen Gebäude extra muros von Lauriacum/Enns. In: L. Berger/L. Huber/F. Lang/J. Weilhartner, Akten des 17. Österreichischen Archäologentages, ArchaeoPlus 11 (Salzburg 2020), 61–74.

Garbsch 1984
J. Garbsch, Ein römischer Gutshof bei Holzhausen, Gde. Bergen, Ldkr. Traunstein, *Bayerische Vorgeschichtsblätter 49,* 1984, 99–112.

Groh 1996
S. Groh, Die Insula XLI von Flavia Solva. Ergebnisse der Grabungen 1959 und 1989 bis 1992. Sonderschriften des Österreichischen Archäologischen Instituts 28 (Wien 1996).

Groh 2006a
S. Groh, Befunde. In: Groh/Sedlmayer 2006, 23–196.

Groh 2006b
S. Groh, Terra Sigillata aus den Grabungen 2002–2005 im Vicus von Saatz. In: Sedlmayer/Tiefengraber 2006, 117–136.

Groh/Sedlmayer 2006
S. Groh/H. Sedlmayer, Forschungen im Vicus Ost von Mautern-Favianis. Die Grabungen der Jahre 1997–1999. Der römische Limes in Österreich 44/1 (Wien 2006).

Groh u.a. 2007
S. Groh/V. Lindinger/H. Sedlmayer, Zur ländlichen römischen Besiedlung im Hinterland von Mautern/Favianis – Methodische Grundlagen einer Untersuchung großräumiger Siedlungsstrukturen am Donaulimes, *Archäologie Österreichs 18/2,* 2007, 56–63.

Horvat u.a. 2003
J. Horvat/M. Lovenjak/A. Dolenc Vičič/M. Lubšina-Tušek/M. Tomanič-jevremov/Z. šubic, Poetovio. Development and Topography. In: M. Šašel Kos/P. Scherrer (Hrsg.), Die autonomen Städte in *Noricum* und Pannonien. Pannonia I. Situla 41 (Ljubljana 2003), 153–189.

Jenny 1882
S. Jenny, Bauliche Überreste von Brigantium, *Mittheilungen der K.K. Central-Commission zur Erforschung und Erhaltung der Baudenkmale 8,* 1882, 95–103.

Lamm/Mušič 2016
S. Lamm/B. Mušič, Die römische Siedlungsstelle bei Lassenberg – Ein Vicus im Laßnitztal (Steiermark). Surveys und Geoprospektionen 1992–1994. In: M. Pfeil (Hrsg.), Römische Vici und Verkehrsinfrastruktur in Raetien und *Noricum.* Colloquium Bedaium Seebruck, 26.–28. März 2015. Schriftenreihe des Bayerischen Landesamtes für Denkmalpflege 15 (München 2016), 178–185.

Lang u.a. 2010
F. Lang/R. Kastler/S. Moser/T. Wilfing/W. Wohlmayr, Die Ausgrabungen im Wirtschaftstrakt der villa rustica von Neumarkt-Pfongau 2009 und Studien zum römischen Getreideanbau nördlich der Alpen, *Salzburger Archiv 34,* 2010, 7–24.

Lohner-Urban 2009
U. Lohner-Urban, Untersuchungen im römerzeitlichen Vicus von Kalsdorf bei Graz. Die Ergebnisse der Ausgrabungen auf der Parzelle 421/1. Baubefunde und ausgewählte Kleinfunde. Veröffentlichungen des Instituts für Archäologie der Karl-Franzens-Universität Graz 9 (Wien 2009).

Lohner-Urban 2018
U. Lohner-Urban, Der römerzeitliche Vicus von Kalsdorf. In: I. Mirsch (et al.), Die Geschichte der Marktgemeinde Kalsdorf bei Graz. Band 2: Sozial- und Wirtschaftsgeschichte. Beiträge zur Archäologie und Geschichte (Kalsdorf bei Graz 2018), 586–591.

Maier 1995
C. Maier, Der vicus von Gleisdorf. In: T. Lorenz/C. Maier/M. Lehner (Hrsg.), Der römische Vicus von Gleisdorf. Bericht über die Ausgrabungen 1988–1990. Veröffentlichungen des Instituts für Archäologie der Karl-Franzens-Universität Graz 2 (Wien 1995) 21–60.

Moneta 2010
C. Moneta, Der Vicus des römischen Kastells Saalburg (Mainz am Rhein 2010).

Morris 1979
P. Morris, Agricultural Buildings in Roman Britain. BAR British Series 70 (Oxford 1979).

Niemeier 1991
J.-P. Niemeier, Der mittelkaiserzeitliche Kastellvicus Boiodurum, Passau-Innstadt, *Das Archäologische Jahr in Bayern 1990* (1991), 117–120.

Ottományi 2012
K. Ottományi, Római Vicus Budaörsön. Régészeti tanulmányok (Budapest 2012).

Reinecke 1961
P. Reinecke, Kaiserzeitliche Bauten bei Langacker. Gemeinde Karlstein, Landkreis Berchtesgaden, *Mitteilungen der Gesellschaft für Salzburger Landeskunde 101,* 1961, 161–171.

Schachinger 2006
U. Schachinger, Der antike Münzumlauf in der Steiermark (Wien 2006).

Scherrer 2008
P. Scherrer (Hrsg.), DOMUS. Das Haus in den Städten der römischen Donauprovinzen. Akten des 3. Internationalen Symposiums über römische Städte in *Noricum* und Pannonien. Sonderschriften des Österreichischen Archäologischen Instituts 44 (Wien 2008).

Schwarzhuber 2018
M. Schwarzhuber, Kastellvicus Pförring. Materialhefte zur bayerischen Archäologie 109 (Kallmünz/Opf. 2018).

Sedlmayer 2006
H. Sedlmayer, Vici der frühen und mittleren Kaiserzeit in *Noricum* (Stand der Forschung 2005). In: Sedlmayer/Tiefengraber 2006, 229–255.

Sedlmayer 2018
H. Sedlmayer, Extra muros. Lebenswelt der consistentes ad legionem von Lauriacum. Forschungen in Lauriacum 17 (Linz 2018).

Sedlmayer/Tiefengraber 2006
H. Sedlmayer/G. Tiefengraber, Forschungen im südostnorischen Vicus am Saazkogel (Steiermark). Die Grabungen der Jahre 2002–2005. Sonderschriften des Österreichischen Archäologischen Instituts 41 (Wien 2006).

Seitz 1999
G. Seitz, Rainau-Buch I. Steinbauten im römischen Kastellvicus von Rainau-Buch (Ostalbkreis). Forschungen und Berichte zur Vor- und Frühgeschichte in Baden-Württemberg 57 (Stuttgart 1999).

Sommer 1997
C. S. Sommer, Der Saalburg-vicus. Neue Ideen zu alten Plänen. In: E. Schallmayer (Hrsg.), Hundert Jahre Saalburg. Vom römischen Grenzposten zum europäischen Museum (Mainz am Rhein 1997), 155–165.

Szőnyi 2008
E. Szőnyi, Häuser im Munzipium Mursella. In: Scherrer 2008, 235–249.

Tschannerl 2008
M. Tschannerl, Wohnhaus und Kultbau. Die Häuser 1 und 2 der Grabung Klostergarten in St. Pölten/Aelium Cetium. In: Scherrer 2008, 75–104.

Van Ossel 1992
P. van Ossel, Etablissement ruraux de l'Antiquité tardive dans le nord de la Gaulle. Gallia supplément 51 (Paris 1992).

Vetters 1960
H. Vetters, *Centuria II*. In: W. A. Jenny/H. Vetters/Ä. Kloiber/L. Eckhart (Hrsg.), Plangrabungen aus den Jahren 1953/1954/1956. Forschungen in Lauriacum 6/7 (Linz 1960).

Vomer-Gojkovič 2008
M. Vomer-Gojkovič, Die archäologischen Hinterlassenschaften der Wohnarchitektur in Poetovio/Ptuj. In: Scherrer 2008, 217–234.

Zsidi 2008
P. Zsidi, Wohnhaustypen und Stadtstruktur in der Zivilstadt von Aquincum. In: Scherrer 2008, 251–270.

Die Entwicklung des Kastells *Arelape*/Pöchlarn im Kontext römischer Militärlager in *Noricum*

Sebastian Schmid

Bis vor wenigen Jahren war der Forschungsstand zum norischen Donaulimes sehr beschränkt. Im Laufe der Zeit fanden zwar immer wieder auch großflächige Ausgrabungen in den Auxiliarkastellen der Provinz statt, häufig unter der Leitung von H. Ubl; so wurden etwa in Tulln die *porta principalis dextra*, in Zeiselmauer ein spätantikes Reduktionskastell oder in Traismauer Teile der *principia* freigelegt. Doch sind diese Untersuchungen bislang nicht abschließend ausgewertet, sondern nur in Form kurzer vorberichtlicher Artikel und Beiträge publiziert[1]. Die Entwicklung der norischen Kastelle von ihrer Errichtung bis zum Ende der römischen Herrschaft im 5. Jahrhundert nachzuvollziehen, war und ist daher meist nicht möglich. Dies trifft auch auf das Kastell Zwentendorf zu, wo das Österreichische Archäologische Institut (ÖAI) und das Niederösterreichische Landesmuseum unter der Leitung von H. Stiglitz von 1953–1962 Ausgrabungen durchführten. Diese wurden zwar 1975 publiziert, doch stützte sich die Datierung der dabei erarbeiteten Bauperioden nur auf einzelne Münzen und historische Überlegungen[2]. Entsprechend kursorisch fielen folglich die Einträge zu den einzelnen Orten in den Limesführern von 1986 und 1997 – und auch 2015 – aus[3].

Erst ab den 1990er Jahren änderte sich die Situation mit der Auswertung von Altgrabungen im Kastell Mautern durch ein Autorenkollektiv um V. Gassner und der Durchführung zweier kleinflächiger Ausgrabungen in derselben Anlage durch S. Groh und H. Sedlmayer. Basierend auf diesen stratigraphischen Untersuchungen und dem dabei geborgenen Fundmaterial war es möglich, die Entwicklung des Kastells Mautern von flavischer Zeit bis in das späte 5. Jahrhundert herauszuarbeiten[4].

Der Kenntnisstand zum Kastell *Arelape*/Pöchlarn war gleichfalls lange Zeit sehr beschränkt. Selbst seine Lokalisierung war weitgehend unklar[5]. Die ersten archäologischen Belege für ein Militärlager dokumentierte E. Nowotny im Zuge von Kanalbauarbeiten bereits 1927 (Abb. 1,a). Dabei handelte es sich um zwei Spitzgräben, die er zusammen mit einer weiteren, südlich davon gelegenen und gleichfalls als Graben interpretierten Vertiefung zu einem Holz-Erde-Lager von ca. 1,9 ha Größe ergänzte. Ein jüngeres Steinkastell vermutete er unter dem mittelalterlichen Pöchlarner Stadtkern[6]. Mehr als 50 Jahre später beobachtete G. Melzer mehrere Gräben und den Eckbereich einer steinernen Umwehrung, erneut während Kanalbauarbeiten (Abb. 1,b). Aufgrund

Abb. 1: Pöchlarn. Ausgrabungen 1927–2012.
a) Beobachtungen E. Nowotny 1927/1928;
b) Beobachtungen G. Melzer 1982/1983;
c) Ausgrabungen 2002–2012;
d) Wehrgräben des Holz-Erde-Kastells (Periode 1);
e) Rekonstruktion des Holz-Erde-Kastells der Periode 1. M. 1:1000 (Graphik: S. Schmid).

seiner eigenen Untersuchungen und jenen Nowotnys rekonstruierte er drei römische Kastelle in Pöchlarn, zwei mit Holz-Erde-Befestigung im Süden und Westen und ein Steinkastell an der Donau. Seine Ergebnisse publizierte Melzer in zwei Vorberichten 1982 und 1983 sowie einem kurzen, kaum rezipierten Beitrag 1996[7]. 2002 fanden schließlich erste großflächige Ausgrabungen in Pöchlarn statt, die bis 2003 andauerten. Weitere Untersuchungen wurden 2008 und 2009 sowie 2012 durchgeführt. Es handelte sich jeweils um bauvorbereitende Maßnahmen[8]. Im Zuge dieser Ausgrabungen konnte der Großteil der südlichen Wehranlagen und die nördlich anschließende Innenbebauung des Kastells *Arelape* freigelegt werden.

Die ältesten feststellbaren Baustrukturen stellen zwei Ost-West gerichtete Spitzgräben dar, die nördlich der jüngeren, steinernen Wehranlagen nachgewiesen wurden (Bauperiode 1) (Abb. 1,d). Eine Reihe mächtiger, im Durchmesser bis zu 1 m großer Pfostengruben begleitete die Gräben im Süden, die jedoch nur zum Teil dokumentiert werden konnten. Gräben und Pfostengruben sind wohl als Reste einer Holz-Erde-Befestigung in Form einer Rasensodenmauer mit hinterer Holzversteifung zu interpretieren. Aufgrund der Lage der Pfostenreihe im Süden der Spitzgräben erstreckte sich dieses Lager nach Süden. Seine Ausdehnung wie auch seine Innenbebauung sind unklar, da die entsprechenden Bereiche nicht untersucht wurden. Doch ist eine Verbindung mit einigen der von G. Melzer dokumentierten Gräben in diesem Areal nicht auszuschließen[9]. Sollte dem so sein, ist für das Lager eine Größe von mindestens 1,9 ha zu rekonstruieren. Aus den frühesten Befunden wurde kein feinchronologisch relevantes Fundmaterial geborgen. Aus jüngeren Strukturen liegen jedoch tardopadanische und südgallische Sigillaten, Fibeln und Gläser vor, die eine Anfangsdatierung des Kastells Pöchlarn in flavische Zeit (70–90) nahelegen. Hingegen sprechen die von U. Schachinger bearbeiteten Münzen gegen einen ungebrochenen Münzzustrom ab flavischer Zeit[10]. Da die Münzen aus dem Bereich der Ausgrabungen 2002–2012 stammen und das früheste Lager dort nur durch seine nördlichen Wehrgräben und Reste der Holz-Erde-Befestigung erfasst wurde, verwundert die geringe Zahl an entsprechendem flavischem Fundmaterial jedoch wenig. Aussagen zu der bzw. den in diesem Lager stationierten Einheit(en) sind nicht möglich.

Zu einem späteren Zeitpunkt wurde die Holz-Erde-Befestigung abgerissen. An seiner Stelle errichtete man ein zur Donau nach Norden hin verschobenes Kastell mit steinernen Wehrmauern (Bauperiode 2) (Abb. 2). Diese Verlagerung überrascht angesichts der zahlreichen bis in die 1980er Jahre auftretenden Hochwasser und der Zerstörung von wohl mindestens einem Drittel des Lagers durch den Fluss zu einem unbekannten Zeitpunkt[11]. Allerdings liegt gerade der mittelalterliche Stadtkern Pöchlarns und insbesondere der Bereich der Pfarrkirche, die sich etwas nördlich des südlichen Kastelltores befindet, leicht erhöht.

Die Befestigungsanlagen bestanden in den untersuchten Arealen aus zwei vorgelagerten Wehrgräben, zwei parallelen Wehrmauern und quadratischen Eck-, trapezförmigen Zwischen- sowie rechteckigen, vor die Lagermauern vorspringenden Tortürmen. Aufgrund der ineinander einbindenden Mauern wurden Letztere gleichzeitig mit der äußeren Befestigungsmauer errichtet. Hingegen entstand der südöstliche Eckturm erst nach dieser Lagermauer, wie eine entsprechende Baufuge belegt. Eine solche wurde zudem zwischen einem der Zwischentürme und der inneren Mauer festgestellt. Trotz dieser relativchronologischen Abfolge dürften sowohl die Türme als auch die beiden Wehrmauern in etwa zur selben Zeit entstanden sein. Für Letzteres spricht insbesondere die annähernd gleiche Höhe der Fundamentoberkante beider Mauern.

Im Inneren des Kastells wurden die Reste von vier Gebäuden dokumentiert. Aufgrund ihrer Lage an der *via sagularis*, ihrer Größe und ihrer Innenaufteilung sind die beiden im südöstlichen Kastellareal als Kopfbauten Süd-Nord gerichteter Mannschaftsunterkünfte anzusprechen. Auch bei den Gebäuden im Südwesten handelt es sich wohl um Baracken, die nun aber West-Ost orientiert sind.

Stratifizierte südgallische Sigillata erlaubt eine Datierung der Errichtung der Innenbauten in die Zeit nach 90/100. Diese Datierung ist wohl auch für den Bau der Befestigungsanlagen gültig, das Steinkastell dürfte daher unter Trajan entstanden sein. Dieser Ansatz deckt sich nun auch mit den Ergebnissen der numismatischen Analyse hinsichtlich einer regelmäßigen Versorgung des Platzes mit Münzen[12]. Welche Einheit in dieser Zeit in Pöchlarn stationiert war, ist mangels epigraphischer Belege nicht eindeutig zu klären. Doch lassen eine große Zahl flavisch-trajanischer Pferdegeschirrbestandteile und nicht zuletzt eine bronzene Besitzermarke mit Nennung einer *turma* und eines *duplicarius* – wenngleich teilweise aus jüngeren Befunden – die Anwesenheit von Kavallerie annehmen. Ob diese Reiter zu einer *ala*, einer *cohors equitata* oder einer Kavallerievexillation gehörten, muss offenbleiben. Sie dürften jedenfalls im südwestlichen Kastellareal untergebracht gewesen sein, wie neben der räumlichen Verteilung der Pferdegeschirrbestandteile eine vielleicht als Jaucherinne anzusprechende Struktur in einem der dort dokumentierten Gebäude nahelegt.

Da Baracken in der *retentura* bzw. *praetentura* in der Regel die gleiche Ausrichtung *per scamna* oder *per strigas* aufweisen[13], deutet die unterschiedliche Orientierung der Baracken im Südosten und Südwesten des Kastells Pöchlarn darauf hin, dass es sich bei der durch das nachgewiesene Südtor verlaufenden Straße nicht um die *via praetoria* oder *via decumana* handelt, sondern um die *via principalis*. Das Kastell war somit nicht nach Norden zur Donau hin angelegt. Vielmehr dürfte sich die Praetorialfront im Osten befunden haben[14]. Mangels archäologischer Belege und aufgrund der teilweisen Zerstörung des Kastells durch die Donau ist dessen Größe nicht mehr eindeutig zu bestimmen. Gesichert ist seine Ost-West-Ausdehnung bzw. Länge von etwa 159 m, was etwa 540 römischen Fuß entspricht. Geht man auch für die Breite von einem runden Fußmaß und einer Gesamtfläche von mindestens 1,8 ha aus[15], so wären hierfür 420 Fuß = ca. 124 m in Erwägung zu ziehen. Die Größe des Kastells *Arelape* hätte dann ca. 1,98 ha betragen (Abb. 3).

In Bauperiode 3 erfolgte eine Umgestaltung der Bebauung im Inneren (Abb. 2). Im südwestlichen Kastellareal wurden

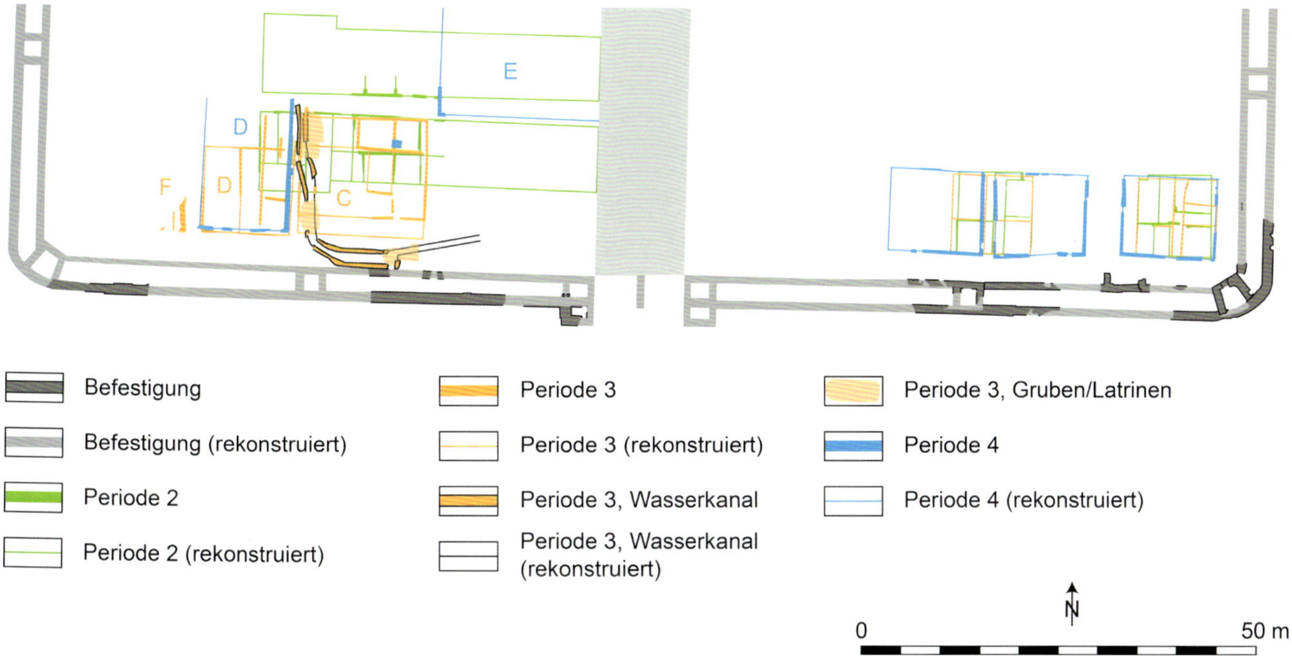

Abb. 2: Pöchlarn. Perioden 2–4. M. 1:1000 (Graphik: S. Schmid).

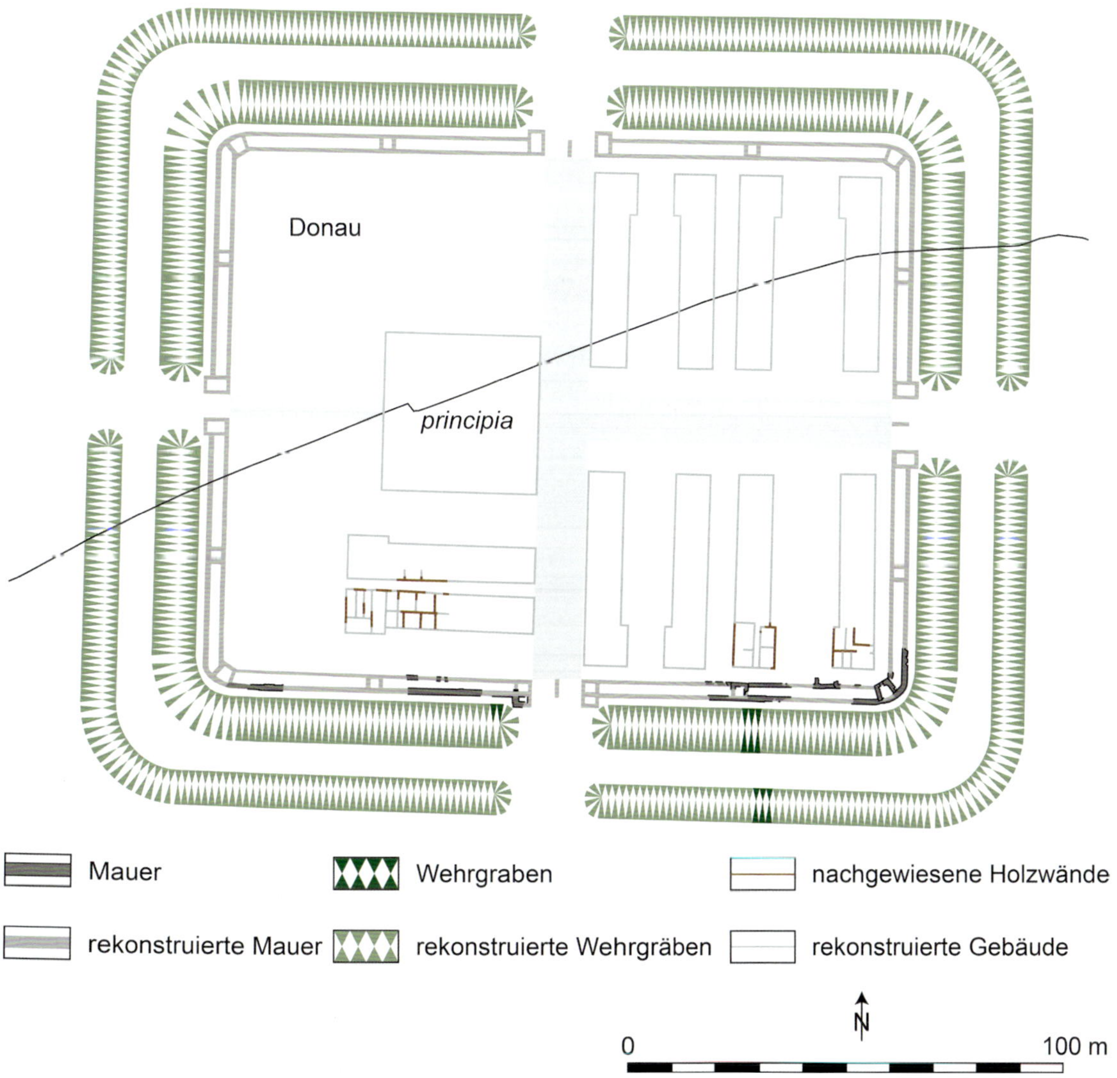

Abb. 3: Pöchlarn. Rekonstruktion des Kastells der Bauperiode 2 mit Eintragung des Uferverlaufs der Donau im 18. Jahrhundert. M. 1:2000 (Graphik: S. Schmid).

die beiden West-Ost gerichteten Mannschaftsbaracken offenbar bereits nach kurzer Zeit abgerissen. An ihrer Stelle errichtete man drei Süd-Nord orientierte Bauten. Bei dem am westlichen Rand der Ausgrabungsfläche nur teilweise freigelegten Gebäude F dürfte es sich um ein *horreum* gehandelt haben. Spuren davon können bis etwa zur Mitte des 2. Jahrhunderts nachgewiesen werden (Bauphase 3.1–3.3). Das östlich davon gelegene Gebäude D ähnelt in Größe und Grundriss den Centurionenkopfbauten. Doch spricht die isolierte Lage und die geringen Abstände zu den benachbarten Strukturen gegen eine derartige Ansprache. Aufgrund der Herdstellen im Inneren und der teilweise mit Mörtelböden ausgestatteten Räume wurde das Gebäude aber jedenfalls zur Unterbringung von Personen genutzt. Hierbei ist m.E. am ehesten an Soldaten und ihre Offiziere zu denken, die mit Sonderaufgaben betraut und vornehmlich in dem Areal östlich dieses Baus tätig waren. Hier bestand, wenn auch nur für kurze Zeit (Bauphase 3.1), Gebäude C, das aufgrund fehlender Befunde im Inneren nicht eindeutig zu interpretieren ist. Da in dem Bereich jedoch zahlreiche Gruben und Öfen dokumentiert wurden, die jünger als Gebäude C sind, und zudem größere Mengen an Schlacken gefunden wurden, liegt nahe, hier ein Werkstattareal anzunehmen. Im Sinne einer Nutzungskontinuität könnte es sich auch bei Gebäude C um eine Werkstätte gehandelt haben. Das Areal blieb bis in die Spätantike weitgehend frei von Bebauung. Doch legte man gegen Mitte des 2. Jahrhunderts einen gemauerten Abwasserkanal an, der von Osten kommend zunächst unter der *via sagularis* nach Westen und schließlich entlang Gebäude D nach Norden führte. Ein verbreiterter Bereich des Kanals an der inneren Lagermauer dürfte als Latrine genutzt worden sein (Bauphase 3.4). Der Kanal war offenbar nicht allzu lange in Betrieb und wurde nach seiner Aufgabe verfüllt. An seiner Stelle legte man drei große Gruben an, die wohl erneut als Latrinen dienten (Bauphase 3.5). Zusätzlich zu den Gebäuden C, D und F konnten im nordöstlichen Grabungsbereich möglicherweise Teile eines weiteren Baus in Form von Lehm-, Sand- und Resten von Mörtelböden sowie einer weitgehend aus Verputzfragmenten bestehenden Schicht mit auffällig geraden Begrenzungen freigelegt werden. Aufgrund der Lage dieser Strukturen im Kastell, auf der rechten Seite der anzunehmenden *principia*, könnte es sich dabei um das *praetorium* handeln.

Die Mannschaftsunterkünfte im Südosten bestanden möglicherweise etwas länger als die Gebäude im Südwesten, wurden schließlich jedoch gleichfalls abgerissen und erneuert. Ihre Nutzung als Centurionenkopfbauten änderte sich nicht.

Große Mengen an stratifiziertem Fundmaterial belegen eine Datierung der Bauperiode 3 von ca. 110/120 bis 170/180. Während dieser Zeit dürfte die *cohors I Flavia Brittonum milliaria peditata* in *Arelape* stationiert gewesen sein[16]. Dies lässt der Grabstein eines im aktiven Dienst verstorbenen Soldaten dieser Truppe annehmen, der in den 1960er Jahren entdeckt wurde[17].

Bauperiode 4 ist durch den Ausbau der Innenbebauung in Stein gekennzeichnet (Abb. 2): Im Südosten wurden die beiden Holzgebäude abgerissen und in Stein wiederaufgebaut. Zudem kam es offenbar zu einer Verdichtung der Bebauung, indem die zwischen den Baracken liegenden Gassen verschmälert wurden. Dadurch konnten in der Ausgrabungsfläche Reste von drei anstatt von zwei Gebäuden freigelegt werden. Deren Außenmauern bestanden wohl nur im Sockelbereich aus Stein, während das Aufgehende wie auch die Innenwände weiterhin in Holz ausgeführt wurden. Die Funktion der Gebäude im Südosten blieb auch in Bauperiode 4 dieselbe: Sie sind als Kopfbauten von Mannschaftsunterkünften anzusprechen.

Im Südwesten wurde nur Gebäude D in Stein ausgebaut, Gebäude C und F bestanden bereits nicht mehr. Die Ostmauer von Gebäude D wies etwa mittig eine strebepfeilerartige Verbreiterung auf. Zudem wurde im wohl handwerklich genutzten Hofareal ein an zwei Seiten verputzter, rechteckiger, gemauerter Sockel dokumentiert. Seine Funktion ist unklar, doch könnte es sich um den Eckbereich eines größeren Holzgebäudes gehandelt haben, für das aber keine weiteren Hinweise vorliegen. Aufgrund der Verwendung von Bruchsteinen und Ziegeln, darunter einem mit Stempel der *legio II Italica*, entstand der Sockel vermutlich später als die anderen Steingebäude. Reste eines weiteren Baus fanden sich im nordöstlichen Grabungsareal. Hier konnte der Eckbereich eines Gebäudes freigelegt werden, bei dem es sich aufgrund seiner Lage im Kastell vielleicht um das *praetorium* handelte (Gebäude E).

Bauperiode 4 endete im südöstlichen Kastellareal mit einem Brand, dem offenbar alle drei dort stehenden Gebäude zum Opfer fielen. Dieses Feuer bezeugen flächige Brandschichten in den Straßen, mit großen Mengen Brandschutt, darunter Hüttenlehm, verfüllte Gruben, verbrannte Reste der Innenwände der Gebäude und teilweise durchgeglühte und verfärbte Bruchsteine der Mauern. Im Südwesten hingegen fanden sich keine Hinweise auf eine vergleichbare Brandkatastrophe. Zwar wurde der Bereich am Beginn der Bauperiode 5 großflächig aufplaniert – jedoch nur außerhalb von Gebäude D und E –, die entsprechenden Schichten enthielten aber keinen Brandschutt.

Bauperiode 4 ist in die Zeit zwischen 170/180 und dem mittleren Drittel des 3. Jahrhunderts zu datieren. Einen *terminus post quem* für die Zerstörungen im südöstlichen Kastellareal stellt vielleicht eine Münze der Prägeperiode 260–270 dar, die aus Brandschichten stammen könnte, jedoch nicht eindeutig stratifiziert ist.

Nach dem Brand am Ende von Bauperiode 4 wurde das Areal im Südosten, aber auch jenes im Südwesten, großflächig aufplaniert (Bauphase 5.1) (Abb. 4). Danach erfolgte ein Neubau der Gebäude im Südosten unter Verwendung der älteren Außenmauern. In einem der Bauten wurde zudem eine Kanalheizung eingebaut. Im südwestlichen Kastellbereich lassen sich dagegen für diese Zeit keine größeren Veränderungen feststellen.

Ebenfalls nach den flächigen Planierungen verstärkte man die Befestigungsanlagen: Zunächst wurden die beiden mittelkaiserzeitlichen Wehrgräben verfüllt und ein neuer, breiter Spitzgraben angelegt. Anschließend baute man die Eck-, Zwischen- und Tortürme zu weit vor die Lagermauern vorspringende fächer- und U-förmige sowie rechteckige

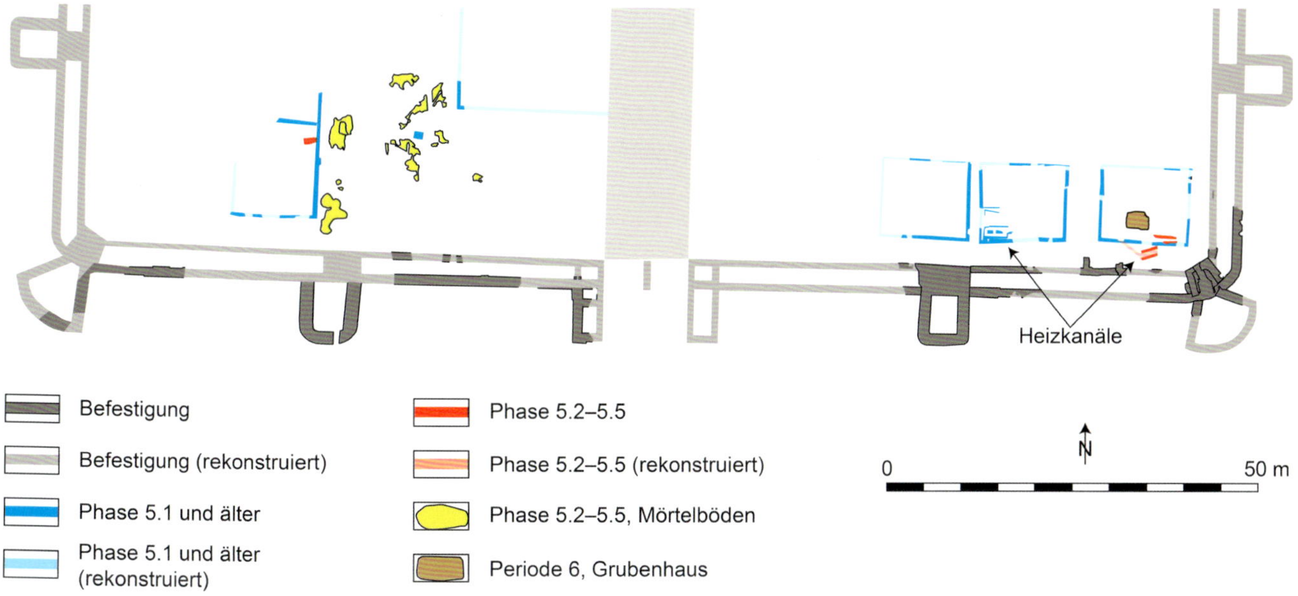

Abb. 4: Pöchlarn. Periode 5 und 6. M. 1:1000 (Graphik: S. Schmid).

Türme aus. Für deren Errichtung wurden die Lagermauern durchbrochen, die mittelkaiserzeitlichen Vorgängertürme teilweise aufgemauert, verbreitert und in die neuen Anlagen integriert.

Umfangreiches Fundmaterial aus den Planierungen erlaubt eine Datierung von Bauphase 5.1 ab 270/280. Da in diese Schichten auch Gruben und Pfostenlöcher, die mit dem Ausbau der Türme in Verbindung stehen, eintiefen, erfolgte die Verstärkung der Wehranlagen nach dieser Zeit. Wann genau, ob noch im späten 3. Jahrhundert oder später, in konstantinischer Zeit, ist jedoch nicht zu klären.

Der Innenaufbau des Kastells bzw. zumindest der untersuchten Areale blieb in Bauphase 5.1 im Vergleich zur mittleren Kaiserzeit weitgehend unverändert. Es ist daher davon auszugehen, dass sich auch dessen Funktion nicht änderte und das Kastell – jedenfalls dessen südlicher Bereich – weiterhin vom römischen Militär genutzt wurde. Als Besatzung überliefert die *Notitia Dignitatum equites Dalmatae* und eine *classis Arlapensis et Maginensis*[18]. Beide Einheiten wurden vermutlich im späten 3. Jahrhundert aufgestellt[19], ihre Stationierung in Pöchlarn bereits ab dieser Zeit ist daher nicht auszuschließen.

Massive Veränderungen im Inneren des Kastells lassen sich in den Bauphasen 5.2–5.5 feststellen (Abb. 4). So wurde einer der Kopfbauten im Südosten abgerissen. Dessen Südmauer verwendete man als Fundament für eine Trockenmauer, die als südliche Wange eines Heizkanals diente. Ein zweiter Heizkanal wurde im Bereich der *via sagularis* angelegt, die damit nicht mehr als Straße genutzt werden konnte. Reste von zu diesen Kanälen gehörenden Gebäuden haben sich nicht erhalten. Im südwestlichen Kastellareal wurden in dem seit spätestens der Mitte des 2. Jahrhunderts von Bebauung weitgehend freien Bereich östlich von Gebäude D mehrere, meist schlecht erhaltene Mörtelböden dokumentiert. Diese dürften im Inneren von Gebäuden gelegen haben, von deren Ausdehnung sich jedoch erneut keine eindeutigen Hinweise etwa in Form von Balkengräbchen oder gerader Kanten der Böden erhalten haben. Die Böden wurden teilweise durch spätere, aufgrund des Fundmaterials in den Verfüllungen aber noch antike Gruben gestört. Bei einigen ließen sich auch Ausbesserungen feststellen. Zudem konnten die Reste zweier noch jüngerer Heizkanäle freigelegt werden.

Diese Baumaßnahmen sind durch Münzen und große Mengen einglättverzierter Keramik in die zweite Hälfte bzw. das letzte Viertel des 4. Jahrhunderts zu datieren[20]. Sie weisen auf einschneidende Veränderungen in der Nutzung des Kastells hin, im Zuge derer die seit dem frühen 2. Jahrhundert bestehende Struktur und der Aufbau des Lagers aufgegeben wurden. Es liegt nahe, diese Entwicklung mit dem oft postulierten Rückzug der zivilen Bevölkerung ins Innere der Befestigungen in Verbindung zu bringen. Das Fundmaterial liefert hierfür jedoch keine Belege. Artefakte wie Spiegel oder Haarnadeln, die häufig mit Frauen und Kindern in Verbindung gebracht wurden, liegen zwar aus Befunden der Bauphase 5.2 vor, aber auch bereits aus solchen der mittelkaiserzeitlichen Bauperioden 2–4.

Wann die antike Besiedlung endete, ist nicht eindeutig zu klären. Befunde wie Gruben oder auch die beiden genannten Heizkanäle im Südwesten, die jünger sind als die in der zweiten Hälfte bzw. dem letzten Viertel des 4. Jahrhunderts angelegten Mörtelböden, deuten auf eine Nutzung dieses Kastellareals bis in das 5. Jahrhundert hin. Fundmaterial dieser Zeit wie etwa Gürtelbestandteile oder auch mediterrane Feinkeramik liegt indes nicht vor.

Der jüngste antike Befund im Kastell Pöchlarn stellt eine große, rechteckige Grube, wohl ein Grubenhaus, dar, die im südöstlichen Areal dokumentiert wurde (Abb. 4). Darin fand sich u.a. ein einglättverzierter bikonischer Topf, der seine nächsten Parallelen in Gefäßen in Ostösterreich hat, die in das späte 5. und frühe 6. Jahrhundert datieren und mit langobardischen Einwanderern in Verbindung gebracht wurden[21].

Durch die Auswertung moderner, 2002–2012 durchgeführter Ausgrabungen kann die Geschichte des Kastells Pöchlarn somit von seinen Anfängen in flavischer Zeit bis zu einer wohl nur kurzfristigen (Wieder-?)Besiedlung im späten 5./frühen 6. Jahrhundert nachvollzogen werden. Doch sind die hier festgestellten Entwicklungen wie etwa die Errichtung steinerner Wehranlagen in trajanischer Zeit oder der Rückzug der Zivilbevölkerung hinter die Lagermauern in der Spätantike auch bei anderen Kastellen in *Noricum* nachzuweisen? Aufgrund des beschriebenen Forschungsstandes ist ein entsprechender Vergleich zurzeit nur beschränkt möglich und muss sich auf Einzelaspekte beschränken. Dies liegt vor allem daran, dass nur für wenige Lager, im Wesentlichen Mautern, überhaupt Daten vorliegen.

Im Allgemeinen wird von einer Errichtung der Kastelle am norischen Donaulimes in flavischer Zeit ausgegangen, meist ohne dass es hierfür konkrete Belege gibt[22]. Nur für Mautern kann ein Bau um 70/80 aufgrund des Fundmaterials als gesichert angesehen werden[23]. S. Groh ging zudem davon aus, dass die Kastelle nicht gleichzeitig errichtet wurden. Hierauf deuten s.E. die Münzspektren der einzelnen Orte hin. So könnte Traismauer bereits in neronisch-frühflavischer Zeit gegründet worden sein; in flavischer Zeit erfolgte die Anlage der Kastelle in Mautern und Linz sowie wohl Pöchlarn, in spätflavisch-trajanischer Zeit jenes in Zwentendorf[24].

Die Befestigungen dieser flavischen Kastelle waren offenbar unterschiedlich gestaltet. Jene in Pöchlarn kann als Rasensodenmauer mit hinterer Holzversteifung rekonstruiert werden. Die Kastelle Mautern und Tulln hatten hingegen Wehrmauern aus Lehmziegeln oder zumindest mit Lehmziegelverblendung, die in Tulln auf Trockenmauern auflagen. In Traismauer konnten nebeneinander verlegte Balken dokumentiert werden, die als Knüppelrost anzusprechen sind und auf denen ein Lehmwall aufsaß. Von der Holz-Erde-Befestigung des Kastells Zwentendorf haben sich nur ein Wehrgraben und einige Gruben erhalten, die als Teil der Wehranlagen interpretiert wurden[25].

Wann die norischen Kastelle mit steinernen Wehrmauern versehen wurden, ist weitgehend unklar. Nur für Tulln kann aufgrund einer trajanischen Bauinschrift, die sich in sekundärer Verwendung in einer spätantiken Mauer fand, die eines der Seitentore verschloss, von einer Errichtung im frühen 2. Jahrhundert ausgegangen werden. Eine ähnliche Datierung ist für Pöchlarn zu erschließen. Der Bau steinerner Wehrmauern in Mautern wurde zwischen 100/110 und 170/180 datiert (Periode 2 oder 3), in Zwentendorf in die Zeit von 120/130 bis 170/180 (Periode 2) und in Traismauer in die erste Hälfte des 2. Jahrhunderts. Konkrete Belege hierfür wurden jedoch nicht genannt[26].

Die Orientierung der Lager am norischen Donaulimes variierte. Zwar wurden in Wallsee bislang keine Tore untersucht, die Ausrichtung der *principia* deutet jedoch darauf hin, dass die Prätorialfront im Osten lag. Dies trifft wohl auch auf das Kastell Pöchlarn zu. Für Mautern nahm S. Groh die Lage der *porta praetoria* im Süden an, während V. Gassner u.a. von einer klassischen Ausrichtung nach Norden, zum Feind hin, ausgingen. Eine solche Orientierung wiesen Zwentendorf, Traismauer und Zeiselmauer sowie wohl Tulln auf[27].

Aufgrund fehlender Untersuchungen bzw. der bislang nicht erfolgten Auswertung von Ausgrabungen im Inneren der Lager ist deren Aufbau meist nicht bekannt bzw. nicht zu bewerten. Zwar wurden von den *principia* der Kastelle Wallsee, Traismauer und Zeiselmauer schematische Grundrisspläne vorgelegt; deren Datierung und bauliche Entwicklung sind jedoch unklar bzw. nicht nachzuvollziehen. Mannschaftunterkünfte, Stallungen, *fabricae* usw. wurden bislang in der Regel nicht untersucht. Neben Pöchlarn stellen hier die Kastelle Mautern und Zwentendorf Ausnahmen dar. In Mautern wurden im Zuge zweier kleinflächiger Ausgrabungen Teile von Baracken freigelegt und ausgewertet. Zudem konnten entsprechende Gebäude an der *via sagularis* festgestellt werden. In Zwentendorf untersuchte H. Stiglitz Teile der Innenbebauung des Kastells; die dabei dokumentierten Strukturen sind jedoch zum Teil nicht eindeutig zu interpretieren und datieren[28]. Wie es scheint, wurden in den drei genannten Anlagen die Innengebäude zu unterschiedlichen Zeiten in Stein ausgebaut. In Pöchlarn erfolgte dies um 170/180, in Mautern dagegen ca. 30–40 Jahre früher, in Zwentendorf offenbar um 120/130[29].

Zur selben Zeit, als in Pöchlarn neue Mannschaftsunterkünfte in Stein bzw. mit Steinsockeln errichtet wurden (um 170/180) erfolgte in Mautern ein Umbau der älteren Gebäude. Diese Datierung könnte auf einen Zusammenhang mit den Markomannenkriegen hindeuten. Allerdings fanden sich in keinem der beiden Kastelle Spuren von Zerstörungen oder kriegerischer Auseinandersetzungen während des späten 2. Jahrhunderts. Auch in Zwentendorf fehlen entsprechende Hinweise[30].

Anders sieht es für das 3. Jahrhundert aus: Hier ließ sich in Mautern ein flächiger Brandhorizont nachweisen, der aufgrund eines Münzfundes in einer Kaserne nach 251 datiert wurde. Auch das Numeruskastell von Passau wurde offenbar im 3. Jahrhundert zerstört[31]. In Pöchlarn fielen gleichfalls Teile des Kastells im mittleren 3. Jahrhundert einem Feuer zum Opfer. Da sich dieser Brand jedoch offensichtlich nur auf einen Teil des Lagers beschränkte, ist eine Verbindung mit kriegerischen Auseinandersetzungen, wie sie für Mautern zumindest in Erwägung gezogen wurde, nicht möglich.

Nicht nur in Pöchlarn, sondern auch im Großteil der anderen Auxiliarkastelle in *Noricum* wurden in der Spätantike die Befestigungsanlagen ausgebaut, wie eindrucksvolle Reste in Tulln, Mautern, Zeiselmauer oder Traismauer zeigen. Wann diese Maßnahmen durchgeführt wurden, ist aber oft nicht näher zu bestimmen. Für Mautern wurde eine Errichtung der fächerförmigen Ecktürme noch im 3. Jahrhundert vermutet; die Wehranlagen von Zwentendorf sollen in tetrarchischer Zeit umgestaltet worden sein. Archäologische Belege für eine derartige Datierung fehlen jedoch. Das Kleinkastell von *Boiotro*/Passau-Innstadt wurde nach M. Altjohann im späten 3. Jahrhundert errichtet[32]. In Pöchlarn erfolgte der Umbau nach 270/280, wieviel danach, ist allerdings unklar.

Bemerkenswert ist nun, dass die beiden westnorischen Kastelle Passau und Linz offenbar im 3. Jahrhundert aufgegeben und durch hinsichtlich der Größe deutlich reduzierte

Anlagen ersetzt wurden. Die Situation ähnelt damit jener, wie sie in Rätien zu beobachten ist. In *Ostnoricum* hingegen bestanden die mittelkaiserzeitlichen Kastelle fort, ihre Wehranlagen wurden in der Spätantike jedoch verstärkt. Eine vergleichbare Entwicklung lässt sich in Pannonien beobachten, was vielleicht auf eine stärkere Bindung *Ostnoricums* an die östliche Nachbarprovinz hinweist[33]. S. Groh hat diese unterschiedliche Entwicklung zuletzt mit einer stärkeren Gefährdung der westnorischen Grenze durch einfallende Alamannen begründet[34].

Bemerkenswert ist des Weiteren, dass sich zumindest in den beiden ostnorischen Kastellen, deren Innenbebauung und Entwicklung einigermaßen gut bekannt sind – Mautern und Pöchlarn –, eine Kontinuität in der Bebauung bis ins mittlere 4. bzw. die zweite Hälfte des 4. Jahrhunderts nachweisen lässt[35]. Dies deutet auf eine weiterhin militärische Nutzung zumindest der untersuchten Bereiche hin; was wiederum vermuten lässt, dass die in den Lagern stationierten Verbände immer noch über eine gewisse Stärke verfügten. Dagegen werden in den deutlich kleineren Kastellen von *Boiotro* und wohl auch Linz weniger Soldaten Platz gefunden haben.

Erst ab dem mittleren 4. Jahrhundert bzw. ab valentinianischer Zeit lassen sich dann massive Veränderungen der Bebauungsstruktur im Inneren der Kastelle Mautern und Pöchlarn feststellen. In dieselbe Zeit wird auch die Errichtung der Reduktionskastelle oder Lagerburgi datiert, wie sie in Wallsee, Traismauer und Zeiselmauer nachgewiesen sind[36]. Es liegt m.E. nahe, diese Veränderungen und Baumaßnahmen mit einer (deutlichen?) Verringerung der Mannstärke der in den Kastellen stationierten Einheiten einerseits und mit dem Rückzug der zivilen Bevölkerung hinter die Lagermauern andererseits in Verbindung zu bringen. Auf Letzteres deutet auch die Aufgabe der beiden bislang genauer untersuchten norischen Kastellvici, jener von Mautern und Zwentendorf, um 370/380 hin[37].

Auf archäologischem Weg ist das Ende der Nutzung der römischen Kastelle in *Noricum* bislang kaum zu fassen. Dies liegt an den fehlenden Untersuchungen der einzelnen Lager, aber auch an den Schwierigkeiten, die sich durch die weitgehende Absenz von Münzen und mediterraner Feinkeramik des 5. Jahrhunderts für die Chronologie ergeben. Nur aus Mautern liegt bislang ein Fragment eines wohl ins mittlere bis in die zweite Hälfte des 5. Jahrhunderts zu datierenden nordafrikanischen Sigillatatellers Hayes 84 vor[38].

Bekanntlich wird der Abzug der romanischen Bevölkerung in der Severinsvita für das Jahr 488 geschildert. In dieser Schrift werden verschiedene Orte in *Noricum*, darunter Pöchlarn, Wallsee, Linz und St. Pölten, nicht genannt. Dabei bleibt jedoch unklar, ob die Orte in der zweiten Hälfte des 5. Jahrhunderts bereits verlassen waren oder ob sie aus anderen Gründen nicht angeführt wurden. Auch ist zu bezweifeln, ob tatsächlich die gesamte Bevölkerung *Ufernoricum* verließ bzw. verlassen musste.

Soweit es der Forschungsstand zulässt, sind in der Entwicklung der norischen Kastelle somit einige Gemeinsamkeiten, aber auch Unterschiede festzustellen. Offenbar wurden sie alle in flavischer Zeit errichtet; ob deren Bau allerdings gleichzeitig erfolgte, ist ohne weitere Untersuchungen nicht zu klären. Im Verlauf der ersten Hälfte des 2. Jahrhunderts wurden die Kastellumwehrungen in Stein ausgebaut, während des 2. Jahrhunderts auch Teile der Innenbebauung. Von den Markomannenkriegen scheint die norische Donaugrenze nicht direkt in Form von Kampfhandlungen betroffen gewesen zu sein; indirekte Auswirkungen (z.B. Truppenverschiebungen, Bevölkerungsrückgang, auch durch die antoninische Pest) sind jedoch nicht auszuschließen. Keine einheitliche Entwicklung nahmen zumindest die Kastelle Mautern und Pöchlarn im 3. Jahrhundert: Während Ersteres nach 250 zerstört wurde, ist eine derartige Katastrophe für Pöchlarn nicht zu belegen. Wann die mittelkaiserzeitlichen Befestigungsanlagen ausgebaut wurden, ob bereits im späten 3. oder erst im 4. Jahrhundert, und ob diese Maßnahmen bei allen Kastellen gleichzeitig durchgeführt wurden, ist zurzeit nicht zu beurteilen. In der zweiten Hälfte des 4. Jahrhunderts scheint es schließlich zu einer deutlichen Reduktion der Truppenstärke der in den Kastellen stationierten Einheiten gekommen zu sein. Dies zeigen die in dieser Zeit errichteten Lagerburgi bzw. Reduktionskastelle (Wallsee, Traismauer, Zeiselmauer), aber auch die Transformationen im Inneren der Kastelle Pöchlarn und Mautern, die mit einer veränderten, zivilen Nutzung von zumindest Teilen der Befestigungen in Verbindung zu bringen sind. Ohne Bezugnahme auf die historischen Quellen, insbesondere die Vita des Heiligen Severin, kaum zu klären ist zurzeit, wann die römische Herrschaft im norischen Donauraum endete. Diese wie auch zahlreiche andere offen Fragen sind wohl nur durch die Auswertung weiterer Ausgrabungen in den Kastellen am norischen Donaulimes zu beantworten.

---

1 Vgl. etwa Offenberger 1983; Ubl 1985/1986.

2 Stiglitz 1975. Zur Datierung vgl. Stiglitz 1975, 85 f. S. Groh und H. Sedlmayer führten 2001–2009 neuerlich Untersuchungen in Zwentendorf durch. Diese führten zu einer teilweisen Neubewertung der Ergebnisse von H. Stiglitz hinsichtlich der Chronologie, aber auch der Interpretation einzelner Gebäude (Groh/Sedlmayer 2010).

3 Kandler/Vetters 1986; Friesinger/Krinzinger 1997; Gassner/Pülz 2015.

4 Gassner u.a. 2000; Groh/Sedlmayer 2002.

5 Vgl. zur Forschungsgeschichte zusammenfassend Genser 1986, 233–235.

6 Nowotny 1928.

7 Melzer 1982; Melzer 1983; Melzer 1996.

8 Die Ausgrabungen 2002/2003 und 2008/2009 wurden vom österreichischen Bundesdenkmalamt durchgeführt (Leitung: N. Hofer bzw. M. Hinterwallner), jene von 2012 von der Firma ARDIG GmbH (Leitung: B. Fettinger/G. Jilch). Ihre Auswertung erfolgte im Rahmen einer Doktorarbeit an der Ludwig-Maximilians-Universität München (Betreuer: M. Mackensen) und wurde durch ein Forschungsstipendium des österreichischen Bundesministeriums für Wissenschaft und Forschung und ein zweijähriges Promotionsstipendium der Gerda Henkel Stiftung geför-

dert. – Die Dissertation wurde 2020 und somit nach Abgabe des Manuskripts für diesen Beitrag in der Reihe „Der römische Limes in Österreich" publiziert (Schmid 2020).

9 Die leicht abweichende Orientierung der von G. Melzer während Kanalbauarbeiten in den Profilen der Künetten beobachteten Gräben ist vielleicht mit der schnellen und daher nur kursorischen Dokumentation zu erklären.

10 Schachinger 2017, 311 f.

11 Es ist unklar, wann der Nordteil des Kastells durch die Donau zerstört wurde. Einen *terminus ante quem* hierfür stellt die Darstellung Pöchlarns von M. Merian aus dem Jahr 1649 dar, die bereits den jüngeren Uferverlauf zeigt.

12 Schachinger 2017, 312–314.

13 Vgl. Davison 1989, 274, Abb. E. Ausnahmen stellen die Baracken der Kastelle Echzell (Baatz 2006), Slăveni (Tudor u. a. 2011, 33; 113, Abb. 33) und Eining (Gschwind 2004, 273, Abb. 52) dar.

14 Für eine Orientierung nach Osten spricht insbesondere die Entwicklung der beiden Lagerareale in den Bauperioden 3 und 4: Während im Südosten durchgehend Mannschaftsunterkünfte standen, errichtete man im Südwesten Bauten mit Sonderfunktionen wie wohl ein horreum und eine Werkstatt.

15 Eine Mindestgröße von 1,8 ha kann für Kastelle angenommen werden, in denen *cohortes milliariae peditatae* stationiert waren (vgl. etwa die Zusammenstellung zahlreicher Kastelle mit ihren Besatzungen und Größen in Davison 1989, 643–682). Eine solche bildete ab Bauperiode 3 wohl die Besatzung Pöchlarns (s.u.).

16 Zu dieser Einheit vgl. Marcu 2002/2003, 223 f.; Ubl 2005, 112.

17 Zu dem Grabstein vgl. Ubl 1979, 41 f. (Nr. 29).

18 Not. dign. occ. 34,34.42.

19 Vgl. Scharf 2001; Himmler 2011, 54.

20 Zur Datierung der einglättverzierten Keramik vgl. zuletzt Spors-Gröger 2018.

21 Vgl. Friesinger/Kerchler 1981, 236–243, Abb. 34–41.

22 Vgl. die Beiträge zu den einzelnen Kastellen in Gassner/Pülz 2015 und Ployer 2018.

23 Groh/Sedlmayer 2002, 555.

24 Groh/Sedlmayer 2002, 146–153. – Zu möglichen frühkaiserzeitlichen Lagern in Enns und Linz vgl. Groh/Sedlmayer 2018, 43–46; 56–59; 64–68.

25 Mautern: Groh/Sedlmayer 2002, 34. – Tulln: Ubl 1985/1986, 295 f. – Traismauer: Offenberger 1993, 535; 539, Abb. 5. – Zwentendorf: Stiglitz 1975, 47 f.

26 Tulln: Ubl 2003. – Mautern: Groh/Sedlmayer 2002, 57; 557. – Zwentendorf: Groh/Sedlmayer 2010, 29; 123. – Traismauer: Ployer 2018, 98.

27 Wallsee: vgl. Ployer 2018, 52, Abb. 23. – Mautern: Gassner u.a. 2000, 384 f.; Groh/Sedlmayer 2002, 60 f. – Zwentendorf: Groh/Sedlmayer 2010, 29–31. – Traismauer, Tulln, Zeiselmauer: Ployer 2018, 98, Abb. 61; 109, Abb. 70; 114, Abb. 73.

28 Vgl. zusammenfassend die Beiträge zu den einzelnen Plätzen in Gassner/Pülz 2015 mit weiterer Literatur.

29 Mautern: Groh/Sedlmayer 2002, 557. – Zwentendorf: Groh/Sedlmayer 2010, 123.

30 Mautern: Groh/Sedlmayer 2002, 557 f. – Zwentendorf: Groh/Sedlmayer 2010, 123.

31 Mautern: Groh/Sedlmayer 2002, 139–145; 558 f. – Passau/*Boiodurum*: Altjohann 2012, 14.

32 Zusammenfassend zur Datierung des Ausbaus der Wehranlagen in der Spätantike Pietsch 2000; zu Zwentendorf Groh/Sedlmayer 2010, 127 f. (wahrscheinlich tetrarchisch). – Passau-Innstadt: Altjohann 2012, 101.

33 Zu Rätien vgl. Mackensen 2013; zu Pannonien vgl. Tóth 2009.

34 Groh 2017, 89 f.

35 Zu Mautern vgl. Groh/Sedlmayer 2002, 91–93; 559 f.

36 Mautern: Groh/Sedlmayer 2002, 98 f.; 560 f. – Reduktionskastelle bzw. Lagerburgi: Ubl 2011, 435; Ployer 2018, 50–55 (Wallsee); 96–99 (Traismauer); 112–117 (Zeiselmauer).

37 Mautern: Groh/Sedlmayer 2006, 742 f. – Zwentendorf: Groh/Sedlmayer 2010, 128.

38 Groh/Sedlmayer 2002, 173, Taf. 54,1062. Vgl. auch wenige Fragmente nordafrikanischer Sigillata der zweiten Hälfte des 5. bzw. des ersten Drittels des 6. Jhs. aus Passau-Niedernburg (Formen Hayes 82, 84 und 85) (Mackensen 2018, 336; 338 f., Abb. 1,8.11.12; 2,2.3). – Zu Edelmetallmünzen des 5. Jhs. vgl. Dembski 1982; Hahn 1990.

LITERATUR

Altjohann 2012
M. Altjohann, Das spätrömische Kastell Boiotro zu Passau-Innstadt. Materialhefte zur bayerischen Archäologie 96 (Kallmünz/Opf. 2012).

Baatz 2006
D. Baatz, Echzell. In: M. Reddé/R. Brulet/R. Fellmann/J.-K. Haalebos/S. von Schnurbein (Hrsg.), L'architecture de la Gaule romaine. Les fortifications militaires. Documents d'archéologie française 100 (Paris 2006), 270–272.

Davison 1989
D. P. Davison, The Barracks of the Roman Army from the 1st to the 3rd Centuries A.D. A comparative study of the barracks from fortresses, forts and fortlets with an analysis of building types and construction, stabling and garrisons. BAR International Series 472 (Oxford 1989).

Dembski 1982
G. Dembski, Münzprägung und Münzumlauf im Donauraum des 5. Jahrhunderts. In: D. Straub (Hrsg.), Severin. Zwischen Römerzeit und Völkerwanderung (Linz 1982), 201–215.

Friesinger/Kerchler 1981
H. Friesinger/H. Kerchler, Töpferöfen der Völkerwanderungszeit in Niederösterreich. Ein Beitrag zur völkerwanderungzeitlichen Keramik (2. Hälfte 4.–6. Jahrhundert n. Chr.) in Niederösterreich, Oberösterreich und dem Burgenland, Archaeologia Austriaca 65, 1981, 193–266.

Friesinger/Krinzinger 1997
H. Friesinger/F. Krinzinger (Hrsg.), Der römische Limes in Österreich. Führer zu den archäologischen Denkmälern (Wien 1997).

Gassner u.a. 2000
V. Gassner/S. Groh/S. Jilek/A. Kaltenberger/W. Pietsch/R. Sauer/H. Stiglitz/H. Zabehlicky, Das Kastell Mautern – Favianis. Der römische Limes in Österreich 39 (Wien 2000).

Gassner/Pülz 2015
V. Gassner/A. Pülz (Hrsg.), Der römische Limes in Österreich. Führer zu den archäologischen Denkmälern (Wien 2015).

Genser 1986
K. Genser, Der österreichische Donaulimes in der Römerzeit. Ein Forschungsbericht. Der römische Limes in Österreich 33 (Wien 1986).

Groh 2017
S. Groh, Castrum Ad Iuvense(?). Neue Forschungen zur norischen Binnenfestung von Mauer bei Amstetten. Die geophysikalischen Prospektionen 2014–2015, *Ephemeris Napocensis 27,* 2017, 71–122.

Groh/Sedlmayer 2002
S. Groh/H. Sedlmayer, Forschungen im Kastell Mautern-Favianis. Die Grabungen der Jahre 1996 und 1997. Der römische Limes in Österreich 42 (Wien 2002).

Groh/Sedlmayer 2006
S. Groh/H. Sedlmayer, Forschungen im Vicus Ost von Mautern-Favianis. Die Grabungen der Jahre 1997–1999. Der römische Limes in Österreich 44 (Wien 2006).

Groh/Sedlmayer 2010
S. Groh/H. Sedlmayer, Forschungen zum Kastell und Vicus von Zwentendorf am norischen Donaulimes. Luftbildauswertungen, geophysikalische Prospektionen, Survey und Materialanalysen 2001 bis 2009. Zentraleuropäische Archäologie 1 (Wien 2010).

Groh/Sedlmayer 2018
S. Groh/H. Sedlmayer, Lauriacum/Enns und Obersebern. Frühprinzipatszeitliche Militärlager im Kontext der raetisch-norischen Kontrolle der Donaupassage, *Bayerische Vorgeschichtsblätter 83,* 2018, 43–74.

Gschwind 2004
M. Gschwind, Abusina. Das römische Auxiliarkastell Eining an der Donau vom 1. bis 5. Jahrhundert n. Chr. Münchner Beiträge zur Vor- und Frühgeschichte 53 (München 2004).

Hahn 1990
W. Hahn, Die Fundmünzen des 5.–9. Jahrhunderts in Österreich und den unmittelbar angrenzenden Gebieten. In: H. Friesinger/F. Daim (Hrsg.), Typen der Ethnogenese unter besonderer Berücksichtigung der Bayern Teil 2. Berichte des Symposions der Kommission für Frühmittelalterforschung, 27. bis 30. Oktober 1986, Stift Zwettl, Niederösterreich (Wien 1990), 235–251.

Himmler 2011
F. Himmler, Untersuchungen zur schiffsgestützten Grenzsicherung auf der spätantiken Donau (3.–6. Jh. n. Chr.). BAR International Series 2197 (Oxford 2011).

Kandler/Vetters 1986
M. Kandler/H. Vetters (Hrsg.), Der römische Limes in Österreich. Ein Führer (Wien 1986).

Mackensen 2013
M. Mackensen, Archäologisch-historische Auswertung – Submuntorium in der späten Kaiserzeit. In: M. Mackensen/F. Schimmer (Hrsg.), Der römische Militärplatz Submuntorium/Burghöfe an der oberen Donau. Archäologische Untersuchungen im spätrömischen Kastell und Vicus 2001–2007. Münchner Beiträge zur Provinzialrömischen Archäologie 4 (Wiesbaden 2013), 396–426.

Mackensen 2018
M. Mackensen, Die nordafrikanische Sigillata. In: H. Bender, Die Ausgrabungen 1978–1980 in der Klosterkirche Heiligkreuz zu Passau-Niedernburg. Materialhefte zur bayerischen Archäologie 108 (Kallmünz/Opf. 2018), 333–339.

Marcu 2002/2003
F. Marcu, Comments on the Identity and Deployment of cohortes I Brittonum, *Acta Musei Napocensis 39–40/1,* 2002/2003, 219–234.

Melzer 1982
G. Melzer, Pöchlarn, *Fundberichte Österreich 21,* 1982, 291 f.

Melzer 1983
G. Melzer, Pöchlarn, *Fundberichte Österreich 22,* 1983, 301.

Melzer 1996
G. Melzer, Bodenfunde – Geschichte unter unseren Füßen. Archäologische Funde aus dem Verwaltungsbezirk Melk. Pöchlarn, *Heimatkundliche Beilage zum Amtsblatt der Bezirkshauptmannschaft Melk 22,* 1996.

Nowotny 1928
E. Nowotny, Zwei norische Limeskastelle, *Anzeiger der Österreichischen Akademie der Wissenschaften, Philosophisch-Historische Klasse 65,* 1928, 36–68.

Offenberger 1983
J. Offenberger, Das römische Lager Augustianis-Traismauer, *Fundberichte Österreich 22,* 1983, 133–162.

Offenberger 1993
J. Offenberger, Traismauer – Augustianis. Ergebnisse einer Sondage an der östlichen Stadtmauer, *Fundberichte Österreich 32,* 1993, 535–542.

Pietsch 2000
W. Pietsch, Spätantike Festungstürme in Mautern. In: Gassner u.a. 2000a, 361–380.

Ployer 2018
R. Ployer, Der norische Limes in Österreich. Österreichische Denkmaltopographie 1 (Wien 2018).

Schachinger 2017
U. Schachinger, Die Fundmünzen aus dem norischen Donaukastell Arelape/Pöchlarn, *Numismatische Zeitschrift 122/123,* 2017, 307–363.

Scharf 2001
R. Scharf, Equites Dalmatae und cunei Dalmatarum in der Spätantike, *Zeitschrift für Papyriologie und Epigraphik 135,* 2001, 185–193.

Schmid 2020
S. Schmid, Das norische Donaukastell Arelape/Pöchlarn. Der römische Limes in Österreich (Wien 2020).

Spors-Gröger 2018
S. Spors-Gröger, Die eingelättverzierte Ware. In: H. Bender, Die Ausgrabungen 1978–1980 in der Klosterkirche Heiligkreuz zu Passau-Niedernburg. Materialhefte zur bayerischen Archäologie 108 (Kallmünz/Opf. 2018), 471–495.

Stiglitz 1975
H. Stiglitz, Das römische Donaukastell Zwentendorf in Niederösterreich. (Die Ausgrabungen 1953–1962). Der römische Limes in Österreich 26 (Wien 1975).

Tóth 2009
E. Tóth, Die spätrömische Militärarchitektur in Transdanubien, *Archaeologiai értesitő 134,* 2009, 31–61.

Tudor u.a. 2011
D. Tudor/G. Popilian/D. Bondoc/N. Gudea, Castrul Roman de la Slăveni (Cluj-Napoca 2011).

Ubl 1979
H. Ubl, Die Skulpturen des Stadtgebietes von Aelium Cetium. CSIR Band 1, Faszikel 6 (Wien 1979).

Ubl 1985/1986
H. Ubl, Tulln, Zeiselmauer, Klosterneuburg. Neue Forschungsergebnisse zu drei Hilfstruppenlagern im norisch-pannonischen Grenzbereich des österreichischen Limesabschnitts, *Römisches Österreich 13/14,* 1985/1986, 293–322.

Ubl 2003
H. Ubl, Eine Bauinschrift aus dem Alenlager Comagena, Tulln, NÖ, *Römisches Österreich 26,* 2003, 23–29.

Ubl 2005
H. Ubl, Das norische Provinzheer der Prinzipatszeit im Spiegel neuer Diplom- und Inschriftfunde. In: Z. Visy (Hrsg.), Limes XIX. Proceedings of the XIXth International Congress of Roman Frontier Studies (Pécs 2005), 107–120.

Ubl 2011
H. Ubl, Die Legionslager und Hilfstruppenkastelle von *Noricum* seit dem 2. Jahrhundert bis zum Abzug der Romanen aus *Noricum* Ripense und ihr Wiedererstehen als Städte des frühen Mittelalters. In: M. Konrad/C. Witschel (Hrsg.), Römische Legionslager in den Rhein- und Donauprovinzen – Nuclei spätantik-frühmittelalterlichen Lebens? Bayerische Akademie der Wissenschaften, Philosophisch-Historische Klasse, Abhandlungen 138 (München 2011), 425–460.

Poster

POSTER ZUR PRÄSENTATION DES VDLC

Im Jahr 2005 haben sich die Gästeführer am Limes in Baden-Württemberg im Verband der Limes-Cicerones e.V. zusammengeschlossen. Zweck des Vereins ist die Förderung von Kunst und Kultur, insbesondere die Förderung und Sicherung des Erhalts des Kulturdenkmals Limes durch Vermittlung und Veranstaltungen. Die Limes-Cicerones sind inzwischen ein fester Bestandteil der Veranstaltung „am Limes grenzenlos", die in zweijährigem Rhythmus am Limes stattfindet. Führungen an das Bodendenkmal besonders in den gut sichtbaren Abschnitten zwischen den Museen gehören ebenso zum Angebot wie Themenveranstaltungen, in denen die Limes-Cicerones nicht nur römisches Kulturgut vermitteln, sondern auch Verständnis für das reichhaltige römische Erbe wecken wollen, das sich in nahezu alle Bereiche modernen Lebens und moderner Wissenschaft erstreckt.

Die Limes-Cicerones werden von der Deutschen Limeskommission ausgebildet und erhalten durch die ständige Betreuung durch die Limes-Koordinatoren in den Ländern ihren Wissensstand aktuell. Auch auf den neu hinzukommenden Strecken sind in Kürze Ausbildungen für neue Kollegen nötig.

Der Poster soll für die hochqualitative Vermittlungsarbeit der Limes-Cicerones werben und wurde von Dr. Georg V. Zemanek, Beisitzer im Vorstand, vorgestellt.

Limes-Cicerones are the volunteering tourist guides along the limes. They are organized in the registered society VdLC. They are trained by the DLK and there will be the need to hold further courses when the borders along the rivers will also become UNESCO heritage sites.

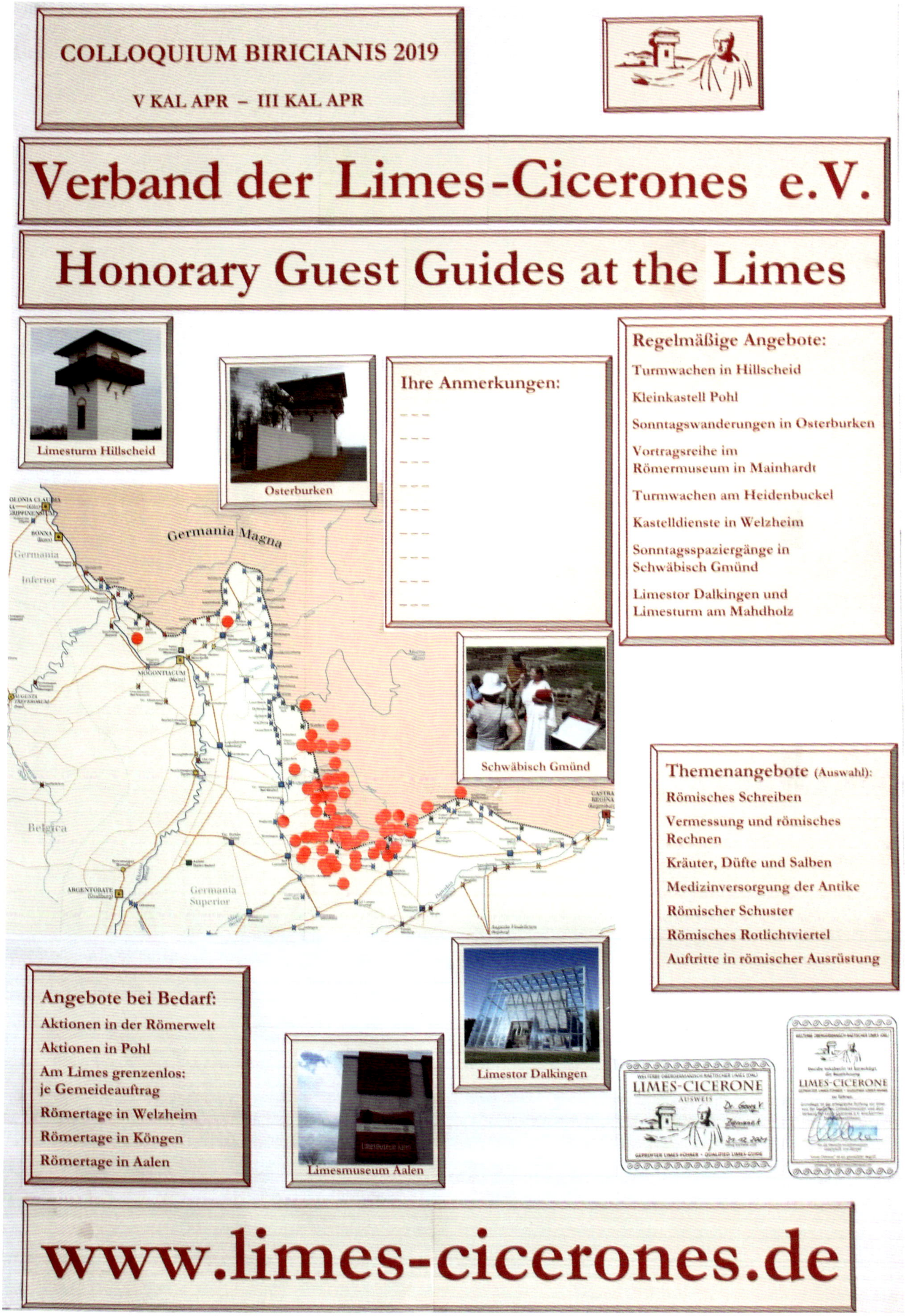
COLLOQUIUM BIRICIANIS 2019
V KAL APR – III KAL APR
Verband der Limes-Cicerones e.V.
Honorary Guest Guides at the Limes
Limesturm Hillscheid
Osterburken
Ihre Anmerkungen:
Regelmäßige Angebote:
Turmwachen in Hillscheid
Kleinkastell Pohl
Sonntagswanderungen in Osterburken
Vortragsreihe im Römermuseum in Mainhardt
Turmwachen am Heidenbuckel
Kastelldienste in Welzheim
Sonntagsspaziergänge in Schwäbisch Gmünd
Limestor Dalkingen und Limesturm am Mahdholz
Germania Magna
Germania Inferior
Belgica
Germania Superior
Schwäbisch Gmünd
Themenangebote (Auswahl):
Römisches Schreiben
Vermessung und römisches Rechnen
Kräuter, Düfte und Salben
Medizinversorgung der Antike
Römischer Schuster
Römisches Rotlichtviertel
Auftritte in römischer Ausrüstung
Angebote bei Bedarf:
Aktionen in der Römerwelt
Aktionen in Pohl
Am Limes grenzenlos: je Gemeideauftrag
Römertage in Welzheim
Römertage in Köngen
Römertage in Aalen
Limesmuseum Aalen
Limestor Dalkingen
LIMES-CICERONE
AUSWEIS
LIMES-CICERONE
www.limes-cicerones.de

Autorenverzeichnis

Dr. Marcus Arnolds
ADA Archäologie GbR
Bachgasse 1
D-91781 Weißenburg
markus.arnolds@ada-archaeologie.de

Dr. Mario Bloier, M. A.
Museen Weißenburg
Martin-Luther-Platz 3–5
D-91781 Weißenburg
museumsleitung@weissenburg.de

Klaus Freitag, M. A.
Österreichische Akademie der Wissenschaften
Österreichisches Archäologisches Institut
Franz Klein-Gasse 1
A-1190 Wien
klaus.freitag@oeai.at

Felix Guffler, M. A.
Bezirksheimatpflege Schwaben
Hafnerberg 10
D-86152 Augsburg
felix.guffler@bezirk-schwaben.de

Mag. Ulli Hampel
ARDIG Archäologischer Dienst GmbH
Porschestraße 39
A-3100 St. Pölten
u.hampel@ardig.at

Dr. des. Mariola Hepa, M. A.
ADA Archäologie GbR
Bachgasse 1
D-91781 Weißenburg
mariolahepa@googlemail.com

Dr. Peter Höglinger
Bundesdenkmalamt
Abteilung für Archäologie
Sigmund-Haffner-Gasse 8
A-5020 Salzburg
peter.hoeglinger@bda.gv.at

Dr. Lisa Huber
Paris-Lodron Universität Salzburg
Fachbereich Altertumswissenschaften/Klassische und Frühägäische Archäologie
Residenzplatz I/2
A-5010 Salzburg
lisa.huber@sbg.ac.at

Dr. Raimund Kastler, MAS
Salzburg Museum
Mozartplatz 1
A-5010 Salzburg
Raimund.kastler@salzburgmuseum.at

Dr. Felix Lang
Universität Salzburg
FB Altertumswissenschaften
Residenzplatz 1
A-5020 Salzburg
felix.lang@sbg.ac.at

Dr. Aura Piccioni
Katholische Universität Eichstätt-Ingolstadt
Professur für Klassische Archäologie
Universitätsallee 1
D-85072 Eichstätt
aura.piccioni@gmail.com

Yvonne Reichel, M. A.
Ludwig-Maximilians-Universität München
Institut für Vor- und Frühgeschichtliche Archäologie und Provinzialrömische Archäologie
Geschwister-Scholl-Platz 1
D-80539 München
yvonne.reichel.ma@gmail.com

Natalie Schlirf, M. A.
Katholische Universität Eichstätt-Ingolstadt
Lehrstuhl für Alte Geschichte
Universitätsallee 1
D-85072 Eichstätt
NSchlirf@ku.de

Dr. Sebastian Schmid
Ludwig-Maximilians-Universität München
Provinzialrömische Archäologie
Geschwister-Scholl-Platz 1
D-80539 München
seb.schmid@lmu.de
seb.schmid@gmx.at

Dr. Katarina Šmid
University of Primorska
Faculty of Humanities
Titov trg 5
SL-6000 Koper
Slovenia

Prof. Dr. C. Sebastian Sommer(†)
Landeskonservator
Vorsitzender der Deutschen Limeskommission
Bayerisches Landesamt für Denkmalpflege
Hofgraben 4
D-80539 München
sebastian.sommer@blfd.bayern.de

Dr. Stefan Traxler
Landesarchäologie: Römerzeit, Mittelalter und Neuzeit
Sammlungsleitung
Welser Straße 20
A-4060 Leonding
Stefan.Traxler@ooelkg.at

Georg V. Zemanek
Verband der Limes Cicerones e.V.
Sulzbachweg 10
D-73527 Schwäbisch Gmünd
gzemanek@web.de

Tagungsprogramm

DONNERSTAG, 28. MÄRZ 2019

12.00 Uhr Öffnung des Tagungsbüros

13.00 Uhr Begrüßung durch Oberbürgermeister Jürgen Schröppel

13.15 Uhr Begrüßung durch Landrat Gerhard Wägemann

13.30 Uhr Colloquium *Biricianis* – eine Einführung

ALLGEMEINES
Vorsitz: Bernd Steidl

14.00 Uhr Aufgerollt und aufgehängt! Rezeptionsgeschichte von Römern und Germanen auf Schulwandbildern
Mario Bloier (Weißenburg)

14.30 Uhr Grenzraum? Von der Demarkationslinie zur zonalen Grenze
Christoph Rummel (Frankfurt)

15.00 Uhr Über „Innen" versus „Außen" und die Frage, ob alle Germanen Barbaren waren?
Natalie Schlirf (Eichstätt)

15.30 Uhr Kaffeepause

RAETIEN I
Vorsitz: Raimund Kastler

16.00 Uhr Die Statthalterschaft in Raetien als Karrierestufe der ritterlichen Laufbahn
Felix Guffler (Augsburg)

16.30 Uhr Germanische Funde in Raetien – Indikatoren für Mobilität, ökonomische Beziehungen oder Akkulturation?
Bernd Steidl (München)

17.00 Uhr Die sog. preußischen Augenfibeln aus Augsburg – Zeugnisse germanischer Fibelschmiede in der raetischen Provinzhauptstadt?
Martina Pauli (München)

17.30 Uhr *Mercurius, Minerva* und *Apollo*: Überlegungen zu der „rätischen" Trias
Aura Piccioni (Eichstätt)

19.00 Uhr **Öffentlicher Festvortrag, Wildbadsaal**
Prof. Dr. Thomas Fischer, Regensburg zur Römerzeit

FREITAG, 29. MÄRZ 2019

8.00 Uhr Öffnung des Tagungsbüros

RAETIEN II/*NORICUM I*
Vorsitz: C. Sebastian Sommer

8.30 Uhr Der Tempelbezirk des Mars und der Victoria auf dem Weinberg bei Eining – Ein neuer Rekonstruktionsvorschlag
Christof Flügel (München)

9.00 Uhr Die Konversion der ältesten Militärstandorte Raetiens in zivile Zentren der Kernprovinz – eine Gegenüberstellung von Bregenz und Augsburg
Julia Kopf (Wien)/Karl Oberhofer (Köln)

9.30 Uhr The Influence of Attic and Metropolitan Workshops in *Noricum* and *Pannonia*: The Case of Orestes
Katarina Šmid (Koper)

10.00 Uhr So it begins – Anzeichen und Auswirkungen des Beginns römischer Präsenz in der Steiermark
Patrick Marko (Graz)

10.30 Uhr Kaffeepause

NORICUM II
Vorsitz: Stefan Traxler

11.00 Uhr Keramik als Indikator des kulturellen Wandels – Ein frührömischer Ofenbefund in der Getreidegasse in Salzburg als Modell für individuellen Technologietransfer
Ulli Hampel (Salzburg)

11.30 Uhr *Municipium Iuvavum* – Entstehung und Entwicklung einer römischen Stadt
Peter Höglinger (Salzburg)

12.00 Uhr Mehr als nur Streifen – Die bemalte Keramik aus *Iuvavum*/Salzburg
Lisa Huber (Salzburg)

12.30 Uhr In Stein gegossen – Zum Auftreten mediterraner Steinbautechnik in *Iuvavum* und seinem Umfeld
Raimund Kastler/Felix Lang (Salzburg)

13.00 Uhr Mittagspause

FREITAG, 29. MÄRZ 2019 (Forts.)

SORVIODURUM/*BIRICIANIS*
Vorsitz: Mario Bloier

14.30 Uhr	Syrer in *Sorviodurum*? – Das Ostkastell III und seine Bogenschützen *Veronika Fischer (Weißenburg)*
15.00 Uhr	Schöner Baden in der Provinz. Die Thermen von *Biricianis* *Yvonne Reichel (Augsburg)*
15.30 Uhr	Der *vicus* von Weißenburg *Frederik Kirch* (Esslingen)
16.00 Uhr	Von Häusern und Töpferöfen. Überlegungen und Präsentationen in *Biricianis* *Lisa Hegewald (Weißenburg)*
16.30– ca. 18.00 Uhr	Archäologische Spaziergänge durch *Biricianis*
ca. 18.00 Uhr	Posterpräsentation im Bayerischen Limes-Informationszentrum anschl. Empfang durch die Stadt Weißenburg in Bayern, RömerMuseum

SAMSTAG, 30. MÄRZ 2019

8.00 Uhr	Öffnung des Tagungsbüros

DONAULIMES I
Vorsitz: Markus Gschwind

8.30 Uhr	Der Donaulimes auf dem Weg zum UNESCO-Welterbe *C. Sebastian Sommer (München)*
9.00 Uhr	Die Peripherie im Zentrum der Ereignisse. Auf den Spuren der römischen Militäraktivitäten nördlich der mittleren Donau während der Markomannenkriege *Balázs Komoróczy (Brno)*
9.30 Uhr	*viae et flumina* – Verkehrsachsen in Nordwest-*Noricum* und dem angrenzenden Barbaricum *Gerald Grabherr (Innsbruck)/Stefan Traxler (Linz)*
10.00 Uhr	Kaffeepause

DONAULIMES II
Vorsitz: Felix Lang

10.30 Uhr	Interdependenzen militärisch-ziviler und autochthoner-allochthoner Architektur am Beispiel von *Lauriacum*/Enns (*Noricum*) *Klaus Freitag (Wien)*
11.00 Uhr	Die Entwicklung des Kastells *Arelape*/Pöchlarn im Kontext römischer Militärlager in *Noricum* *Sebastian Schmid (München)*
11.30 Uhr	Abschlussdiskussion
ab 12.00 Uhr	Exkursion zu archäologischen Stätten in der Region: Theilenhofen (Kastellbad); LIMESEUM Ruffenhofen; Dittenheim (Gelbe Bürg); Treuchtlingen (*villa rustica* am Weinbergshof und Karlsgraben bei Graben). Rückkehr ca. 18.00 Uhr

Impressionen von der Tagung

Wildbad-

LIMESEUM

Schriften der Museen Weißenburg

Fibeln. Eine Schatzkästchen-Ausstellung der Museen Weißenburg. Mit einem Exkurs zu römischen (Haus-)Tieren
Herausgegeben von der Stadt Weißenburg i. Bay., durch M. Bloier.
Schriften der Museen Weißenburg 1 (Weißenburg 2018).
ISBN 978-3-9818351-0-6
zu beziehen über die Museen Weißenburg

Yvonne Reichel, Badeluxus am Limes. Die Römischen Thermen Weißenburg
Herausgegeben von der Stadt Weißenburg i. Bay., durch M. Bloier.
Schriften der Museen Weißenburg 2 (Oppenheim 2020).
ISBN 978-3-96176-123-4

Aktuelle Kataloge zu den Museen Weißenburg

Bernd Steidl, Limes und Römerschatz. RömerMuseum Weißenburg.
Ausstellungskataloge der Archäologischen Staatssammlung 41 (Friedberg 2019).
ISBN 978-3-9820130-0-8

Simon Sulk, Das römische Kastell *Biriciana* Weißenburg in Bayern. Ein Führer.
Archäologie in Bayern (Regensburg 2020).
ISBN 978-3-7917-3158

Die Publikationen der vergangenen Colloquien

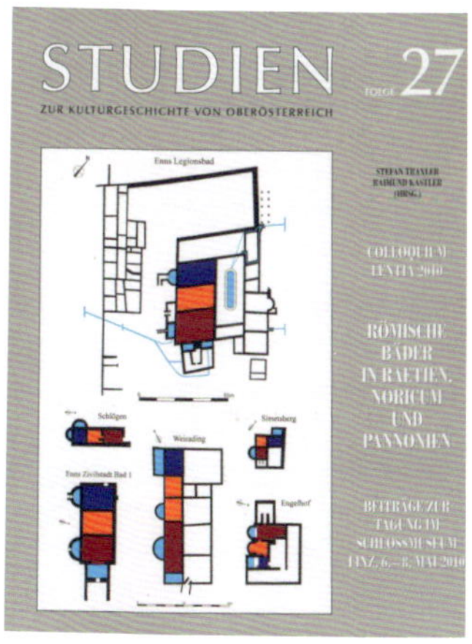

Colloquium Lentia 2010
Stefan Traxler/Raimund Kastler (Hrsg.), Colloquium Lentia 2010. Römische Bäder in Raetien, *Noricum* und Pannonien. Beiträge zur Tagung im Schlossmuseum Linz, 6.–8. Mai 2010. Studien zur Kulturgeschichte von Oberösterreich 27 (Linz 2014).
ISBN 978-3-85474-245-6
vergriffen

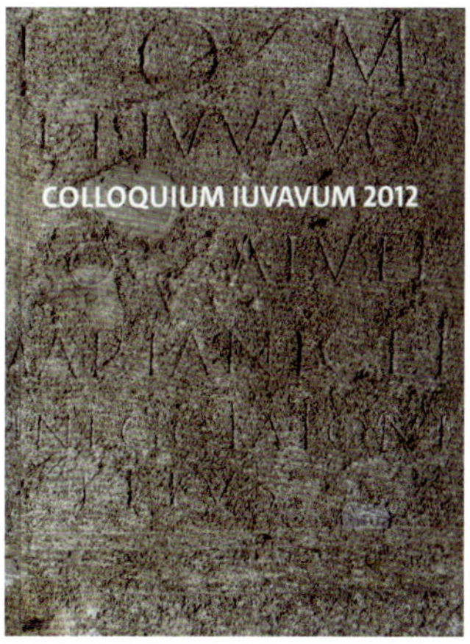

Collloquium Iuvavum 2012
Felix Lang/Raimund Kastler/Wilfried K. Kovacsovics/Stefan Traxler (Hrsg.), Collloquium Iuvavum. Das *municipium Claudium Iuvavum* und sein Umland. Bestandsaufnahme und Forschungsstrategien. Tagung im Salzburg Museum, 15.–17. März 2012. Archäologie in Salzburg 8/Jahresschrift des Salzburgs Museum 56 (Salzburg 2014).
ISBN 978-3-900088-61-3
vergriffen

Colloquium Bedaium 2015
Matthias Pfeil (Hrsg.), Römische Vici und Verkehrsinfrastruktur in Raetien und *Noricum*. Colloquium Bedaium Seebruck, 26.–28. März 2015. Schriftenreihe des Bayerischen Landesamtes für Denkmalpflege 15 (München 2016).
ISBN 978-3-86222-227-8
vergriffen

Colloquium Lauriacum 2016
Stefan Traxler/Felix Lang (Hrsg.), Colloquium Lauriacum 2016. Das römische Heer – Wirtschaftsfaktor und Kulturträger. Beiträge zur Tagung im Museum Lauriacum – Enns, 22.–24. September 2016. Forschungen in Lauriacum 19 (Linz 2020).
ISBN 978-3-902299-13-0